重庆文物考古报告系列

# 重庆汉代画像考古报告集

重庆市文化遗产研究院　编著

科学出版社

北京

## 内 容 简 介

本书是对重庆地区汉代画像考古发掘成果的汇编，内容涵盖汉代画像石棺、画像石以及石阙等，地域以重庆西部的璧山、江津、永川为主，兼顾重庆峡江地区的忠县、涪陵等地的相关发现。本书较为全面地收集了重庆地区自20世纪80年代以来经考古发掘出土的汉代画像资料，对川渝地区汉代画像的考古学研究具有重要的参考价值。

本书适合从事西南考古、汉代考古、美术考古方面研究的专家、学者、大专院校师生及相关爱好者参考、阅读。

### 图书在版编目（CIP）数据

重庆汉代画像考古报告集/重庆市文化遗产研究院编著.—北京：科学出版社，2019.9

（重庆文物考古报告系列）

ISBN 978-7-03-062179-5

Ⅰ.①重⋯ Ⅱ.①重⋯ Ⅲ.①画像石–发掘报告–重庆–汉代 Ⅳ.①K879.425

中国版本图书馆CIP数据核字（2019）第182418号

责任编辑：王光明/责任校对：邹慧卿

责任印制：肖 兴/封面设计：陈 敬

科学出版社 出版

北京东黄城根北街16号

邮政编码：100717

http://www.sciencep.com

中国科学院印刷厂 印刷

科学出版社发行 各地新华书店经销

\*

2019年9月第 一 版 开本：787×1092 1/16

2019年9月第一次印刷 印张：16 1/4 插页：52

字数：518 000

**定价：298.00元**

（如有印装质量问题，我社负责调换）

## 《重庆汉代画像考古报告集》编委会

主　编　邹后曦
副主编　范　鹏
编　委　（以姓氏笔画为序）
　　　　方　刚　白九江　李大地　邹后曦
　　　　范　鹏　林必忠　曾先龙

# 前　言

　　汉代画像一直是汉代考古学研究中的重要对象。从考古发现来看，中国的汉代画像资料主要有四个集中分布的区域[1]，一是以鲁南济宁、枣庄、临沂和徐州为中心的山东、苏北、皖北、豫东区，二是以南阳为中心的豫南、鄂北区，三是陕西、山西两省北部黄河沿岸，四是岷江、嘉陵江、沱江及长江干流沿岸的川渝地区。与前三个区域相比，川渝地区的汉代画像资料在分布上的空间范围相对更广，基本与四川盆地汉代墓葬的分布区域相重叠，足见画像在这一时期丧葬领域的普遍性与重要性。就重庆地区来看，汉代画像主要见于三类载体：一是画像石棺（含崖棺）、鎏金铜棺饰等葬具，二是画像石、画像砖、崖墓墓壁等墓葬本体，三是以石阙、碑刻等为载体（图一）。此外，在钱树座、灯、器座、器盖等随葬品上也有反映，但材料十分零星且不成体系，偶然性较强。

## 一

　　重庆地区最丰富的汉代画像资料来自于画像石棺，目前出土的数量已达24具，分布在渝西地区的沙坪坝、璧山、永川、江津等区县。其中最早出土者为1937年金毓黻、常任侠在重庆市沙坪坝中央大学校园的墓葬内发现的2具画像石棺，同时出土有东汉元兴元年（105年）的纪年材料[2]；20世纪50年代初，在重庆市第一中学（今重庆市沙坪坝）修建操场时发现石室墓1座，出土画像石棺1具[3]；20世纪70年代，当地的文物部门在永川区冰槽村崖墓群清理了2座崖墓，其中一座出土了1具画像石棺[4]。20世纪80年代末，以第二次全国文物普查为契机，璧山境内的画像石棺得以大量发现，1987年，重庆市博物馆（现为重庆中国三峡博物馆，下同）对璧山县广普乡的蛮洞坡崖墓群进行清理，出土画像石棺1具[5]；同年，璧山县文化局从广普乡境内的斗箕坡崖墓群

---

[1] 蒋英炬、杨爱国：《汉代画像石与画像砖》，文物出版社，2003年，第18页。

[2] 常任侠：《重庆沙坪坝出土之石棺画象研究》，《常任侠艺术考古论文选集》，文物出版社，1984年，第1页。

[3] 石棺现藏重庆中国三峡博物馆。

[4] 石棺现藏永川区博物馆。

[5] 重庆市文化遗产研究院、璧山区文物管理所：《重庆市璧山区蛮洞坡崖墓群M1发掘简报》，《四川文物》2018年第1期。收录于本书。石棺现藏重庆中国三峡博物馆。

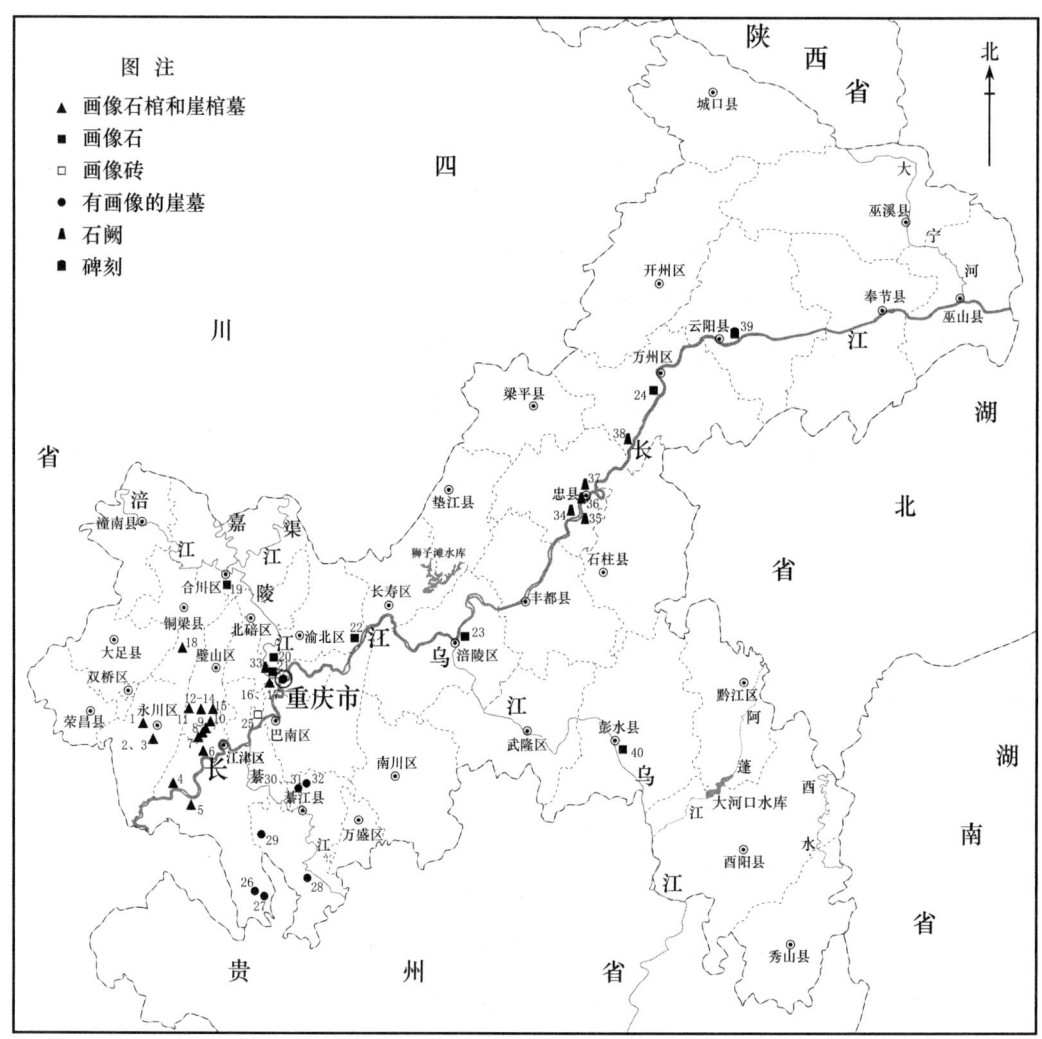

**图一 重庆地区汉代画像发现分布示意图**

1.冰槽村崖墓群M1（画像石棺1） 2.石坝屋基墓群M4（画像石棺1） 3.伏岩寺墓群M6（画像崖棺1） 4.白坪村墓群M1（画像石棺1） 5.烟墩岗砖室墓（画像石棺1） 6.大路山墓地M1（画像石棺2） 7.斗箕坡崖墓群M1（画像石棺1） 8.水井湾崖墓群M1（画像石棺3） 9.蛮洞坡崖墓群M1（画像石棺1） 10.黄殿桥墓群M1、M2（画像石棺3） 11.小河坝墓群M1~M3（画像石棺4、画像石） 12.插旗山崖墓群M1（画像崖棺2） 13.棺山坡崖墓群M1、M3（画像石棺2） 14.罗家坡墓群M1（画像石棺1） 15.凤凰湾崖墓群M11（画像石棺1） 16.中央大学坟丘墓（画像石棺2） 17.市一中石室墓（画像石棺1） 18.马鞍山崖墓群M8（画像崖棺1） 19.皇坟堡石室墓（画像石） 20.寨子总社石室墓（画像石） 21.苏家院子砖室墓（画像石） 22.窑子坪墓地M1（画像石） 23.三堆子墓地M2、M3（画像石） 24.万州熊绍福墓群M2（画像石） 25.大竹林墓地M2（画像砖） 26.石坎崖墓群 27.长沟崖墓群 28.七孔子崖墓群 29.柏树林崖墓群 30.七拱嘴崖墓群 31.鸡公石崖墓群 32.二磴岩崖墓群 33.盘溪无铭阙 34.邓家沱阙 35.乌杨阙 36.丁房阙 37.忠县无铭阙 38.武陵阙 39.景云碑 40.山谷公园墓群M1、M3（画像石）

内清理出石棺1具①；1988~1989年，重庆市博物馆在广普乡发掘黄殿桥墓群，共清理石室墓2座，出土画像石棺3具②；1989年，璧山县文物管理所对广普乡的水井湾崖墓群进行了清理，在其中的一座崖墓内发现3具画像石棺③，同年在金宝乡凤凰村调查发现画像石棺1具，经确认出土于凤凰湾崖墓群11号墓④。随后的相关工作基本陷于停滞，直到2007年璧山县文物管理所从丁家镇棺山坡3号墓内发现1具石棺。2009~2010年，重庆市文物考古所（现为重庆市文化遗产研究院，下同）对璧山县境内的棺山坡⑤、罗家坡⑥、小河坝⑦这3处墓群进行了抢救性的考古发掘，相继出土画像石棺6具。随着画像石棺出土数量的增多，文物部门对该类遗存愈加重视，2012年在永川区石坝屋基M4出土画像石棺（残）1具⑧。在江津区境内，重庆市文化遗产研究院于2013年在白沙镇清理了1座大型砖室墓，出土画像石棺1具⑨；2015年清理石门镇白坪村墓群，清理崖墓3座，出土画像石棺1具⑩；2018年，发掘油溪镇大路山墓地，清理砖室墓2座，出土画像石棺2具⑪。

需要补充的是，作为石棺的另一种形式，与墓室内的山体连接为一体的崖棺也有大量的发现，其中不乏有画像者。如永川区伏岩寺崖墓群M6崖棺，可见有串钱纹和人物画像；铜梁区马鞍山墓群M10可见有伏羲、女娲画像等。画像崖棺的实际数量绝不止于此，在既往工作中对崖棺的重视程度较为不足，有待进一步加强。

基于现有的考古发现，画像石棺这种葬具分布在渝西地区的长江干流及嘉陵江、璧山河等支流的沿岸，在渝东地区则十分罕见。据我们掌握的情况，渝东长江沿岸经考古清理的汉至六朝墓葬在2000座以上，目前仅见有丰都二仙堡03AM6砖室墓出土

---

① 石棺现藏重庆中国三峡博物馆。
② 见本书《璧山区黄殿桥墓群发掘简报》。石棺现藏璧山区文物管理所。
③ 石棺现藏璧山区文物管理所。
④ 由参与调查的蓝开衡先生口述。
⑤ 重庆市文化遗产研究院、璧山区文物管理所：《重庆市棺山坡东汉崖墓群》，《考古》2014年第9期。收录于本书。石棺现藏璧山区文物管理所。
⑥ 见本书《璧山区罗家坡墓群M1发掘报告》。石棺现藏璧山区文物管理所。
⑦ 见本书《璧山区小河坝墓群发掘报告》。石棺现藏璧山区文物管理所。
⑧ 重庆市文化遗产研究院、永川区文物管理所：《重庆市永川区石坝屋基、伏岩寺崖墓群发掘简报》，《四川文物》2017年第1期。收录于本书。石棺现藏永川区文物管理所。
⑨ 重庆市文化遗产研究院、江津区文物管理所：《重庆市江津区烟墩岗汉代砖室墓发掘简报》，《四川文物》2014年第4期。收录于本书。石棺现藏江津区文物管理所。
⑩ 石棺现藏江津区文物管理所。
⑪ 石棺现藏江津区文物管理所。

石棺一例①，而且是素面。因此，渝东地区这一时期墓葬中的绝对多数均应使用木棺（椁）。作为木质葬具的装饰构件，鎏金铜棺饰随着考古工作大量出土，在从巫山到丰都的长江沿岸有着广泛的分布。尤其一种圆形的棺饰表面多有线刻的双阙、西王母，以及"天门"题记，是峡江地区汉代画像的独特载体，具有十分重要的研究价值。

## 二

画像石、画像砖的发现相对较少。1957年重庆市文物调查小组在江北区龙溪寨子总社调查发现了一座石室墓，墓室内可见有青龙、白虎、朱雀等画像②；1975年清理的合川区皇坟堡石室墓出土画像石13方，主要有卧羊、仙人、龙虎衔璧、力士、青龙、白虎、伏羲、荆轲刺秦王、完璧归赵、季札赠剑等，是重庆境内目前出土题材最为多样的画像石墓③；1980年发掘的涪陵区三堆子M2和M3墓门发现了阴线刻的单阙画像④，与之相类似，在2015年发掘的涪陵区古坟堡M2右侧门枋也发现一单出阙⑤。此外，在江北区盘溪苏家院子砖室墓墓室内出土了画像石1方，内容为伏羲女娲、双楼以及人物等⑥。渝北窑子坪M1⑦、万州熊绍福墓群M2发现了少量画像石，题材十分简单，如鱼、蛇等，显得十分随意；在彭水山谷公园M1与M3墓壁上均见有北斗、三台等星象⑧，是星象类画像在重庆地区的唯一发现，应与这一时期的道教信仰有密切关系；璧山小河坝M2的画像石集中分布在后壁，内容主要有四神、羊、牛、胜以及各类人物等。

汉代墓砖多有模印的车轮、菱形、乳钉纹甚至凤鸟、人物等，对这种规模化生产的作品上形象应称为图案，主要起装饰的作用，一般不列入汉代画像研究的范畴。在

---

① 重庆市文物局、重庆市移民局：《丰都二仙堡墓地》，科学出版社，2016年，第24页。
② 陈丽琼：《四川江北发现汉墓石刻》，《考古通讯》1958年第8期。
③ 重庆市博物馆、合川县文化馆：《合川东汉画像石墓》，《文物》1977年第2期。
④ 四川省文物管理委员会、涪陵地区文化局：《四川涪陵三堆子东汉墓》，《文物资料丛刊》第10辑，文物出版社，1987年，第136页。
⑤ 见本书《涪陵区古坟堡墓地发掘报告》。
⑥ 董其祥：《伏羲女娲图像新释》，《巴渝文化》（第二辑），重庆出版社，1991年，第1页。
⑦ 见本书《渝北区窑子坪墓地M1发掘简报》。
⑧ 重庆市文化遗产研究院、彭水县文物管理所：《重庆彭水县山谷公园墓群发掘报告》，《南方民族考古》（第十辑），科学出版社，2015年，第323页。

此前提下，重庆境内发现的画像砖材料更是零星，特别是经考古出土的仅2004年发掘的九龙坡区大竹林M2一例①，该墓共出土画像砖30方，集中分布在墓壁的最下层，题材有车马出行、双阙、西王母、日神"羲和"、百戏等。

崖墓是川渝地区汉至六朝时期极具区域特色的墓葬形制，在墓壁上雕刻画像亦十分常见，其核心区应在四川省的彭山、乐山、绵阳一带，重庆境内所见者多为小型的单室崖墓，雕刻也相对简单甚至凌乱，在江津、綦江境内有较为集中的发现。其中最具代表性的为江津区长沟崖墓群M3，在墓门外及墓室内线刻有双阙、羊头、鱼、马等，且有延熹二年（159年）的纪年题记②。此外，在江津区石坎崖墓群③，綦江区七孔子、柏树林、七拱嘴、鸡公石、二礅岩等崖墓群中亦可见有相近的线刻画像④。

## 三

我国目前发现的汉阙共37处⑤，主要分布在川渝地区。其中，重庆境内6处，分别为江北区盘溪无铭阙、忠县丁房阙、忠县潨井无铭阙，以及经考古发掘出土的忠县邓家沱阙、忠县乌杨阙、万州区武陵阙。受载体巨大这一优势的影响，汉阙上的画像类型多、篇幅大、题材多样，在布局上对称性很强。

江北区盘溪无铭阙右阙内侧白虎衔璧、外侧女娲，左阙同位置内侧为青龙衔璧、外侧伏羲。丁房阙上的画像保存较差，特别是经明代重修，已多不是汉代雕刻作品，可以确认为汉代画像的主要有左、右阙上的"半开门"各一。忠县潨井无铭阙上的画像亦不是很多，主要为白虎、铺首等。

万州武陵阙于2002年在武陵墓群出土，仅有石阙残件2件，分别为阙身和阙顶⑥。

---

① 重庆市文物考古所：《重庆九龙坡陶家大竹林画像砖墓发掘简报》，《四川文物》2007年第2期。
② 黄中幼、张荣华：《江津沙河发现东汉纪年崖墓》，《四川文物》1994年第4期。
③ 重庆市文化局、重庆市博物馆：《重庆文物总目》，西南师范大学出版社，1996年，第224页。
④ 刘豫川：《璀璨的巴渝文化遗迹》，《巴渝文化》（第二辑），重庆出版社，1989年，第294页；重庆市文化局、重庆市博物馆：《重庆文物总目》，西南师范大学出版社，1996年，第38～46页。
⑤ 张孜江、高文：《中国汉阙全集》，中国建筑工业出版社，2017年，第10页。
⑥ 重庆市文物局、重庆市移民局：《万州武陵墓群》，科学出版社，2018年，第87页。

其中，阙身的一侧可见有青龙衔璧的画像。邓家沱阙出土于忠县邓家沱遗址[①]，在2001年和2003年共计发现构件9件，主要有青龙（右阙阙身外侧）、神人托月（左阙阙身外侧）、神人戏龙（左阙阙身右侧），"凤皇"、三足乌（右阙楼部），天马、天禄（左阙楼部）等。最难能可贵的是，邓家沱阙上的部分画像旁仍可见有题记，对汉代画像研究具有非常重要的参考价值。忠县乌杨阙是经考古出土的三座石阙中结构最完整者，共出土与之相关的石质构件18件。雕刻内容分仿木构建筑雕刻、生活画面、神灵异兽图案三类：仿木构建筑雕刻集中于楼部、顶盖，如"连檐瓦当""橡子""金瓜""枋头""枋柱"等构件，这类雕刻对无一幸存的汉代木构建筑的研究具有重要价值；生活画面有"习武图""送行图""狩猎图"等，生动地再现了当时的生活场景；长达两米多的青龙、白虎雕刻，造型生动，展现了汉代雕刻艺术神韵。

重庆境内的汉代碑刻出土数量极少，其中最具代表性的当属2004年出土于云阳县旧县坪遗址"汉巴郡朐忍令广汉景云"碑[②]。其上可见有5幅画像，碑额为"玉兔""妇人启门""金乌"，两侧分别为青龙、白虎。

## 四

重庆地区的汉代画像早在宋代人洪适的《隶释》一书中就有涉及，该书记载了位于重庆市云阳县金恭阙上的画像"此石圭首甚锐，其上刻三足乌，其次横刻此数字，其下有一人执扇而乘马，两旁有螭衔环"[③]。20世纪30至40年代，卫聚贤、金毓黻、常任侠等对重庆市的汉墓、汉阙等进行考察，前文所述的沙坪坝中央大学校园内发现的2具画像石棺、江北区盘溪无铭阙等，均发现于这一时期。围绕以上发现，常任侠对先后撰写了《重庆沙坪坝出土之石棺画像研究》、《重庆附近发见之汉代崖墓与石阙研究》[④]等研究文章。

20世纪50年代以来，对重庆地区汉代画像的研究主要集中在画像石棺、汉阙和碑刻。重庆博物馆先后出版《四川汉代石阙》和《巴蜀汉代画像集》等两部汉代画像专题图录，市外学者在研究著作中对重庆境内的资料也有不同程度的涉及，比较代表性

---

[①] 重庆市文物局、重庆市移民局：《忠县邓家沱遗址与渔洞墓群》，科学出版社，2017年，第133页。

[②] 吉林省文物考古研究所、云阳县文物管理所：《重庆云阳旧县坪台基建筑发掘简报》，《文物》2008年第1期。

[③] （宋）洪适：《隶释·隶续》，中华书局，2012年，第148页。

[④] 常任侠：《常任侠艺术考古论文选集》，文物出版社，1984年。

的有高文《四川汉代画像石》①、《中国画像石棺艺术》②、《中国画像石全集·四川汉画像石》③、《中国画像石棺全集》④等一系列著作。罗二虎先生是较早运用考古学方法研究川渝汉代画像研究的学者,于2000年发表的《汉代画像石棺研究》一文,以当时所见的100具以上的石棺材料为基础,对汉代画像石棺的分布、年代、技法、画像等进行了深入的研究⑤;2002年出版的《汉代画像石棺》一书,完整地刊布了约40具画像石棺的资料,并逐一考证画像内容,是迄今为止对汉代画像石棺研究最为全面的著作⑥。在汉阙研究方面,比较代表性的有《重庆忠县邓家沱石阙的初步认识》⑦、《重庆忠县邓家沱阙的几个问题》⑧、《重庆市忠县乌杨阙的初步认识》⑨、《重庆忠县邓家沱汉代石阙再讨论》⑩、《重庆忠县汉代乌杨阙再研究》⑪等,其中多数涉及对石阙画像的讨论。对碑刻的研究基本围绕"景云碑"展开,比较代表性的有《汉朐忍令景云碑考释补遗》⑫、《景云碑额图像考》⑬等。

综合以上情况,重庆地区的汉代画像的发现与研究存在以下几点较为明显的短板:首先,考古工作系统性较差。目前所见的考古材料基本为配合基本建设的"点状"抢救性清理,缺少对汉代画像墓葬的系统性和专题性考古工作,对汉代画像的研究缺乏更高层次的时空把握。其次,考古资料的刊布不足。重庆地区的汉代画像资料多在部分学者的论著中涉及,受作者论述主题与内容的限制,所公布的资料往往并不完整,仍有相当一部分的材料未见正式报告发表,影响了相关研究的继续深入。最后,研究局限明显。受观念及技术条件所限,发掘者的眼光往往局限在画像载体,对与之密切相关的墓葬、随葬品等信息关注不足,在研究方面更是集中在对画像的讨论之上。

---

① 高文编:《四川汉代画像石》,巴蜀书社,1987年。
② 高文、高成刚:《中国画像石棺艺术》,山西人民出版社,1996年。
③ 高文:《中国画像石全集·四川汉画像石》,河南美术出版社,2000年。
④ 高文:《中国画像石棺全集》,三晋出版社,2011年。
⑤ 罗二虎:《汉代画像石棺研究》,《考古学报》2000年第1期。
⑥ 罗二虎:《汉代画像石棺》,巴蜀书社,2002年。
⑦ 李锋:《重庆忠县邓家沱石阙的初步认识》,《文物》2007年第1期。
⑧ 孙华:《重庆忠县邓家沱阙的几个问题》,《文物》2008年第4期。
⑨ 李大地、邹后曦、曾艳:《重庆市忠县乌杨阙的初步认识》,《四川文物》2012年第4期。
⑩ 罗二虎:《重庆忠县邓家沱汉代石阙再讨论》,《四川大学学报》(哲学社会科学版)2016年第4期。
⑪ 罗二虎:《重庆忠县汉代乌杨阙再研究》,《考古》2016年第8期。
⑫ 孙华:《汉朐忍令景云碑考释补遗》,《中国历史文物》2008年第4期。
⑬ 曾繁模:《景云碑额图像考》,《长江文明》第五辑,河南人民出版社,2010年。

通过研究汉代画像我们不难发现，无论出现在何种载体之上，汉代画像总是与丧葬行为有着不可分割的联系。特别是画像石棺，作为一种以画像为装饰的特殊葬具，与其所属的墓葬、随葬品构成了一个相互关联的整体，脱离了墓葬而仅针对石棺的研究是不全面和不完善的。

2009年，重庆市文化遗产研究院组建了汉代画像研究课题组，围绕重庆境内的汉代画像开展了专题性的考古调查、发掘及研究，先后发掘了璧山、永川、江津境内的多处出土汉代画像石棺墓葬，并进一步补充完善了在既往工作中发现的汉代画像资料，也形成了一些初步的研究成果。随着资料的逐渐积累和充实，围绕重庆地区的汉代画像，我们计划先后出版三部书，一是重庆汉代画像考古报告集，通过尽可能全面、科学地刊发考古发掘成果的方式，弥补目前研究中在资料方面的薄弱环节；二是重庆汉代画像全集，考虑到重庆境内的汉代画像材料中有相当部分未经考古发掘，对这一类的资料，我们期望通过图录（拓本、照片）尽可能全面地予以刊布；三是重庆汉代画像研究论文集，撰写、收集重庆汉代画像的优秀研究成果。我们希望通过这"三部曲"，引起学界对这一领域研究的进一步重视，将重庆汉代画像研究推上更高的层次和水平。

# 目　　录

璧山区蛮洞坡崖墓群M1发掘简报 ……………………………………………（1）

璧山区黄殿桥墓群发掘简报 ……………………………………………………（12）

璧山区棺山坡崖墓群发掘简报 …………………………………………………（32）

璧山区罗家坡墓群M1发掘报告 ………………………………………………（58）

璧山区小河坝墓群发掘报告 ……………………………………………………（67）

江津区烟墩岗砖室墓发掘简报 …………………………………………………（116）

永川区石坝屋基、伏岩寺墓群发掘简报 ………………………………………（137）

璧山区插旗山崖墓群M1发掘报告 ……………………………………………（159）

渝北区窑子坪墓地M1发掘简报 ………………………………………………（167）

涪陵区古坟堡墓地发掘报告 ……………………………………………………（175）

忠县花灯坟墓群乌杨阙发掘报告 ………………………………………………（187）


附录一　重庆璧山崖墓开凿技术与石棺建造工艺 ……………………………（220）

附录二　璧山汉代画像石棺保护修复 …………………………………………（237）


后记 …………………………………………………………………………………（245）

# 璧山区蛮洞坡崖墓群M1发掘简报

重庆市文化遗产研究院
璧山区文物管理所

蛮洞坡崖墓群位于重庆市璧山区广普镇笙家村5组（现地名，原为广普乡新民村），距离广普镇镇区直线距离约1千米（图一），中心地理坐标北纬29°19′41.0″、东经106°08′09.5″，海拔288米。墓群及周边区域为渝西地区常见的丘陵地貌，坐落于一座无名小山的东坡，西部紧邻新民水库，南为一条无名小溪，自西向东汇入璧山河，北为连接水库与成渝公路的村级小路（图版一，1）。墓群共包含墓葬5座，均开凿于一面坡度较大的崖壁之上，由南向北呈一列布局（图二）。

墓群系第二次全国文物普查时由当时的璧山县文化局发现。1987年3月中旬，重庆

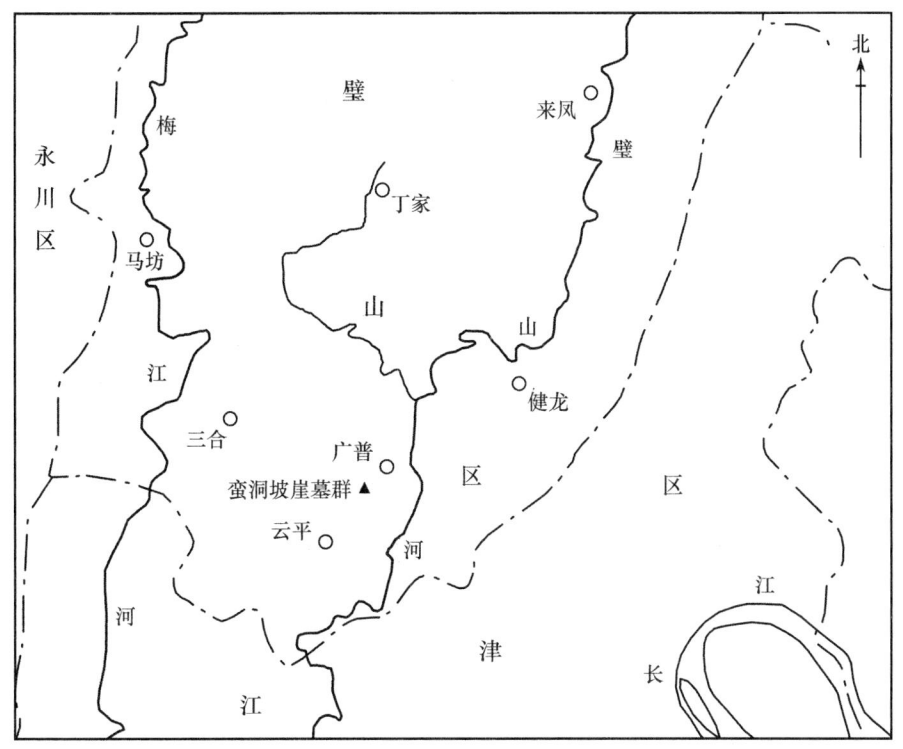

图一　蛮洞坡崖墓群位置示意图

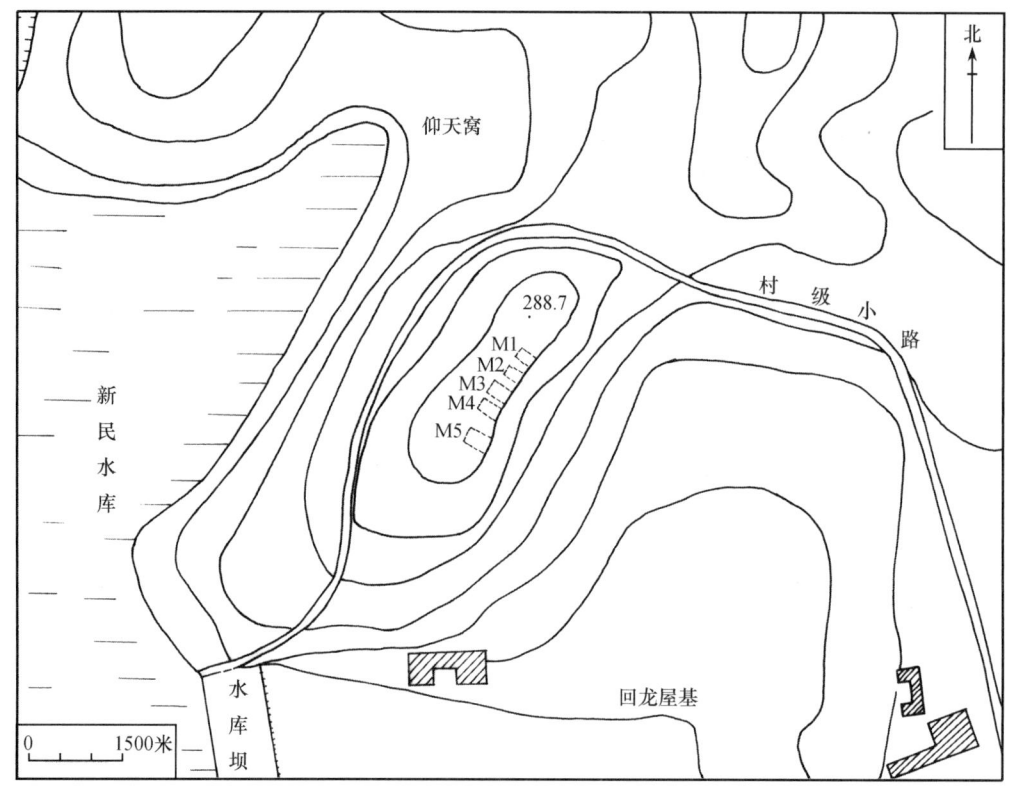

图二　蛮洞坡崖墓群墓葬分布示意图

市博物馆（现重庆中国三峡博物馆）对其实施了抢救清理，共发现崖墓5座，编号为1987BGMM1～1987BGMM5（以下简称为M1～M5）。其中，M2～M5墓室已空，因此仅对M1进行了清理发掘，出土画像石棺1具，出土品数十件。

受当时的管理机制所限，在发掘工作完成后，画像石棺及出土品存放于璧山区文物管理所（2005年将画像石棺调拨至重庆中国三峡博物馆至今），故未及时开展整理工作。为进一步完善资料，重庆市文化遗产研究院开展了对该墓出土品的整理工作，并于2010年1月实地调查了该墓群，同时因测绘需要，对M1进行了第二次清理，未发现任何与该墓相关的出土品。

需要补充的是，该墓群特别是M1出土画像石棺的部分资料已有不同程度地刊布[1]，对该墓群的命名尚有新民崖墓群[2]、笙家湾崖墓群[3]等，所指者实际上为一处墓

---

[1] 罗二虎：《汉代画像石棺》，巴蜀书社，2002年，第134～137页。
[2] 重庆市文化局、重庆市博物馆：《重庆文物总目》，西南师范大学出版社，1996年，第443页。
[3] 范鹏、邹后曦、李大地：《重庆市璧山区汉代石棺的发现与研究》，《四川文物》2012年第6期。

地。为避免混淆,本报告依照发掘记录,将其统一为蛮洞坡崖墓群。

现以1987年的发掘资料为主体,结合资料整理及后期调查工作成果,形成M1的发掘收获简报如下。

## 一、墓 葬 形 制

墓室保存仍较为完整,未见墓道,封门已不存①(图版一,2)。方向110°,由墓门、甬道、墓室三部分组成(图三)。

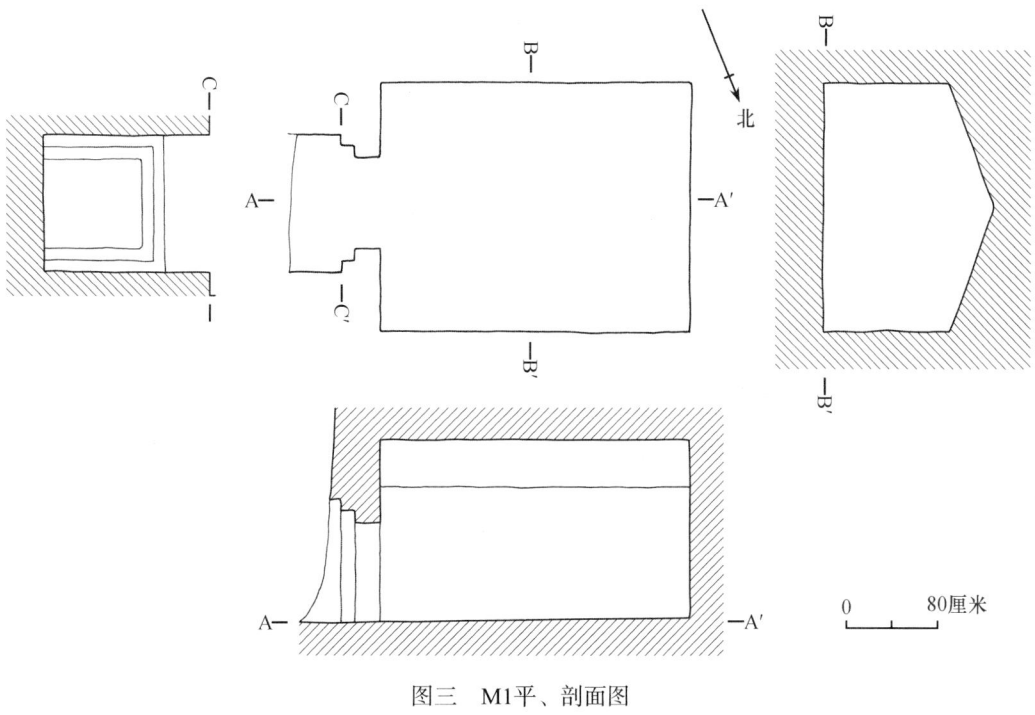

图三  M1平、剖面图

墓门  竖直,双重门框,平顶。外门框宽1.17、高1.04、顶部进深0.09、底部进深0.36米;内门框宽0.97、高0.95、进深0.12米。

甬道  较短,平面呈扁长方形,平顶。宽0.77、高0.83、进深0.22米。底部水平。

墓室  单室,平面呈长方形,顶部为两面坡顶,底部倾斜,后高前低,坡度约1.3°。墓室宽2.1、正中高1.51、两侧高1.09、进深2.72米。在墓室内发现画像石棺1具,据当时的发掘记录,石棺紧邻墓室右壁,方向与墓向相同。

---

① 根据当时的记录,发掘时尚存有封门,为石板2块,均已向外扑倒。

# 二、石　棺

## 1. 石棺结构

（1）棺身

残损严重，两侧及两端皆有大量的断裂，底部亦断为两截，现已修复（图版二，1）。形制规整，整体平面呈长方形，横剖面为长方形，长2.12、宽0.73、高0.73米。棺身内部中空，壁厚约10厘米；棺壁顶部内侧有一个凸起的沿，断断续续环绕棺壁，宽2、高2厘米；棺身内部长1.92、宽0.53、高0.46米；棺体底部厚0.27米（图四）。

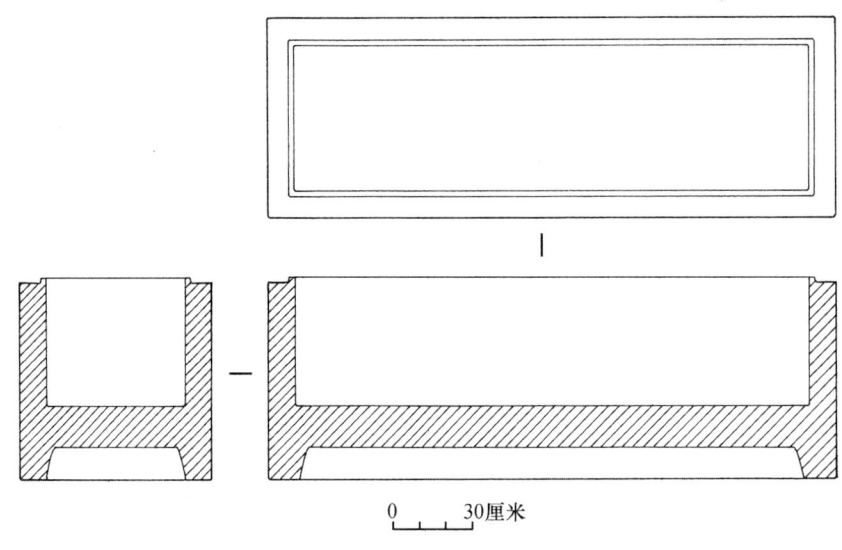

图四　M1石棺棺身平、剖面图

（2）棺盖

自中部断裂为两截，一端侧面有大面积残损，现已修复（图版二，2）。形制较为规整，平面为近长方形，两端则呈圆弧状。顶部呈弧形，底部上凸，两侧保留向下的凸起以扣合棺身。两端头下部内收。棺盖顶部长2.16、宽0.82米，底部长2.12、宽0.73、厚0.18米（图五）。

## 2. 石棺画像

（1）棺身

棺身两侧及两端皆有较为丰富的画像（图六）。以下按照前、左、后、右的顺序介绍。

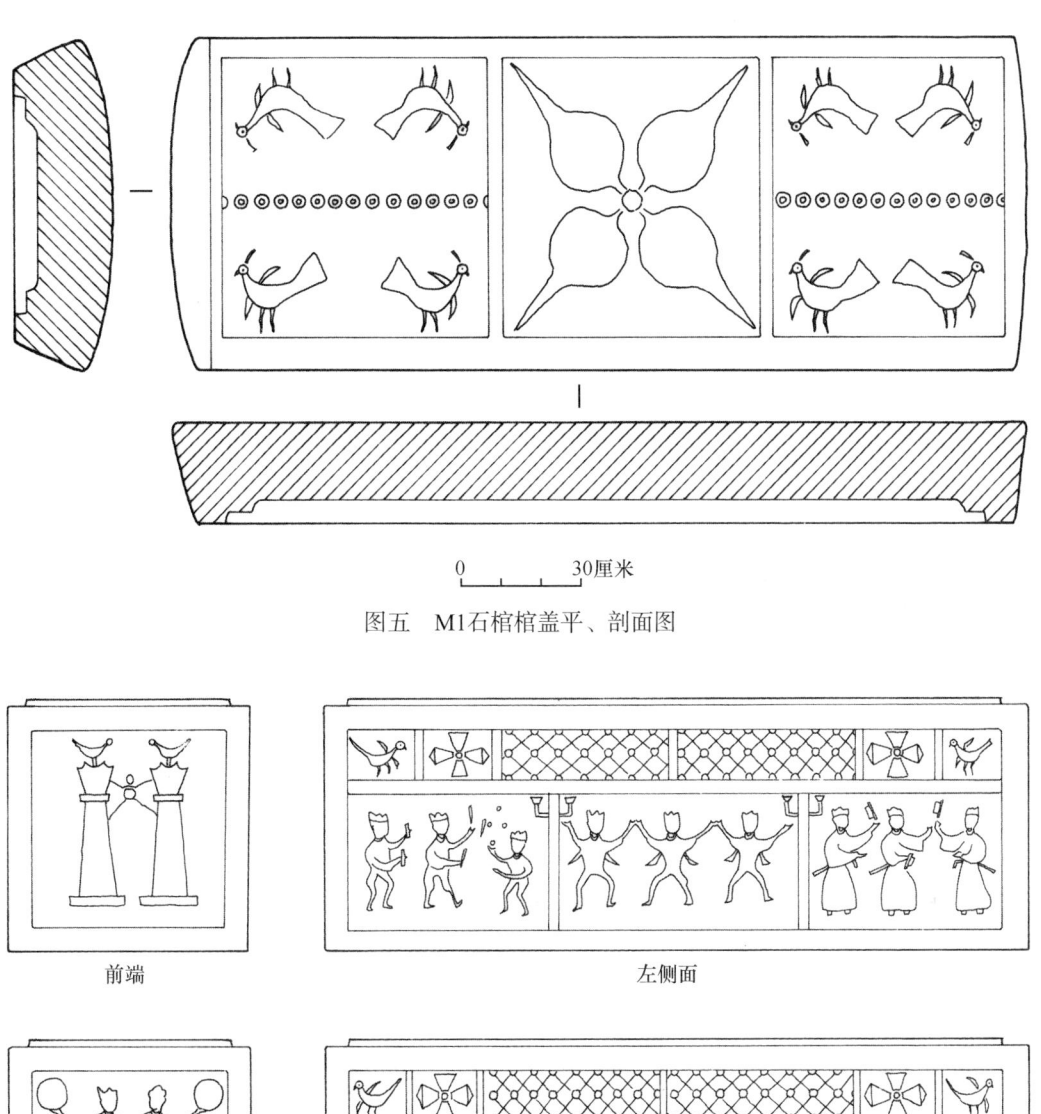

图五　M1石棺棺盖平、剖面图

图六　M1石棺棺身画像（摹本）

前端以双阙为主体画像，左、右阙规格相同，一左一右位于端面正中，双阙皆为单出阙，形制一致，由上至下分别由阙顶、楼部、枋子层、阙身、阙基组成。阙顶近似为庑殿顶、单檐，内部有波浪纹的装饰；之下为楼部，呈倒梯形，内部为平行斜向

图七 M1石棺棺身前端画像拓片

线刻;楼部以下为扁长方形的枋子层;阙身呈上窄下宽的等腰梯形;阙身之下为阙基。双阙顶部各站立一只凤鸟,尖喙、腹部丰满、尾部上翘、相对而立。双阙楼部之间尚可见一人,圆脑、鼓腹、四肢细长,形态近似于"大"字。整幅画像被表现在一近方形区域内,宽58.4、高57.2厘米(图七;图版三,1)。

左侧面所有的画像皆被表现在各分格内。分格自上约1/3处分为上、下两栏,其中上栏被横分为6个分格,呈轴对称布局,分格内容由左至右分别为凤鸟、胜、菱形联璧纹。下栏由3个分格组成,分格间立柱上角可见有仿木建筑的斗栱形装饰,左侧分格内有三人,皆头戴进贤冠,左一人左手执盾,左二人似在甩刀,皆右向;另一人似在跳丸,面向左。中间分格内为三名形态相近的羽人,高举双手、站为一列。右侧分格内同样可见三人,左一人面向右,头戴进贤冠、腰部佩刀,左手执便面;中间一人形态与之相近;最右一人面向左,头戴进贤冠、腰部佩刀,右手去接中间一人手中的便面(图八;图版三,2)。

后端以伏羲女娲形象为主体,二者皆为人形,相对环抱。左侧应为伏羲,头戴进贤冠、吻部凸出、鼓腹、双腿细长,右手托举日轮;右侧为女娲,形态与伏羲基本相

图八 M1石棺棺身左侧画像拓片

同，左手托举月轮。画面下部可见一对蛇，尖头、细身，相互交叉，头部伸至二神股间。整幅画像被表现在一近方形区域内，宽58.9、高58.6厘米（图九；图版四，1）。

右侧面的画像在布局与内容上左侧面较为接近，上部分栏内容与左侧面相同，下部则稍有差别。左侧分格内有四人，左一人面向右，头戴进贤冠、腰部佩刀，左手执便面；左二人向左，双手直伸，身体微倾；左三人面向右，右手执短刀；左四人面向左，似在跳丸。中间分格内容多已不清，可依稀分辨为三名形态相近的羽人，高举双手、站为一列；右侧分格内共有三人，其中站立于两侧者体格较大、相对而立，共同握一便面；中间人物矮小，面左站立（图一○；图版四，2）。

图九　M1石棺棺身后端画像拓片

（2）棺盖

表面画像丰富，整体呈轴对称布局，画像分布于前、中、后三个分格内。前端分格正中为串钱纹，由13枚方孔圆钱的钱纹竖向一列组成，两侧各有凤鸟一对，相互呈轴对称布局，凤鸟形态相近，尖喙、双翅张开、尾部上翘、站立。中部分格为柿蒂纹，桃形四叶，呈中心对称布局。后端分格内画像与前端在内容与布局上基本一致，串钱纹由15枚钱纹组成（图一一）。

图一○　M1石棺棺身右侧画像拓片

图一一　M1石棺棺盖画像拓片

## 三、随 葬 品

该墓随葬品在发掘时已被扰乱，出土品除少量五铢钱外，其余均为陶器，陶质可见有红陶和灰陶两种。器形有房屋、水塘、蹲坐俑、舞俑、侍俑、持物俑、吹箫俑、猪、鸡、陶罐、绳纹陶器残件等数十件[①]。出土品多破碎，经拼对修复后共有可复原器11件，均为陶质明器，除1件动物俑外，其余皆人物俑。

击鼓俑　1件。M1∶21，残，俑下部身前不存。泥质红陶，模制，前后两模黏贴，内部中空。男性，头戴似进贤冠，脸部圆润、眯眼、高鼻、颧骨凸出、嘴微张，着右衽长衣、衽部加襈、长袖广口，右手半举及肩，手中似握一物。宽14.4、高23.4、头部侧厚7.7厘米（图一二，1）。

侍俑　5件。M1∶1，泥质红陶，模制，前后两模黏贴，内部中空。女性，站立，身体微后仰；头戴巾，面部模糊，仅可见到眼部及鼻梁；着右衽长衣，衽部加襈，衣裾及地，长袖垂胡，双手相抱藏于袖中。宽8.1、高21.9、头部侧厚5.4厘米（图一二，2）。M1∶23，泥质红陶，模制，前后两模黏贴，内部中空。男性，站立，臀部微翘；头戴介帻，眯眼、高鼻、嘴微张；着右衽长衣，衽部加襈，衣裾及地，长袖垂胡，双手相抱藏于袖中。宽7.9、高22.8、头部侧厚5.7厘米（图一二，3；图版五，1）。M1∶18，泥质红陶，模制，前后两模黏贴，内部中空。男性，站立，臀部微翘；头戴介帻，眯眼、鼻梁上挺、嘴微张、下颌圆润，着长衣，衣裾及地，长袖垂

---

① 林必忠：《璧山县蛮洞坡东汉崖墓》，《中国考古学年鉴·1988》，文物出版社，1989年，第229、230页。

图一二 M1出土陶器

1.击鼓俑（M1：21） 2、3、6~8.侍俑（M1：1、M1：23、M1：18、M1：20、M1：19）
4、9.舞俑（M1：16、M1：2） 5.执扇提袋俑（M1：24） 10.吹箫俑（M1：25） 11.猪（M1：28）

胡，双手相抱藏于袖中。宽7.7、高23.3、头部侧厚5.3厘米（图一二，6）。M1：20，泥质红陶，模制，前后两模黏贴，内部中空。女性，站立；头戴巾，细眉、眯眼、高鼻、抿嘴、下巴圆润，着右衽长衣，衽部加襈，衣裾及地，长袖垂胡，双手相抱藏于袖中。宽5.6、高16.8、头部侧厚4.3厘米（图一二，7）。M1：19，泥质红陶，模制，前后两模黏贴，内部中空。女性，站立；头戴巾，细眉、眯眼、高鼻、抿嘴，着右衽长衣，衽部加襈，衣裾及地，长袖垂胡，双手相抱藏于袖中。宽5.6、高17.2、头部侧厚4.4厘米（图一二，8）。

舞俑　2件。M1：16，残，头部、右手局部无存。泥质红陶，模制，前后两模黏贴，内部中空。女性，站立，身体微后倾；梳鬟云髻，头戴抹额，圆脸，细眉，眯眼，高鼻；着右衽长衣，衽部加襈，长袖，腰部束带；右手高举，左手叉腰，藏于袖中；右腿弓起，作舞蹈状。宽14.6、高24.1、头部侧厚4.8厘米（图一二，4；图版五，2）。M1：2，泥质红陶，模制，前后两模黏贴，内部中空。女性，站立，上身略右倾；梳髻，头戴抹额，圆脸，细眉，眯眼，高鼻；着右衽长衣，衽部加襈，长袖，腰部束带；右手高举，左手叉腰，藏于袖中；右腿弓起，作舞蹈状。宽14.1、高26.4、头部侧厚5.9厘米（图一二，9；图版五，3）。

执扇提袋俑　1件。M1：24，泥质红陶，模制，前后两模黏贴，内部中空。女性，站立；梳鬟云髻，头戴抹额，圆脸，细眉，眯眼，高鼻，抿嘴；着右衽长衣，衣裾及地，衽部加襈，长袖束口；右手执扇，左手提袋。宽9.6、高23.4、头部侧厚5.4厘米（图一二，5；图版五，6）。

吹箫俑　1件。M1：25，头部略残。泥质红陶，模制，前后两模黏贴，内部中空。男性，跽坐，身体微向左倾；头戴尖顶帽，圆脸，鼻梁上挺，颧骨凸出；着直领长衣，衽部加襈，长袖束口，左手在上右手在下执箫吹奏。宽12.1、高18.7、头部侧厚6.4厘米（图一二，10；图版五，4）。

猪　1件。M1：28，泥质红陶、模制，左右两模黏贴，内部中空。四肢直立，头部略低垂、翘鼻、凸目，嘴微张，双耳下垂，颈部短粗，项背稍隆起，腹部鼓垂，臀部上翘，尾粗短附于身体右侧。长24.4、宽10.1、高10.9厘米（图一二，11；图版五，5）。

## 四、结　　语

蛮洞坡崖墓群的发现是璧山境内第二次全国文物普查工作的代表性收获之一。在普查工作过程中，由于在M1里发现了画像石棺，出于对文物安全的考虑，故开展了抢救性发掘的工作。

墓群选址于小型丘陵的半坡，旁有河流环绕而过，包含的墓葬沿崖壁一列排开，这都是川渝地区东汉至六朝时期崖墓选址与布局的特点。M1为小型长方形单室崖墓，一般学术界普遍认为其时代在东汉晚期[1]。在渝西地区该形制的崖墓十分常见，特别是在长江沿岸及其支流沿岸，占已发现崖墓的绝对多数，结合江津区沙河长沟M3[2]（延熹二年，159年）、綦江区七拱嘴M7[3]（光和四年，181年）等纪年崖墓，我们认为M1的年代不会早于东汉晚期。出土品数量虽不多，但陶俑的类型相对较为丰富，可见有侍俑、舞俑、击鼓俑、吹箫俑等，反映出墓葬应处于陶俑使用的鼎盛期。若进一步对比考察忠县涂井崖墓群蜀汉时期墓葬M5出土的模型明器[4]，蛮洞坡M1出土者明显偏小，且质地多为泥质红陶，因此其时代可能不会晚至蜀汉时期。

画像石棺是极具川渝地区特点的一种葬具，特别是随着近年来考古工作的加强，经科学方法出土者愈加增多。通过与川渝地区出土画像石棺的对比，蛮洞坡M1出土石棺在画像上具有很强的个性：一是在棺身侧面画像布局上，所有画像皆表现在各个分格内，并体现出极为强烈的对称风格，这种画像布局的方式在川渝地区非常罕见；二是部分画像的形象发生了变化，特别是位于棺端的伏羲女娲，下身的蛇身与躯干相分离，而被表现为两条小蛇相互交叉，蛇头伸至二神股间，与其他区域所见伏羲女娲人首蛇身的形象有着较为明显的差别，这些特点值得研究者进一步关注。

附记：本报告在编写过程中先后咨询张光敏、蓝开衡等诸位老师，在此一并致谢。

发　　　掘：林必忠　王　豫　陈安乐
后期调查：曾先龙　范　鹏　董小陈　张守华　陈安乐
绘　　　图：曾先龙　张守华
摄　　　影：董小陈　孙吉伟
拓　　　片：别廷芬
执　　　笔：范　鹏　林必忠

（原载于《四川文物》2018年第1期，略有修改）

---

[1] 罗二虎：《四川崖墓的初步研究》，《考古学报》1988年第2期。
[2] 黄中幼、张荣华：《江津沙河发现东汉纪年崖墓》，《四川文物》1994年第4期。
[3] 重庆市文化局、重庆市博物馆编：《重庆文物总目》，西南师范大学出版社，1996年，第40页。
[4] 四川省文物管理委员会：《四川忠县涂井蜀汉崖墓》，《文物》1985年第7期。

# 璧山区黄殿桥墓群发掘简报

重庆市文化遗产研究院
璧山区文物管理所

黄殿桥墓群位于璧山区广普镇（原广普乡）太和村五社（图一），西南距广普镇直线距离约1千米，地理坐标北纬29°20′33.01″、东经106°09′14.79″，海拔223米。墓群地处璧山河的左（东）岸台地，璧山河由南至北蜿蜒注入长江，流经该区域短暂折向西后又流向南，使得墓群所在台地北、西侧皆环水，台地中部地势有约2米的抬升，形成了一个背山面水的小型地理单元，黄殿桥墓群即选址于中部的高处区域（图二）。

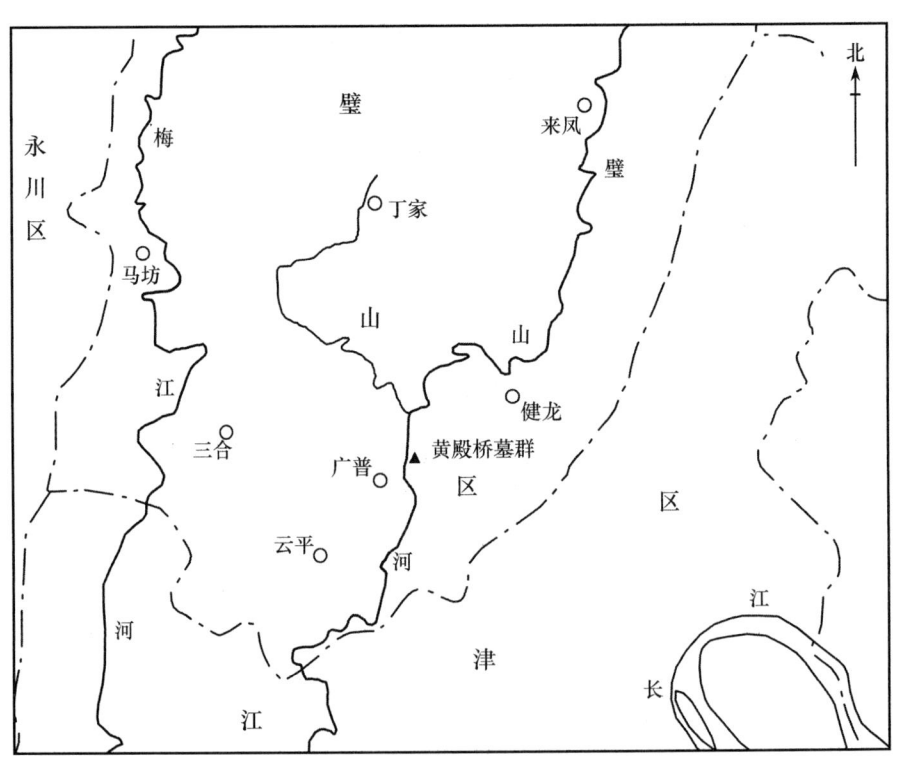

图一　黄殿桥墓群位置示意图

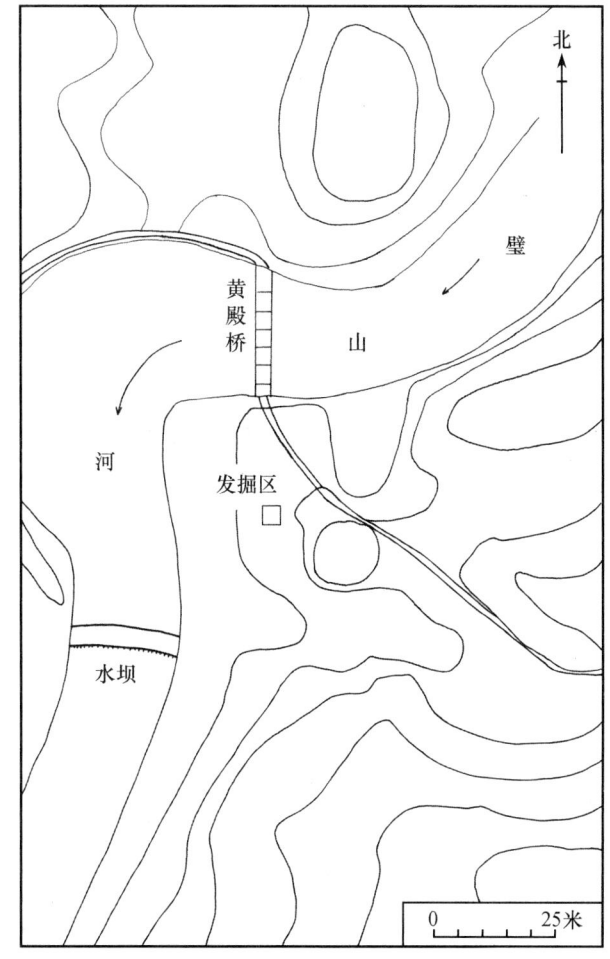

图二　黄殿桥墓群发掘区位置示意图

　　黄殿桥墓群系在1988年重庆第二次全国文物普查期间由璧山县文化局（现为璧山区文化局）调查发现[①]，重庆市博物馆（现为重庆中国三峡博物馆）随即于当年年底至次年年初对该墓群进行了抢救性清理。根据当时发掘的情况，墓群共包含2座墓葬，为"凸"字形石室墓，二者并列，左为M1、右为M2，朝向、形制基本相同。其上封土尚存，直径约5米，为两座墓所共用，故二者应为同茔异穴合葬。2座墓葬编号分别为1988BGHM1、1988BGHM2（以下简称为M1、M2）。其中，1988代表发掘年度，BGH分别为璧山区、广普镇、黄殿桥三处地名拼音首字母缩写，M代表墓葬。通过发

---

① 重庆市文化局、重庆市博物馆：《重庆文物总目》，西南师范大学出版社，1996年，第158页。需要说明的是，该书的登录名称为"黄癫桥石室墓"，将其认定为1座双室石室墓。本报告认为应为2座墓葬，二者同茔异穴。

掘共出土画像石棺3具，其中M1出土2具，M2出土1具；随葬品（含标本）共33件，皆出土于M2墓室中。

受当时条件所限，在发掘工作完成后，画像石棺及出土品皆存放于璧山区文物管理所，因故未及时开展整理，发掘资料亦有部分散佚。

2010年1月，重庆市文物考古所（现为重庆市文化遗产研究院）启动了对璧山地区汉代画像石棺资料的专题整理，较为完整地提取了黄殿桥墓群出土画像石棺及随葬品的资料，并于同月对该墓群进行了实地调查。调查发现，该墓群所包含的2座石室墓本体均已损毁不存，地表现已整修为梯田。

本报告即是在1988年发掘资料的基础之上，结合资料整理及后期调查工作成果形成。

# 一、M1

与M2并列，右侧为M2。二者间距1.46米。

## （一）墓葬形制

与M2共用封土。墓葬本体以条石构筑，墓道已不存，甬道及墓室仍保存完整。墓向195°，整体平面呈"凸"字形，墓圹残长5.41、宽2.61米（图三）。

### 1. 甬道

平面呈扁长方形，以条石砌筑。顶部为拱形，自左右侧壁第4层条石之上开始横向起拱，拱顶已不存；左右侧壁竖直，以长方形条石砌筑3层而成；底部以条石铺底。甬道长1.93、宽2.08、残高1.45米，内部空间长1.93、宽1.73、高1.31米。

甬道左、右侧壁第3层条石处各有一长方形小龛，距墓底0.56米。左、右龛基本对称，左龛宽0.27、高0.23、进深0.29厘米；右龛宽0.3、高0.23、进深0.23米。

### 2. 墓室

平面呈长方形，以长方形条石错缝平砌。顶部为拱形，自左右侧壁第4层条石之上开始横向错缝起拱。后壁亦以长方形条石相错砌筑。墓底以条石或石板铺底，宽窄不一。墓室长3.42、宽2.47、高2.37米，内部空间长3.1、宽1.9、高1.94米。

墓室中后部发现石棺2具，分别紧邻左、右侧壁。

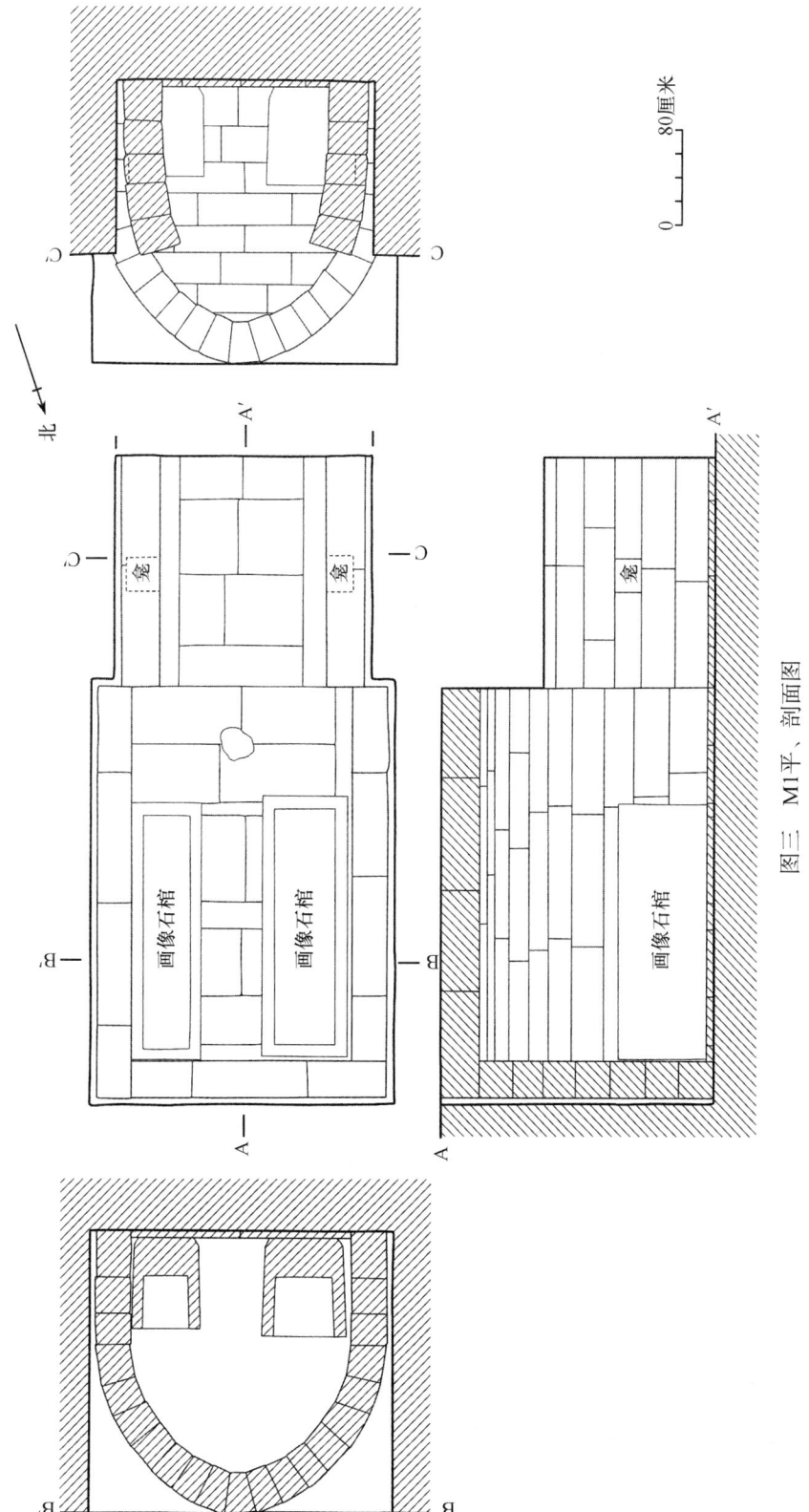

图三 M1平、剖面图

## （二）左侧石棺

紧邻墓室后壁及左侧壁，方向与墓向相同。棺盖已碎裂为多块，无法拼合。棺身内淤土已满，未见人骨。

**1. 石棺结构**

（1）棺身

保存基本完整，多处碎裂。整体平面呈长方形，长2.14、宽0.58、高0.78米。棺身内部中空，四壁由口部到底部逐渐加厚，侧面壁厚6～8、端面壁厚8～10厘米。棺身内部空间长1.98、宽0.45、高0.54米。棺体底部厚约0.23米。棺身四壁靠近底部皆有2～3厘米的内收（图四）。

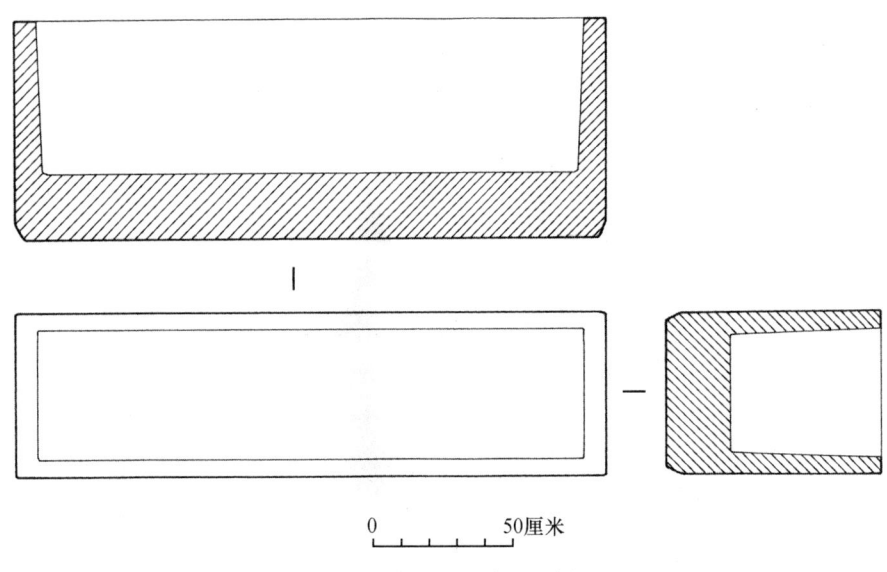

图四　M1左侧石棺棺身平、剖面图

（2）棺盖

碎裂为多块，无法复原。仅可辨为棺盖中部，底部内凹。

**2. 石棺画像**

棺身两端面可见有画像，两侧面为素面（图五）。

前端画像以双阙为主体，皆为单出阙、形制相近，由上到下分别由阙顶、楼部、枋子层、阙身、阙基几部分组成。双阙阙顶各有凤鸟一只，相对站立、形态相近，长尖喙、月牙形身体、尾部上扬。阙顶为庑殿顶，其下为楼部，呈等腰倒梯形；楼部以

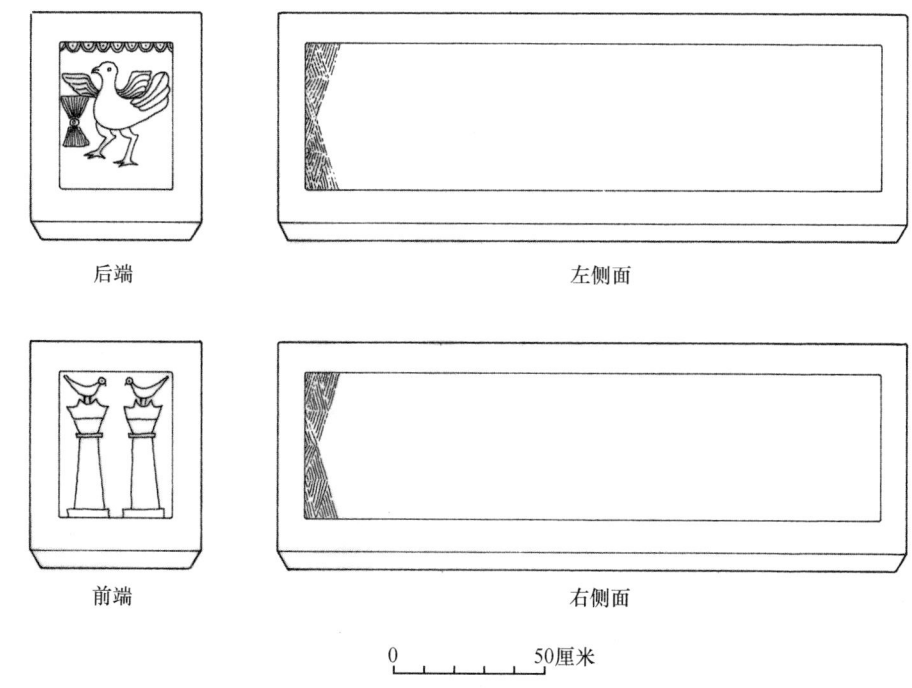

图五　M1左侧石棺棺身画像（摹本）

下为凸出的单层枋子层；阙身为等腰梯形，其下为扁长方形的阙基。整幅画像为竖长方形，宽39、高48.7厘米。画像四周可见有外框，宽约10厘米。

后端画像以凤鸟为主体，面左站立，尖喙、圆眼、颈部弯曲、双翅张开作欲飞状、尾部上翘。凤鸟左侧前部为竖向的"胜"纹，顶部为一列半圆形图案为装饰。整幅画像为竖长方形，宽39、高48.7厘米。画像四周可见有外框，宽约10厘米。

棺身两侧皆为素面。四周可见有外框，宽9~10厘米。中部主体部分通体为规律排列的细錾痕，其基本单位为7~9条由长及短且相互平行的细錾痕构成的三角形图案，两两相对、错向组合排布，横向共4排。

## （三）右侧石棺

紧邻墓室后壁及右侧壁，方向与墓向相同。棺盖基本完整，侧依于棺身的左侧。棺身内淤土已满，未见人骨。

**1. 石棺结构**

（1）棺身

保存较为完整。整体平面呈长方形，长2.18、宽0.71、高0.82米。棺身内部中空，四壁由口部到底部逐渐加厚，侧面壁厚6~8、端面壁厚10~12厘米。棺身内部空间长

1.97、宽0.6、高0.63米。棺体底部厚约0.19米。棺身四壁靠近底部皆有约5厘米的内收（图六）。

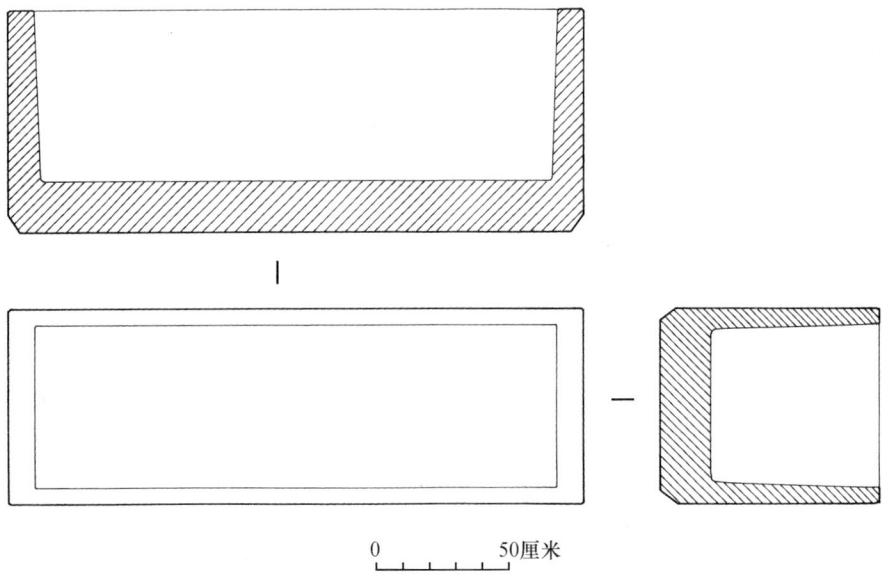

图六 M1右侧石棺棺身平、剖面图

（2）棺盖

除局部有缺损外基本完好。形制规整，两侧平直稍向内收。顶部为弧形，底部内凸，外侧则保留向下的凸起以扣合棺身。两端呈圆弧状，向下内收。棺盖长2.17~2.3、宽0.76、厚0.08~0.17米（图七）。

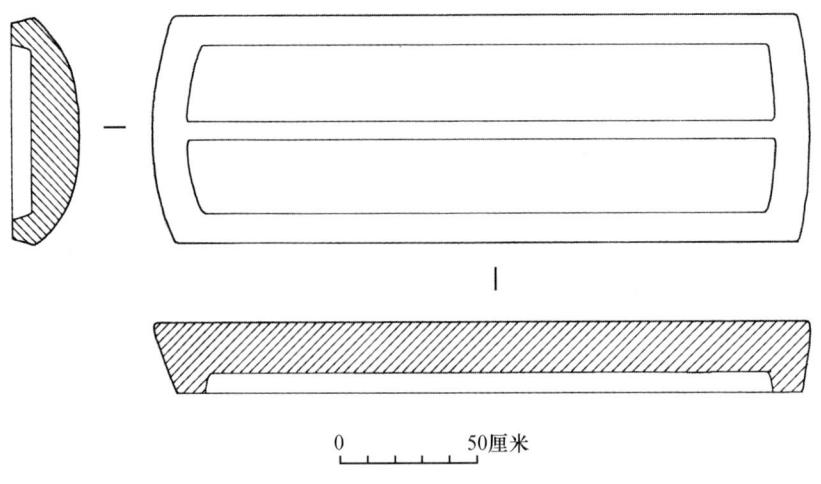

图七 M1右侧石棺棺盖平、剖面图

## 2. 石棺画像

棺身两端面可见有画像，两侧面为素面（图八）。

前端画像以伏羲女娲为主体。因画像表面剥蚀，无法作进一步区分。二者并列，基本呈对称布局。头戴山形冠，上肢相连，分别托举日月；上身为两侧皆有尖状凸起，或许为伏羲女娲下肢的一种讹误性的表现方式。下身为"S"形的蛇身，相互交叉。整幅画像为竖长方形，宽53.5、高56.6厘米。画像四周可见有外框，宽9～10厘米。

后端画像以双阙为主体，相互对称。皆为单出阙、形制基本相同，由上到下分别由阙顶、楼部、枋子层、阙身、阙基几部分组成。双阙阙顶各有凤鸟一只，相对站立、形态相近，长尖喙、双翅微张、尾部上扬。上、下两重阙顶，其下为楼部，呈等腰倒梯形；楼部以下为凸出的双层枋子层；阙身为等腰梯形，其下为扁长方形的阙基。双阙之间可见有两幅图像，上为"胜"纹，图像表面有细錾痕的装饰。下为一人物，面左站立，头戴平巾帻，右手半高举，手中执物，左手置于腰部，长衣及地。整幅画像为竖长方形，宽54、高57厘米。画像四周可见有外框，宽9～10厘米。

棺身两侧皆为素面。四周可见有外框，宽9～10厘米。中部主体部分通体为规律排列的细錾痕，其基本单位为7～9条由长及短且、相互平行的细錾痕构成的三角形图

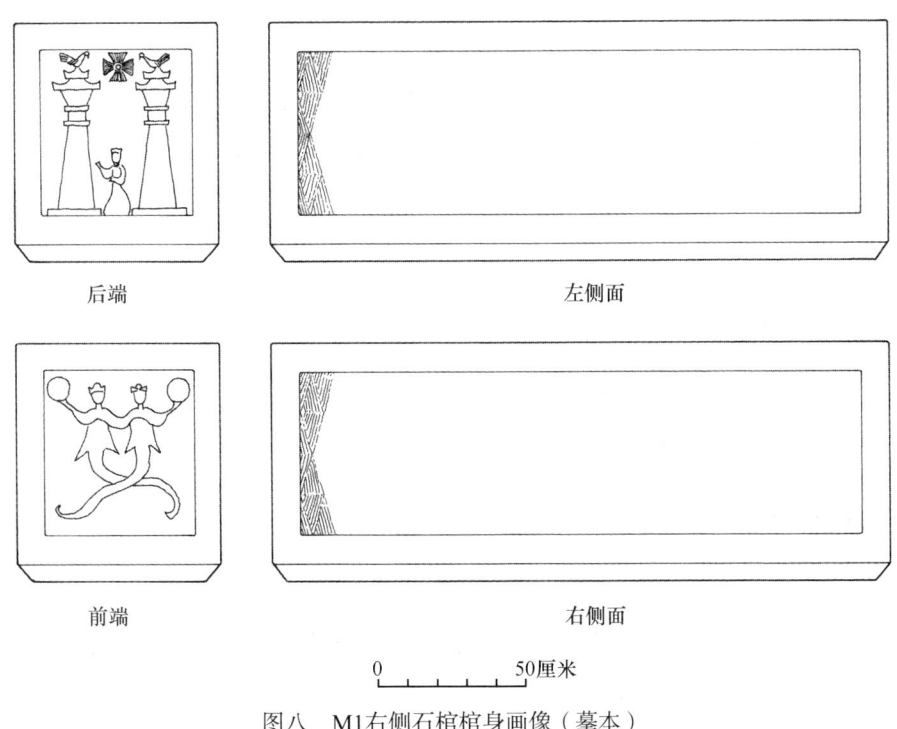

图八　M1右侧石棺棺身画像（摹本）

案，两两相对、错向组合排布，横向共4排。

## （四）随葬品

该墓被盗扰严重，发掘时未见随葬品。

# 二、M2

与M1并列，左侧为M1。二者间距1.46米。

## （一）墓葬形制

与M1共用封土。墓葬本体以条石构筑，墓道已不存，甬道及墓室仍保存完整。墓向194°，整体平面呈"凸"字形，墓圹残长5.35、宽2.16米（图九）。

### 1. 甬道

平面接近于正方形，以条石错缝砌筑。顶部为拱形，自左右侧壁之上横向错缝起拱；左右侧壁竖直，以长方形条石错缝砌筑3层而成；底部以条石铺底，以长方形条石横向错缝铺就。甬道长1.9、宽1.75、高1.5米，内部空间长1.9、宽1.2、高1.3米。

### 2. 墓室

平面呈长方形，以长方形条石错缝平砌。顶部为拱形，自左右侧壁第5层条石开始横向错缝起拱。后壁亦以长方形条石相错砌筑。墓底以条石或石板铺底，宽窄不一。墓室长3.44、宽2、高2.04米，内部空间长3.12、宽1.44、高1.67米。

墓室中后部靠近左侧壁处发现石棺1具。

## （二）石棺

石棺位于墓室左半部，距离墓室左侧壁约0.1米，方向与墓向相同。棺盖碎裂为多块，无法拼合复原。棺身内淤土已满，未见人骨。

### 1. 石棺结构

（1）棺身

左前角残损，其余部分保存较好。形制规整，整体平面呈长方形，横剖面呈上窄下宽的等腰梯形，长208.2、口部宽70、底部宽74、高72.6厘米。棺身内部中空，左右

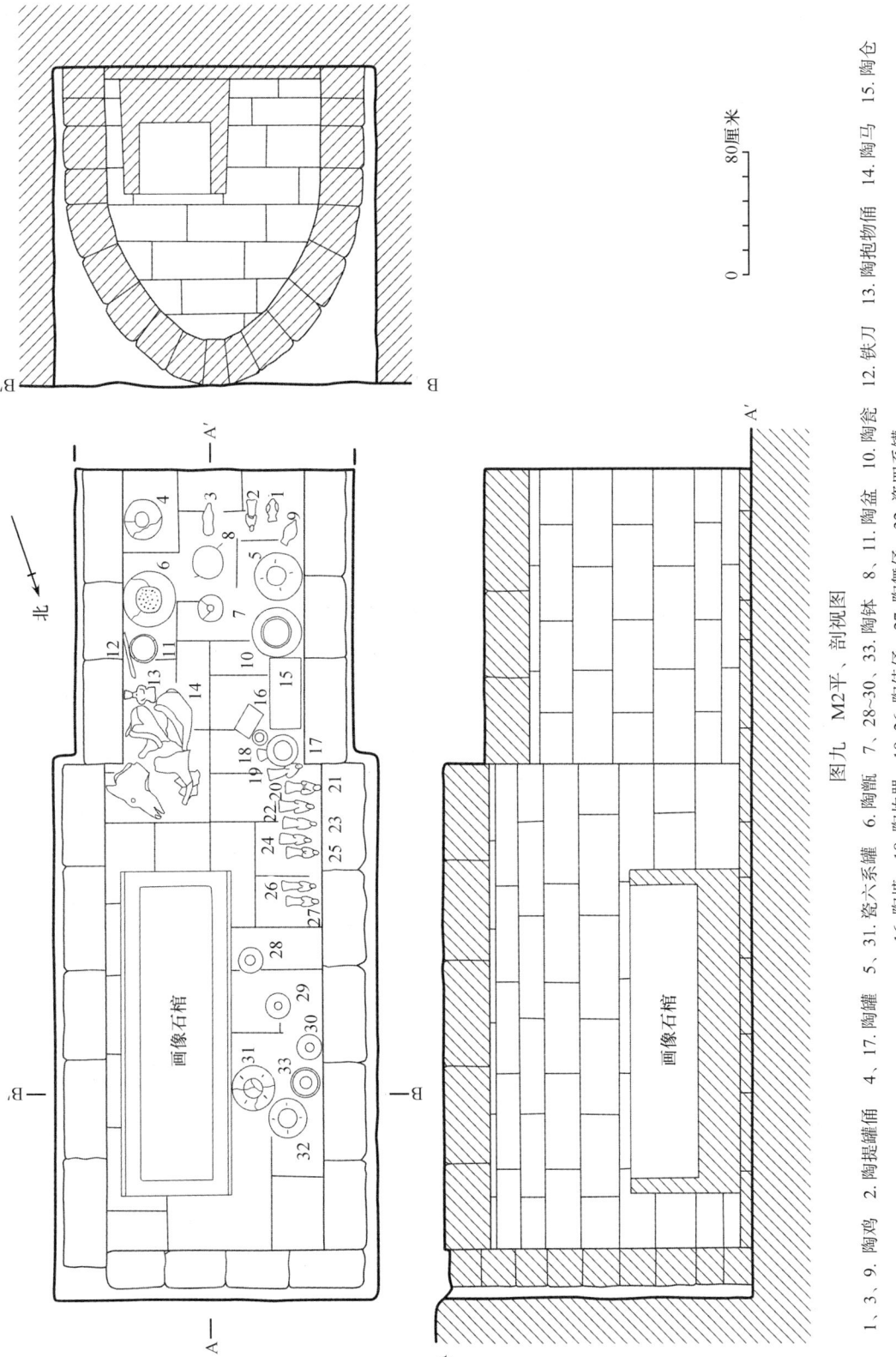

图九 M2平、剖视图

1、3、9. 陶鸡 2. 陶提罐俑 4、17. 陶罐 5、31. 瓷六系罐 6. 陶甑 7、28~30、33. 陶钵 8、11. 陶盆 10. 陶瓮 12. 铁刀 13. 陶抱物俑 14. 陶马 15. 陶仓 16. 陶塘 18. 陶炊器 19~26. 陶侍俑 27. 陶舞俑 32. 瓷四系罐

侧壁较薄，约8厘米，端壁稍厚，厚约10厘米；棺身内部空间长188.6、宽53.8、高51.2厘米；棺体底部上凹呈弧形，厚17.3~21.4厘米（图一〇）。

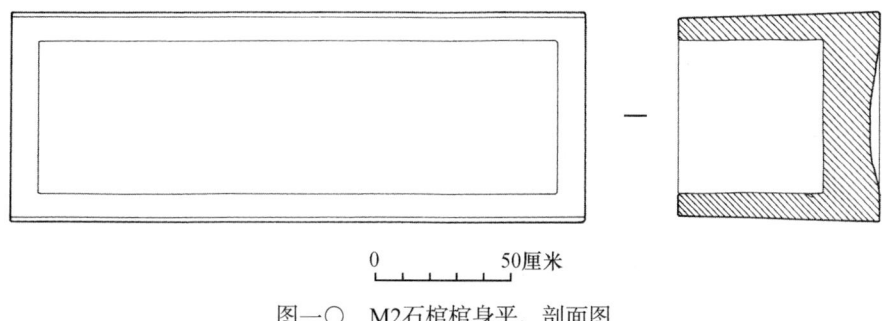

图一〇　M2石棺棺身平、剖面图

（2）棺盖

碎裂为多块，形制不明。

## 2. 石棺画像

除右侧面外，两端及左侧面均可见有画像（图一一）。从总体上看，画像布局较为稀疏，画像间的余白较多，画像制作也较为简练且抽象，画像的制作似乎未完成。特别是棺身右侧面可见有大量用以构图的阴线，将棺身由上至下分为三部分，上部靠近前端的阴线分格内为细錾痕组成的不规则三角形图案；中部亦见有相同情况，其中又以竖向阴线划分为11个小分格；下部錾痕混乱，似乎尚未进行修整。

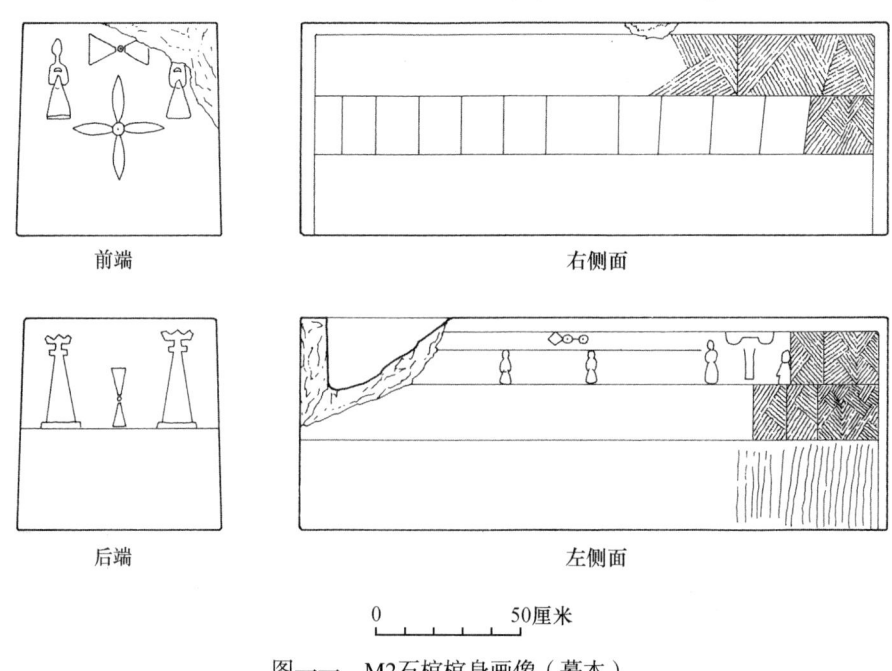

图一一　M2石棺棺身画像（摹本）

棺身左侧面的总体布局与右侧面类似，同样是以阴线将棺身分为上、中、下三部分。上部正中为菱形与圆形的组合图案，可能为未完成的串钱纹；其下可见有4名站立人物，仅可见轮廓，形态基本相同，在右3、4人物间可见有一组合画像，应为仿木结构的立柱和斗栱；靠近后端为2个阴线小分格，内为细錾痕组成的三角形图案。中部靠近后端可见有3个阴线小分格，内同样为细錾痕组成的三角形图案；下部为竖向錾痕，应与右侧面相同位置的情况一样，为该区域未做修整的表现。

前端画像共由4幅画像构成。上部正中为横向的"胜"纹，右上部损毁。其下为柿蒂纹，呈中心对称，桃形四叶，叶身细长。两侧分别站立人物各一，右侧人物头部损毁，两名人物只可见轮廓，形态基本相同，双手相抱于身前。

后端由一横向阴线划分上、下两部分。下部素面。上部正中为竖向的"胜"纹，两侧为双阙，制作较为抽象，形态变形十分明显。由上至下可辨为锯齿形的阙顶、细长的楼部、凸出的枋子层、阙身及阙基。

## （三）随葬品

该墓已经多次盗扰，本次发掘共发现随葬品33件，其中，陶器29、青瓷器3、铁器1件。根据发掘时的情况，主要分布于甬道及墓室右半部，棺身右侧容器较为集中，墓室前部靠近右侧壁处则为陶俑的集中分布区域。

### 1. 陶器

共29件，可分为容器及模型明器两大类。容器中瓮1、罐2、盆2、甑1、钵5件，模型明器中仓1、炊器1、塘1、马1、鸡3件，以及各类人物俑11件。

瓮　1件。M2∶10，泥质灰陶，轮制。微敞口，圆唇，粗颈，折沿，溜肩，斜腹，平底。颈、肩之间施两道弦纹，之间为竖向细纹。口径9、底径13.8、高23.2厘米（图一二，1）。

罐　2件。M2∶4，泥质灰陶，轮制。敞口，方唇，卷沿，折肩，斜腹，平底。肩部施两道弦纹，之间为竖向细纹。口径11.7、底径11.6、高17.6厘米（图一二，2）。M2∶17，泥质灰陶，轮制。直口，方唇，无沿，圆肩，斜腹，平底。颈、肩之间施两道弦纹，之间为竖向细纹。口径14.6、底径14、高22厘米（图一二，5）。

盆　2件。M2∶11，泥质灰陶，轮制。敞口，圆唇，折沿，斜弧腹，平底。口径32.2、底径23.5、高19.2厘米（图一二，4）。M2∶8，底部残。泥质灰陶，轮制。直口，圆唇，折沿，弧腹。口径32.8、残高16.1厘米（图一二，6）。

甑　1件。M2∶6，泥质灰陶，轮制。微敞口，圆尖唇，折沿，斜腹，平底

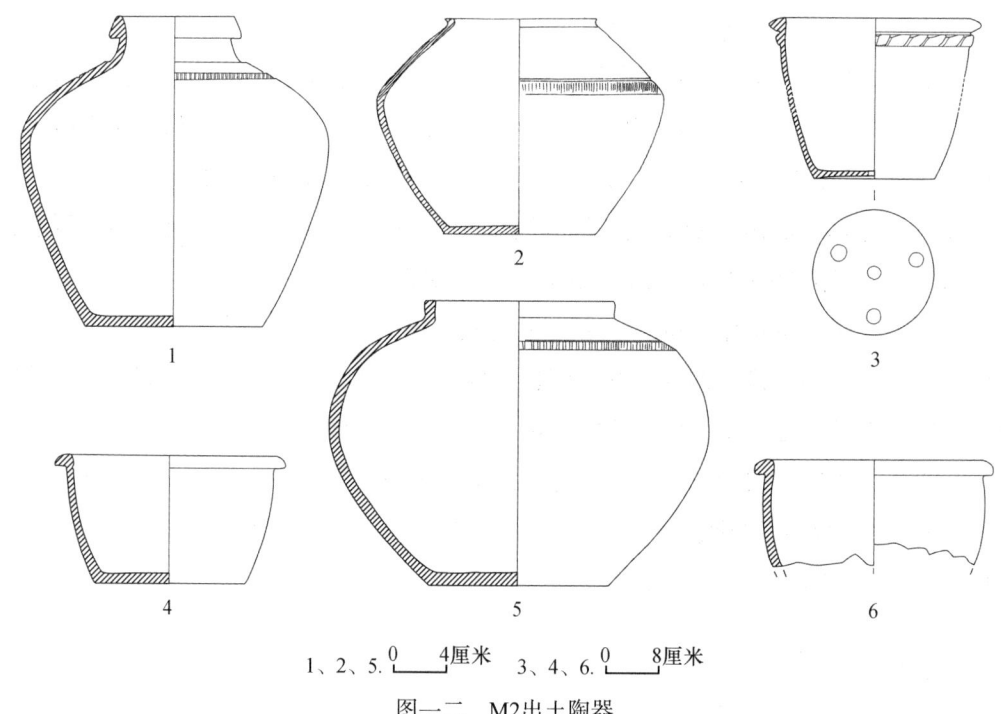

1、2、5. 0̲___4厘米  3、4、6. 0̲___8厘米

图一二　M2出土陶器

1.瓮（M2∶10）　2、5.罐（M2∶4、M2∶17）　3.甑（M2∶6）　4、6.盆（M2∶11、M2∶8）

略内凹。底部四圆孔。口沿下施附加堆纹。口径28.5、底径18.6、高24厘米（图一二，3）。

钵　5件。根据足部特征可分为A、B两型。

A型　2件。无足。根据口部特征分为Aa、Ab两亚型。

Aa型　1件。敛口。M2∶28，泥质红陶，轮制。方唇，无沿，圆肩，弧腹，平底。腹部以上施黄绿色釉，大部已脱落。腹部有数道弦纹。口径12.5、底径6.8、高10.3厘米（图一三，1）。

Ab型　1件。母口。M2∶33，泥质灰陶，轮制。尖唇，无沿，口部外一圈凸起形成母口，弧腹，平底。口径14.1、底径9.2、高9.3厘米（图一三，3）。

B型　3件。饼足。M2∶7，泥质灰陶，轮制。敛口，圆唇，无沿，斜直腹。口部以下施凹弦纹。口径13.2、底径6.5、高6.2厘米（图一三，2）。M2∶29，泥质灰陶，轮制。敛口，圆唇，无沿，折腹。口径13.3、底径6.2、高6.1厘米（图一三，4）。M2∶30，泥质灰陶，轮制。敛口，圆唇，无沿，折腹。口部以下施凹弦纹。口径13.4、底径6、高6.7厘米（图一三，5）。

仓　1件。M2∶15，泥质灰陶。歇山顶，房脊凸出，中部立"山"字形脊饰，其上贴塑饼状装饰；两侧为扇形鸱吻，端头由上至下贴塑饼状瓦当。房檐可见瓦垄三

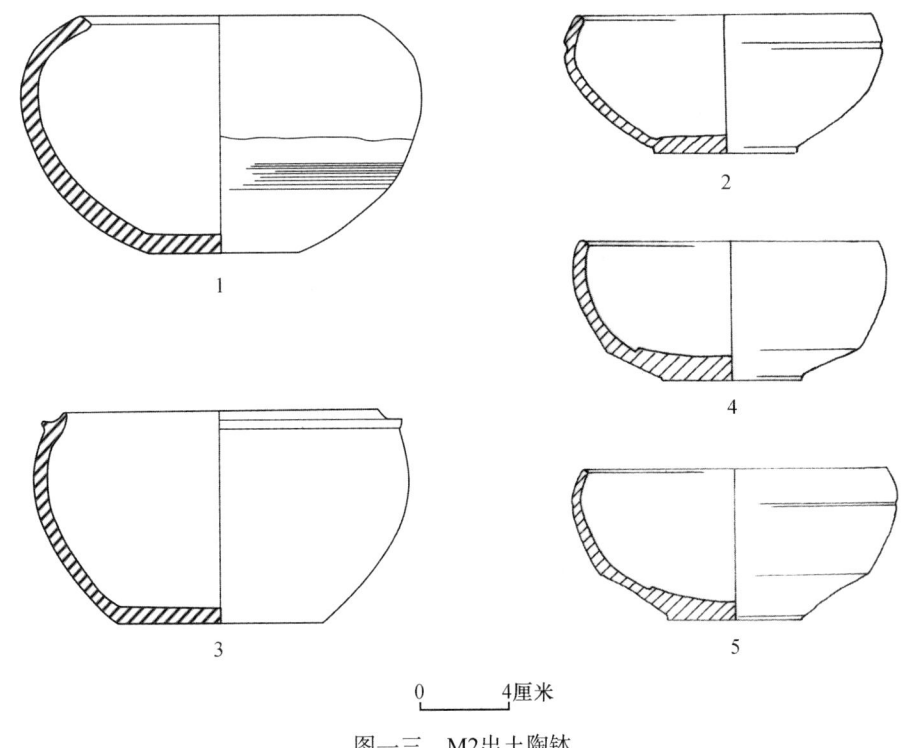

图一三　M2出土陶钵
1. Aa型（M2∶28）　2、4、5. B型（M2∶7、M2∶29、M2∶30）　3. Ab型（M2∶33）

道，尽头出檐处贴塑饼状瓦当。长方形房体，正面正中开一长方形小窗，小窗以上残留有横向贴塑痕迹，或为窗檐；小窗以下可见有横向凸起。房体左墙正中开圆形小窗，其余两面未见。宽26.6、高26.3、进深19.6厘米（图一四，5；图版六，1）。

炊器　1件。M2∶18，泥质灰陶。上豆下灶，豆为直口，圆唇，垂腹，平底，无柄，圈足。下为灶，内部中空，器身四周有瓜瓣形镂空，平底。口径10.5、底径10.3、高12厘米（图一四，3；图版六，2）。

塘　1件。M2∶16，泥质灰陶。残，无法复原。残存部分呈方形，塘壁方唇，垂直，平底。宽26、残长28、高8厘米。

马　1件。M2∶14，泥质灰陶。残，无法复原，头部稍完整，身体碎裂为多块。马头残长42、高27厘米。

鸡　3件。M2∶3，泥质灰陶。公鸡，尖喙，立冠，颈部直立，匍匐卧地，双翅收拢，尾部上翘。厚9.2、长18.2、高15.2厘米（图一四，1；图版六，3）。M2∶9，泥质灰陶。母鸡，尖喙，颈部直立，匍匐卧地，双翅收拢，尾部上翘。厚9.5、长21.2、高14.2厘米（图一四，2；图版六，4）。M2∶1，泥质红陶。冠、尾皆残，公鸡，尖喙，喙下有垂胡，冠残存部分为三角形，头颈前倾。站立，双翅收拢。宽9.4、残长20、残

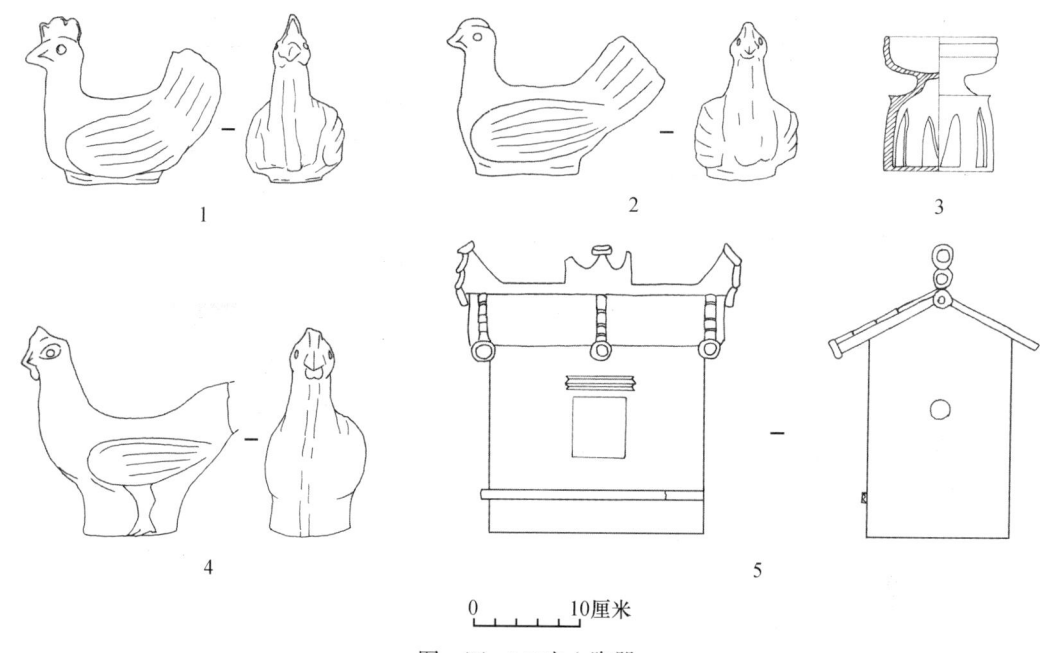

图一四 M2出土陶器
1、2、4.鸡（M2：3、M2：9、M2：1） 3.炊器（M2：18） 5.仓（M2：15）

高18.6厘米（图一四，4；图版六，5）。

提罐俑 1件。M2：2，残，泥质灰陶。捏制，内部中空。形态较为抽象。面部模糊，长颈，宽肩，上肢细长，右手握棒于胸前，左手提罐于腰前。束腰，衣裾及地，不见双脚。高20.7、宽12.1、侧厚12厘米（图一五，9；图版六，6）。

抱物俑 1件。M2：13，泥质灰陶。捏制，内部中空。形态较为抽象。头戴帻，面部模糊，依稀可见有鼻梁和双耳，下巴圆润。长颈，宽肩，上肢细长，右手在上左手在下似抱一圆形物体于胸前。束腰，衣裾及地，双脚露出。高21.4、宽12.2、侧厚10.9厘米（图一五，10；图版七，1）。

舞俑 1件。M2：27，残，泥质灰陶。捏制，内部中空。形态较为抽象。头戴长帻，面部模糊，高鼻，下巴圆润。长颈，宽肩，上肢细长，双臂弯曲，右手及左臂皆残。束腰，衣裾及地，双脚露出。高25.2、宽13.6、侧厚9.7厘米（图一五，11；图版七，2）。

侍俑 8件。M2：25，泥质灰陶。模制，前后两模黏贴，内部中空。站立，头戴巾，圆脸，面部模糊，仅可见鼻，下巴圆润。身着右衽长衣，长袖垂胡，双手相抱藏于袖中。衣裾及地，不见双脚。高21.3、宽8.2、侧厚8.7厘米（图一五，1；图版七，3）。M2：19，泥质灰陶。模制，前后两模黏贴，内部中空。站立，头戴巾，圆脸，面部模糊，仅可见鼻，下巴圆润。身着右衽长衣，长袖垂胡，双手相抱藏于袖

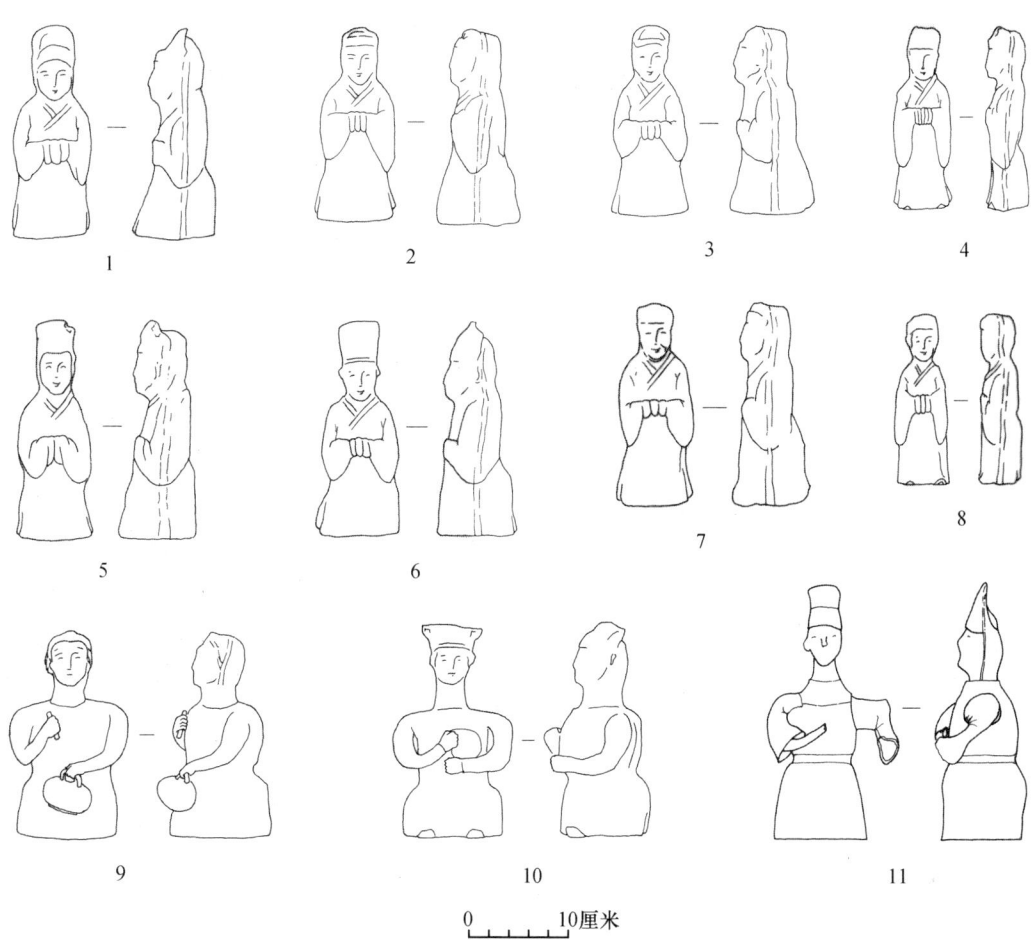

图一五　M2出土陶俑

1~8.侍俑（M2∶25、M2∶19、M2∶23、M2∶21、M2∶26、M2∶20、M2∶24、M2∶22）
9.提罐俑（M2∶2）　10.抱物俑（M2∶13）　11.舞俑（M2∶27）

中。衣裾及地，不见双脚。高20、宽8.3、侧厚8.5厘米（图一五，2；图版七，4）。M2∶23，泥质灰陶。模制，前后两模黏贴，内部中空。站立，头戴巾，圆脸，面部模糊，仅可见鼻，下巴圆润。身着右衽长衣，长袖垂胡，双手相抱藏于袖中。衣裾及地，不见双脚。高18.9、宽8.1、侧厚8.7厘米（图一五，3；图版七，5）。M2∶21，泥质红陶。模制，前后两模黏贴，内部中空。站立，头戴巾，圆脸，面部模糊，仅可见鼻，下巴圆润。身着右衽长衣，长袖垂胡，双手相抱藏于袖中。衣裾及地，双脚微露。高18.2、宽6.2、侧厚4.5厘米（图一五，4；图版七，6）。M2∶26，泥质灰陶。模制，前后两模黏贴，内部中空。站立，头戴巾，圆脸，面部模糊，仅可见鼻，下巴圆润。身着右衽长衣，长袖垂胡，双手相抱藏于袖中。衣裾及地，不见双脚。高22、宽8、侧厚8厘米（图一五，5；图版八，1）。M2∶20，泥质灰陶。模制，前后两模黏贴，内部中空。站立，头戴长帻，圆脸，头部可见鼻、嘴及双耳，下巴圆润。身着右衽长衣，长袖垂胡，双手相抱藏于袖中。衣裾及地，不见双脚。高21.4、宽8.5、侧厚8.1厘米（图一五，6；图版八，2）。M2∶24，残，泥质灰陶。模制，前后两模黏贴，内部中空。站立，头戴巾，圆脸，高鼻，嘴微张，下巴圆润。身着右衽长衣，长袖垂胡，双手相抱藏于袖中。衣裾及地，不见双脚。高20.2、宽8、侧厚8厘米（图一五，7；图版八，3）。M2∶22，泥质红陶。模制，前后两模黏贴，内部中空。站立，头戴巾，圆脸，面部模糊，仅可见鼻，下巴圆润。身着右衽长衣，长袖垂胡，双手相抱藏于袖中。衣裾及地，双脚露出。高17、宽5.8、侧厚5厘米（图一五，8；图版八，4）。

### 2. 瓷器

共3件，皆为青瓷器。

六系罐　2件。M2∶5，轮制。直口，圆唇，流肩，肩部有一圈内折，弧腹内收至底，平底。环形六系，皆为贴塑，肩部四横系，腹部二竖系。横系上及竖系下可见有弦纹两道，肩部内折以下通体饰斜45°细布纹。浅灰色胎，青黄色釉，釉层薄且不均匀，底部未施釉。口径10.8、底径18、高25.9厘米（图一六，1）。M2∶31，轮制。直口，圆唇，圆肩，肩部有一圈内折，斜腹内收质地，平底。环形六系，皆为贴塑，肩部四横系，其中两处横系下有二竖系，二者对称分布。肩部内折以下通体饰斜45°细布纹。浅灰色胎，青色釉，釉层薄且大量剥落，腹部已不见釉，底部未施釉。口径11.2、底径13、高23.5厘米（图一六，2；图版八，5）。

四系罐　1件。M2∶32，轮制。微敞口，尖唇，圆肩，肩部有一圈内折，斜腹内收至底，平底。肩部环形四系，皆为贴塑。口沿、肩部、横系各有弦纹两道。口沿以下至器底约4厘米处通体饰斜45°细布纹。浅灰色胎，黄色釉，釉层薄且不均匀，底部

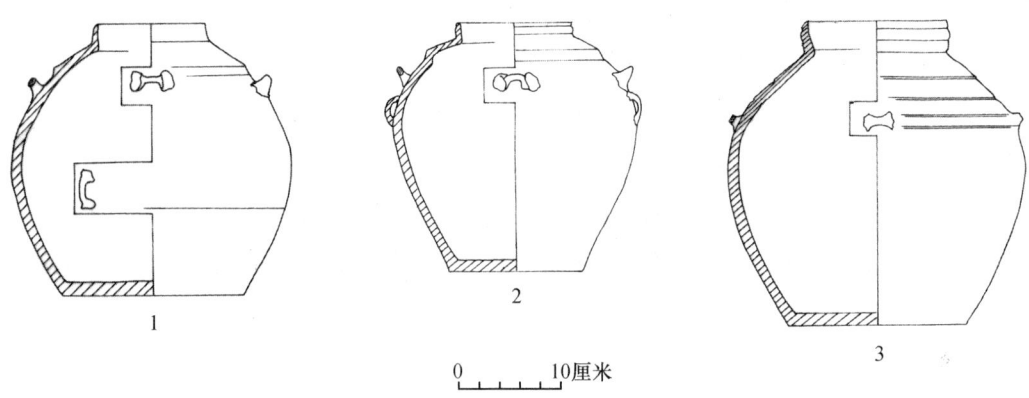

图一六　M2出土瓷器
1、2.六系罐（M2∶5、M2∶31）　3.四系罐（M2∶32）

未施釉。口径13.6、底径17.4、高28.8厘米（图一六，3；图版八，6）。

**3. 铁器**

刀　1件。M2∶12，残，仅剩刀身一段，无法复原，锈蚀严重。长方形刀身，刃薄背厚，截面呈梯形，刀身宽2.8、残长30厘米。

## 三、结　　语

本次发掘的两座墓葬均为"凸"字形的石室墓，二者共用封土，说明很有可能为同时建造，结合渝西和峡江地区的情况，同类型的砖（石）室墓的时代延续时间十分长，从东汉到六朝时期均有很多的发现。以上两座墓葬的建造年代应在上述时间范围以内。需要注意的是，两座墓葬的入葬年代不一定同时。

M1因盗掘未见随葬品，我们只能围绕两具画像石棺进行分析。二者在形制与画像布局上均十分接近，应是同时期甚至同一批工匠的作品。若从画像上来分析，左侧石棺两端为"凤鸟—双阙"组合，右侧石棺两端为"伏羲女娲—双阙"组合，这是川渝地区东汉晚期画像石棺最为普遍的画像组合[1]，M1出土的两具石棺年代应在这一时间范围。此外，两具石棺的侧面虽然未制作画像，但已在四周留出边框，框内为规矩排列的三角形錾痕组合。若进一步观察川渝地区的汉代画像石棺，錾痕组合一般位于画像的余白部分，在一定程度上可认为是对余白区域的一种几何装饰。因此，我们认为M1出土两具石棺侧面未制作画像可能是有意为之。

M2有较多的随葬品出土。其中，最具有时代特征的当属3个青瓷罐，这种饰布纹的青釉或黄釉直口四（六）系瓷罐在峡江地区的汉至六朝墓葬中较为常见，是三国至西晋时期较为流行的装饰风格，如丰都县镇江墓群2008FRSWM13∶7瓷四系罐[2]、忠县翠屏山墓群DM501∶9瓷四系罐[3]、巫山县江东嘴墓群M37∶1瓷四系罐[4]、云阳县旧县

---

[1] 范鹏、邹后曦、李大地：《重庆市璧山县汉代石棺的发现与研究》，《四川文物》2012年第6期。

[2] 重庆市文物局、重庆市移民局：《丰都镇江汉至六朝墓群》，科学出版社，2013年，第301页。

[3] 重庆市文物局、重庆市移民局：《忠县翠屏山崖墓》，科学出版社，2011年，第96页。

[4] 中国文物研究所、重庆市文物局、宜昌博物馆、巫山县文物管理所：《巫山江东嘴墓群发掘报告》，《重庆库区考古报告集·2000卷》，科学出版社，2010年，第291页。

坪遗址CT1202②：2青瓷罐[①]等，以上例子普遍被认为属西晋时期。若进一步观察M2出土的画像石棺，两端及两侧的画像明显呈现出退化的现象：一是原本居于前端的伏羲女娲已退化成为人形；二是双阙形象十分抽象，与汉代画像石棺中的双阙形象相去甚远；三是柿蒂纹已近似于柳叶形，两端的"胜"纹的与伏羲女娲和双阙缺少直接的联系，显得十分随意。若与璧山境内出土的蛮洞坡M1石棺[②]和小河坝M1石棺[③]相比，两侧画像的虽同样制作出分格，但仅为一条细线，在工艺上显得更加粗糙简单。因此，我们不难发现，M2石棺上的画像题材虽仍保留有一定汉代画像的题材，但均有了大幅度的退化甚至错误。从另一个角度上讲，该石棺的画像可能已经脱离了其所蕴含的升天寓意，而成为一种简单的装饰品。通过考察出土于云阳县旧县坪遗址的景云碑碑额画像[④]，三幅画像在总体上体现出一个较为完整的升天过程，但并未表现出主神，这应是川渝地区汉代画像符号化的一种体现[⑤]。黄殿桥M2石棺画像则更有可能是在符号化后的一种更加退化的表现，其时代要晚于景云碑（173年）。综合以上随葬品及画像石棺两方面的研究，我们认为M2的时代应在六朝时期。

在20世纪80年代末开展的璧山县第二次全国文物普查工作收获颇丰，其中的代表性发现即是境内以画像石棺为葬具的汉代墓葬。本次工作也是继1987年发掘丁家镇蛮洞坡崖墓群M1后，第二次科学出土画像石棺，也是璧山境内首次开展的汉代石室墓的发掘。这一发现进一步充实了川渝地区汉代画像石棺的考古发现，对渝西地区汉代墓葬形制及丧葬习俗研究具有重要的价值。

附记：该墓群的发掘工作队由重庆市博物馆刘豫川、邹后曦、郑丹，璧山县文管所张福忠、蓝开衡，广普乡文化专干毛德金，广普乡公安员任清修等组成。在后期调查及补充资料工作中，得到了璧山区文物管理所、广普镇文化站的大力支持。本报告

---

[①] 吉林省文物考古研究所、重庆市文物局、云阳县文物保护管理所：《云阳旧县坪遗址发掘报告》，《重庆库区考古报告集·2000卷》，科学出版社，2010年，第656页。

[②] 见本书《璧山区蛮洞坡崖墓群M1发掘简报》。

[③] 见本书《璧山区小河坝墓群发掘报告》。

[④] 吉林省文物考古研究所、云阳县文物管理所：《重庆云阳旧县坪台基建筑发掘简报》，《文物》2008年第1期。

[⑤] 范鹏、邹后曦、李大地：《汉巴郡朐忍令景云碑碑额画像辨识及相关问题研究》，《江汉考古》待刊。

撰写过程中多次咨询蓝开衡、陈安乐两位先生,在此对以上单位和个人致以诚挚的谢意。

后期调查:曾先龙　范　鹏　张守华　陈安乐
绘　　图:曾先龙　张守华
摄　　影:董小陈　范　鹏
整　　理:范　鹏　曾先龙
执　　笔:范　鹏　李大地　邹后曦

# 璧山区棺山坡崖墓群发掘简报

重庆市文化遗产研究院
璧山区文物管理所

棺山坡崖墓群位于重庆市璧山区丁家镇铜瓦村八社（图一）。地处插旗山东部山脊缓坡之上（图版九，1），西北距五里冲水库直线距离约260米，西距插旗山顶约200米，南部紧邻当地民居。墓群中心地理坐标北纬29°22′53.6″、东经106°06′04.8″，海拔331米。墓群所在区域整体地势较为平缓，东、西两侧皆为坡度较大的陡崖，西南沿山脊可达插旗山顶部。村级小路由南向北穿越墓群，墓群及周边区域经后期改土为农田，其上种植蔬菜及经济作物（图版九，2）。

墓群所在区域整体地势西高东低，共发现崖墓6座，集中环绕分布于中部岩石山体

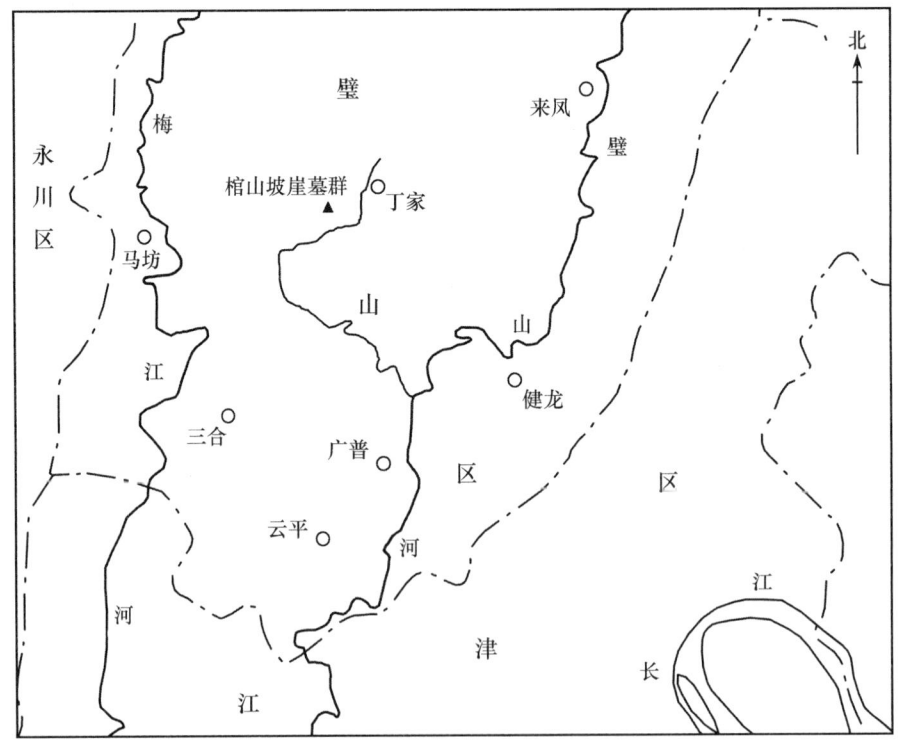

图一　棺山坡崖墓群位置示意图

区域（图二）。编号分别为2009BDGM1～2009BDGM6（以下简称为M1～M6），其中，2009代表发掘年度，BDG分别为璧山区、丁家镇、棺山坡三处地名拼音首字母缩写，M代表墓葬。整个墓地可分为东、北、西三部分，其中，东部包含墓葬3座，由南至北分别为M1、M2、M3，三座墓葬呈一列分布，方向基本一致（图版一〇，1）；北部包含墓葬1座（M4），墓向东北；西部包含墓葬2座，分别为M5、M6，墓向相同，皆为南向。

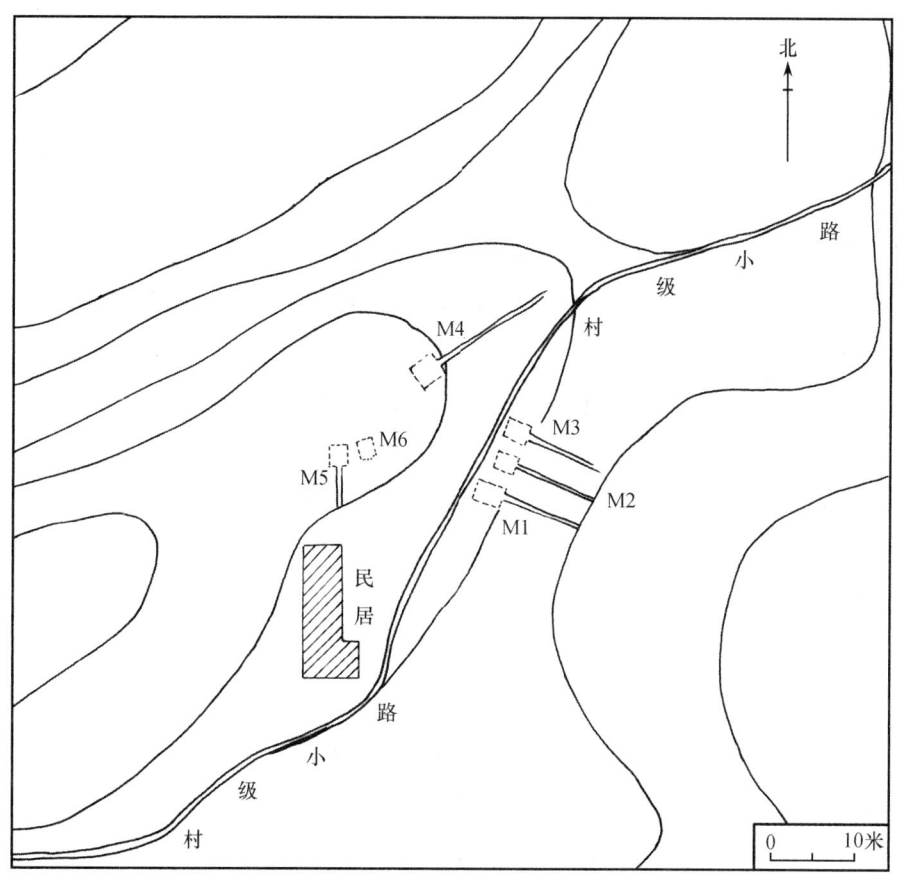

图二　棺山坡崖墓群墓葬分布示意图

墓群系在1986年文物普查时发现，1989年被公布为璧山县文物保护单位。2007年因当地发生墓葬盗掘案件，当时的璧山县文物管理所对M3中已暴露的画像石棺做了保护性的迁移，2009年11～12月，重庆市文化遗产研究院与璧山县文物管理所对该墓群进行了抢救性清理（图版一〇，2），其中M2、M4、M6被破坏严重，墓室已空。其余3座墓葬保存相对较好，并可见有画像石棺、墓室画像等，现将M1、M3、M5的清理情况报告如下。

# 一、M1

M1位于墓群东部偏南，与M2、M3共处一列，距与之相邻的M2约2.4米。

## （一）墓葬形制

方向115°，由墓道、墓门、甬道和墓室四部分组成。墓葬总长约12.42米（图三）。

墓道　平面呈直角梯形，左侧边与墓门基本垂直，右侧边自墓门向墓道口处逐渐内收，两壁竖直，底部基本水平。长8.12、宽0.7~1.7、深0.1~0.8米。

墓门　竖直，双重门框，平顶（图版一一，1）。外门框宽1.69、高1.52、进深0.34米；内门框宽1.3、高1.32、进深0.34米。墓门外尚残存有石质封门，倚立于内重门框外侧；发掘时仅见有右侧一块且断裂为上、下两部分，封门石厚约0.08米（图版一一，2）。

甬道　平面呈长方形，平顶。宽0.98、高1.06、进深0.42~0.52米。底部高于内门框约0.1米。

墓室　平面呈长方形，顶部为竖向"人"字形，底部倾斜，后高前低，坡度约3.7°。墓室宽2.5、高1.3~1.84、进深3.1米。墓室正中偏左发现石棺一具，方向与墓向基本相同（图版一一，3）。

## （二）墓葬凿痕

该墓系利用岩石山体向内开凿，墓葬各部分通体可见有大量凿痕。

墓道两侧壁多为由上至下或斜向下的直线尖宽凿痕，长度多在20~30厘米，宽约1厘米，墓道底部以椭圆形凹窝居多，直径1~3厘米。墓门及甬道处的凿痕相对规整，以横向尖凿痕为主。墓室内四壁皆为尖凿痕，长15~30、宽1~2厘米不等，其中，前壁凿痕围绕墓门向四周发散，左、右侧壁凿痕以横向为主，后壁凿痕则以由上至下或斜向下的直线凿痕居多，顶部及墓底凿痕相对较短，长度多在15厘米以下，且包含有较多的椭圆形凹窝，直径3~5厘米（图版一二）。

## （三）画像石棺

石棺位于墓室正中偏左，方向与墓向一致，棺盖底部朝上位于石棺与墓室左壁之间，应是后期人为扰动所致。棺身内有少量淤土，未见人骨。

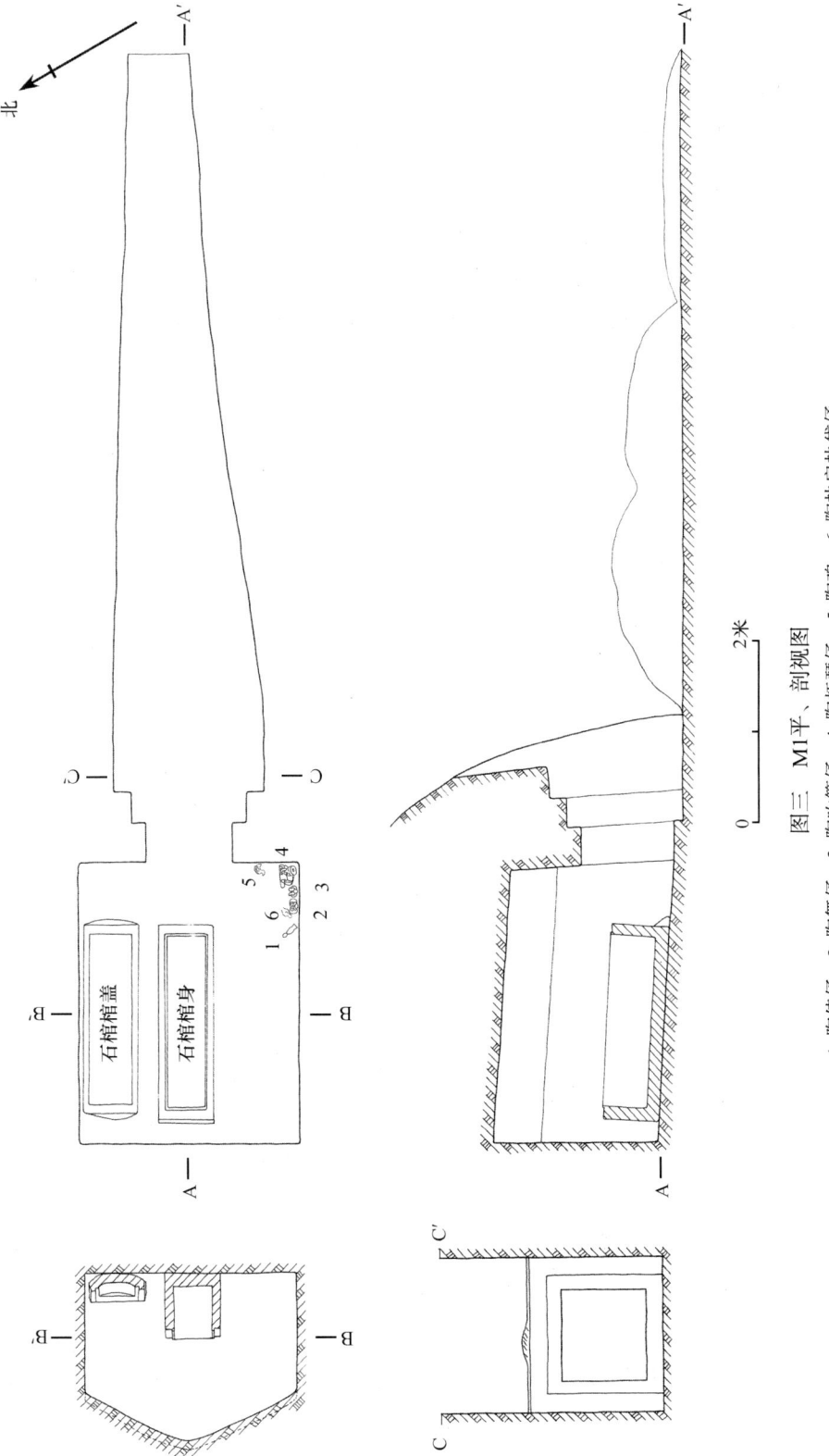

图三 M1平、剖视图

1. 陶侍俑 2. 陶舞俑 3. 陶吹箫俑 4. 陶抚琴俑 5. 陶鸡 6. 陶执扇执袋俑

## 1. 石棺结构

**（1）棺身**

前端及后端上部四角有少部分残损，后端棺身中部偏下有一小孔与棺身内部相通，其余部分基本完整。形制规整，整体平面呈长方形，横剖面为近方形，上部长2.13、宽0.6、高0.72米。棺身内部中空，侧壁较薄，约8厘米，端壁稍厚，厚约10厘米；棺壁顶部内侧有一个凸起的沿，环绕棺壁，宽2、高2厘米；棺身内部长1.93、宽0.44、0.46米；棺体底部厚重，厚度约0.25米（图四；图版一三，1）。

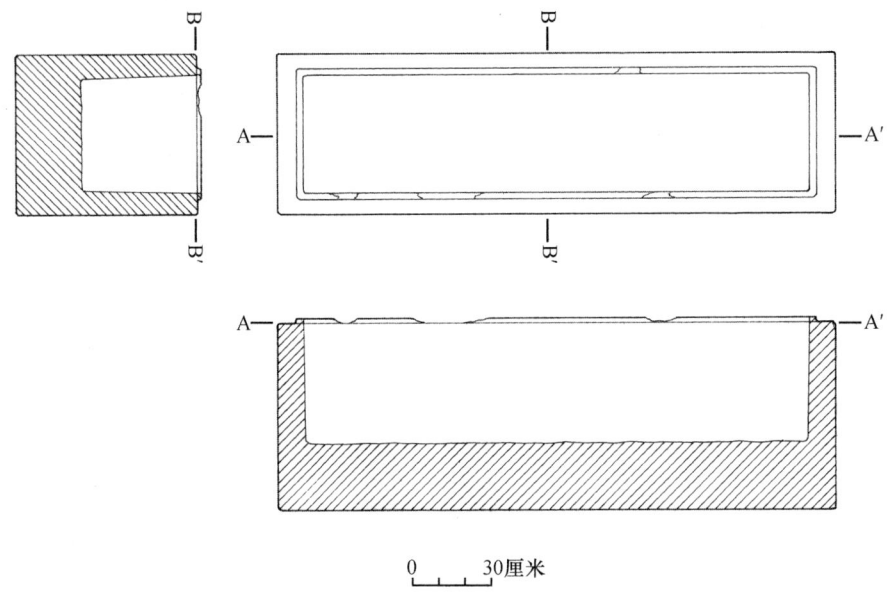

图四　M1石棺棺身平、剖面图

**（2）棺盖**

除前端部分有所损坏外，其余部分基本完整。形制规整，平面呈长方形，顶部呈弧形，底部上凸，两侧保留向下的凸起以扣合棺身。两端头下部内收。棺盖顶部长2.2、宽0.6米，底部长2.16、宽0.64米，高0.16~0.19米（图五）。

## 2. 石棺画像

棺身外侧四个表面皆有较为丰富的画像（图六），以下按照前、右、后、左的顺序进行介绍。

前端画像位于立面中部，以双阙为主体画像。双阙皆为双出阙，相互对称、类型相同，主阙由顶部、楼部、枋子层和阙身四部分组成：顶部为庑殿顶，楼部呈倒

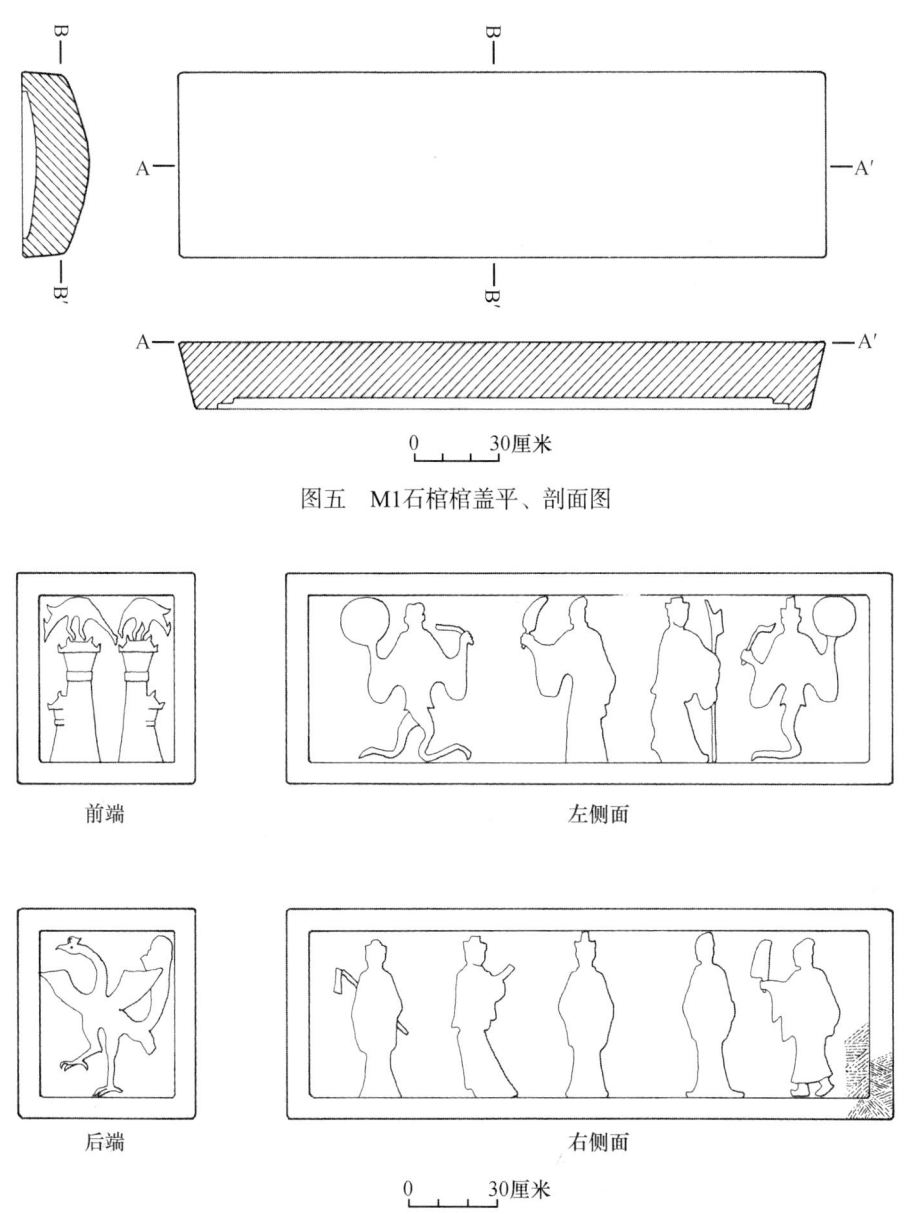

图五 M1石棺棺盖平、剖面图

图六 M1石棺画像（摹本）

梯形，枋子层呈长方形，阙身为上窄下宽的等腰梯形；子阙位于主阙外侧，结构与主阙相若。两座主阙顶部各有凤鸟一只，相对而立，头部弯曲向下、颈部细长、背部上弓、双翅微收、尾部低垂。整幅画像呈长方形。宽0.46、高0.55米（图七；图版一三，2）。

右侧面主体画像由5名站立人物组成。左一人为背剑人物，面向朝右，头戴帻，着长袍，身背长剑；左二人为执笏人物，头戴进贤冠，着长袍，袖口下垂，面向左

图七　M1石棺前端画像拓片

三人执笏躬身（图版一五，2）；左三人头戴进贤冠，着长袍、长袖垂胡；左四人应为一女性，梳鬟云髻，着长袍及长裙，裙裾及地，面向左；左五人亦应为一女性，梳鬟云髻，着长袍，手持便面，面向左。整幅画像宽1.88、高0.55米（图八；图版一四，2）。

后端主体画像为一凤鸟，头部呈三角状，长颈弯曲，双翅展开作欲飞状，尾部丰满而上翘，单脚而立。整幅画像宽0.46、高0.55米（图九；图版一三，3）。

图八　M1石棺右侧画像拓片

图九 M1石棺后端画像拓片

左侧面画像由4名站立人物组成。左一人人首蛇身，头梳髻，左手执嘉禾，右手托月，下身为两蛇身环绕，该人物应为女娲（图版一五，1）；左二人头梳髻，着长袍，手持拂尘，面左向女娲；左三人头戴进贤冠，着长袍，双手持戟，面右躬身作揖（图版一五，4）；左四人人首蛇身，头戴进贤冠，右手执嘉禾，左手托日，下身蛇形呈"S"形，该人物应为伏羲（图版一五，3）。整幅画像宽1.88、高0.55米（图一〇；图版一四，1）。

图一〇 M1石棺左侧画像拓片

## （四）随葬器物

该墓后期盗扰严重，仅见有随葬品6件，集中出土于墓室右侧前部的淤土内。皆为陶质明器，除1件动物俑外，其余均为人物俑。均为泥质红陶，模制，前后或左右合模而成，内部中空。

抚琴俑　1件。M1：4，男性，跽坐。头戴似介帻，圆脸，面部模糊，仅见鼻子及嘴部。着右衽长袍，衽部加襈，长袖袖口加襈。双膝之上平放一横长方形琴，左手弹琴，右手抚琴。宽14.8、高19.1、头部侧厚6.1、膝部侧厚10.7厘米（图一一，1；图版一六，1）。

侍俑　1件。M1：1，女性，站立。头部以巾包裹，圆脸，面部模糊，仅见鼻子及嘴部。着直领或右衽长袍，衽部加襈，长袖垂胡，双手相抱藏于袍袖之内。宽7.1、高19.2、侧厚5.8厘米（图一一，3）。

吹箫俑　1件。M1：3，男性，跽坐，身体微向左倾。头戴尖顶帽，圆脸，鼻梁上挺，颧骨凸出。着直领或右衽长袍，衽部加襈，长袖，束口袖，左手在上右手在下执箫吹奏。宽11.1、高18.8、侧厚10.3厘米（图一一，4；图版一六，2）。

执扇执袋俑　1件。M1：5，女性，挺胸直立。梳鬟云髻，头戴抹额，圆脸，鼻梁上挺，颧骨凸出，嘴角上扬作微笑状。着右衽长袍，衽部加襈，长袖，袖口加襈。右手执扇一把，似便面，左手执布袋一只，垂于身前。宽10.8、高27.6、侧厚8.8厘米（图一一，5；图版一六，4）。

舞俑　1件。M1：2，女性，站立，身体略后倾。梳鬟云髻，头戴抹额，圆脸，面部模糊，仅见鼻子及嘴部。着右衽长袍，衽部加襈，长袖，腰部束带。右手高举，左手叉腰，藏于袖中，右腿弓起，作舞蹈状。宽15.2、高26.2、侧厚7.7厘米（图一一，6；图版一六，5）。

鸡　1件。M1：5，站立。尖喙，鸡冠挺立，曲颈，尾部较短且上翘，在尾及翅部以凹线条表现出羽毛，双腿微曲，足部着地。宽8.2、长14、高17.9厘米（图一一，2；图版一六，3）。

# 二、M3

M3位于墓群东部偏北，与M1、M2共处一列，南距M2约4.1米。

图一一　M1出土陶器

1.抚琴俑（M1:4）　2.鸡（M1:5）　3.侍俑（M1:1）　4.吹箫俑（M1:3）　5.执扇执袋俑（M1:5）
6.舞俑（M1:2）

## （一）墓葬形制

方向116°，由墓道、墓门、甬道和墓室四部分组成。墓葬总长约10.79米（图一二）。

**墓道** 平面近三角形，墓道两侧壁自墓门向墓道口出逐渐内收，左侧壁内收较为明显，与墓向夹角约11°；右侧壁内收稍缓，与墓向夹角约5.3°。墓道两壁皆竖直，底部自墓门向墓道口逐渐向下倾斜，倾角约2.5°。墓道长6.56、宽0.16～1.89、深0.18～0.73米。

**墓门** 整体向墓室内倾斜，与墓底夹角约71°。双重门框，外门框宽1.61、高1.55～1.6、进深0.55米，底部向外倾斜，倾角约5°；内门框宽1.2、高1.24、进深0.28米，底部高于外门框底部约8厘米，且向外倾斜，倾角约4.5°（图版一七，1、2）。

**甬道** 平面呈长方形，平顶，宽0.87、高1.2～1.24米、进深0.65米。底部墓门方向倾斜，倾角约3.7°。

**墓室** 平面呈长方形，顶部中心高、四角低，底部前低后高，坡度约4.1°。宽2.4、进深2.75米，墓室中央高2.07、四周高1.22米（图版一七，3）。墓室内发现石棺1具。

## （二）墓葬凿痕

该墓直接利用岩石山体分别向下和向内开凿出墓道和墓室，墓葬各部分通体可见有大量凿痕。墓道仅存右侧壁，其表面可见有大量朝墓门方向的斜向下直线尖宽凿痕，长度多在20～30、宽约1厘米。墓道底部相对粗糙，表面可见有较多的椭圆形凹窝和长条形凹槽。墓门及甬道处凿痕相对规整，以横向尖凿痕为主。墓室内凿痕丰富、细密且规整，以椭圆形凹窝为主，直径多在2～4厘米之间；墓葬侧壁在见有较多的方形凿痕，宽约2厘米，似为平铲痕迹；墓室转角处则多见细长形凿痕，长15～20、宽1厘米（图版一八）。

## （三）画像石棺

该墓的石棺在本次清理前已被当地文物部门保护性迁移。根据当时的记录，其大致位置在墓室正中，方向与墓向一致，棺盖断裂掉落于棺身旁。棺身内有少量淤土，未见人骨。

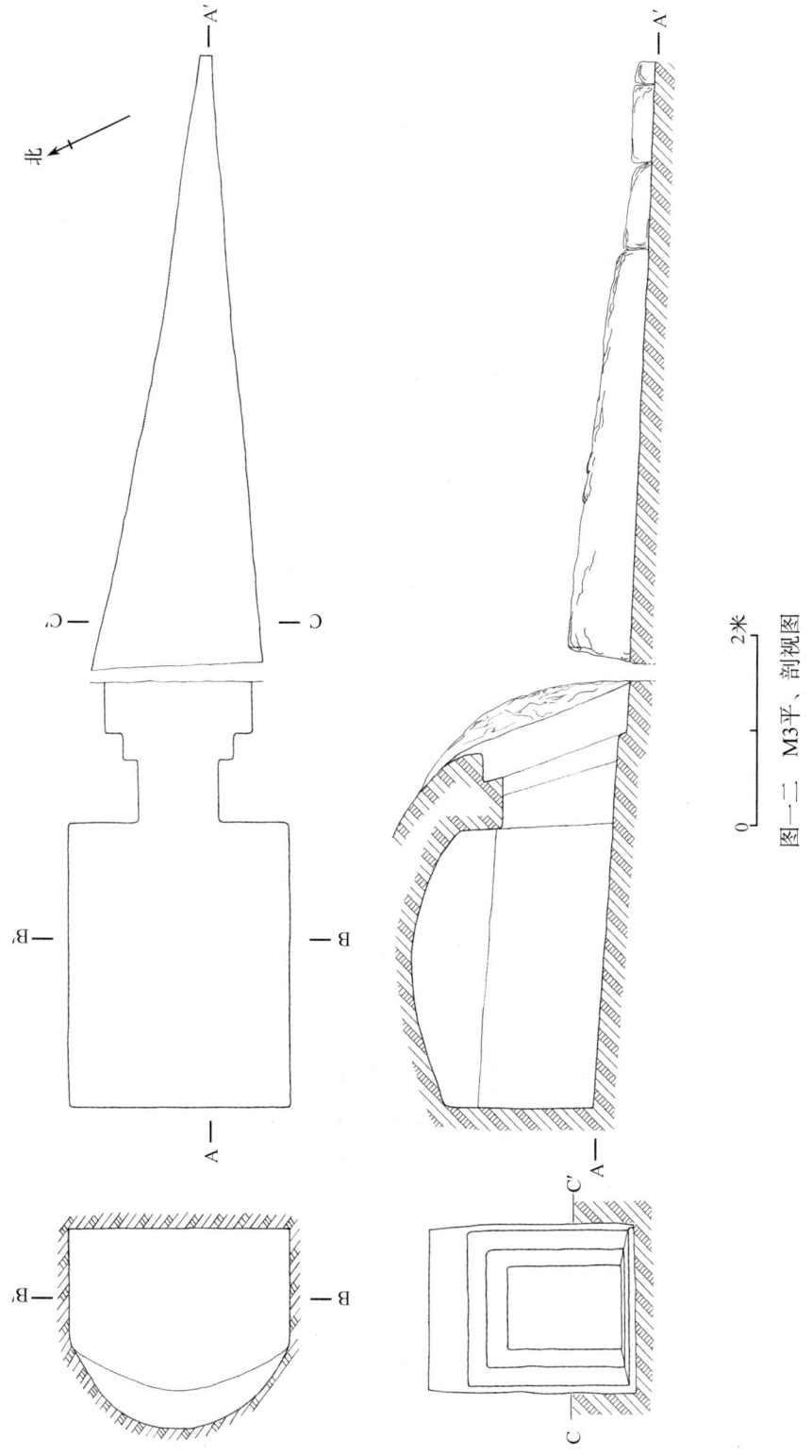

图一二 M3平、剖视图

## 1. 石棺结构

（1）棺身

棺身后端底部有一定的残损，其余部分基本完整。形制较为规整，整体平面呈长方形，横剖面为近方形，长2.17、宽0.68、高0.69米。棺身内部中空，侧壁较薄，约8厘米，端壁稍厚，厚约10厘米；棺壁顶部内侧有一个凸起的沿，环绕棺壁，宽2、高2厘米；棺身内部空间长1.97、宽0.54、高0.57米；棺体底部内凹，厚度约0.1厘米（图一三）。

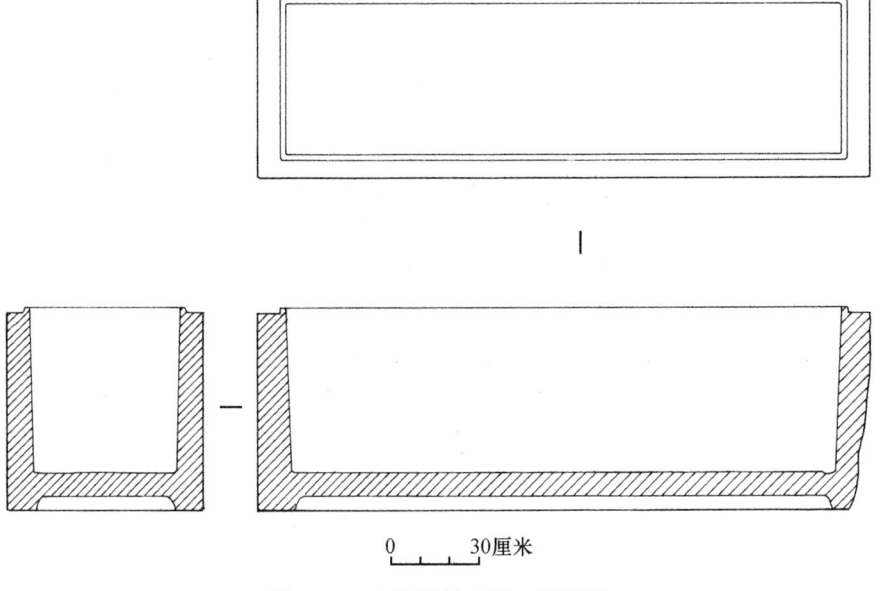

图一三　M3石棺棺身平、剖面图

（2）棺盖

整体断为两段，后端有一定残损。形制较为规整，平面呈长方形，顶部呈弧形，底部上凸，两侧保留向下的凸起以扣合棺身。两端头下部内收。顶部残长2.28、宽0.75米，底部长2.17、宽0.68米，高0.11~0.25米（图一四）。

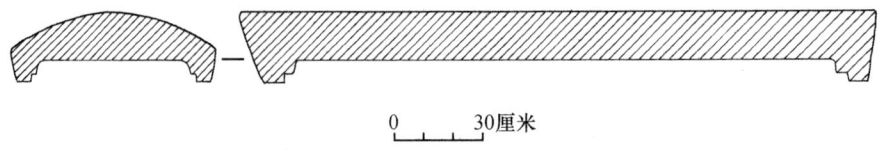

图一四　M3石棺棺盖平、剖面图

## 2. 石棺画像

棺身外表面画像丰富，分布于前后两端及两侧面（图一五）。以下按照前、左、后、右的顺序进行介绍。

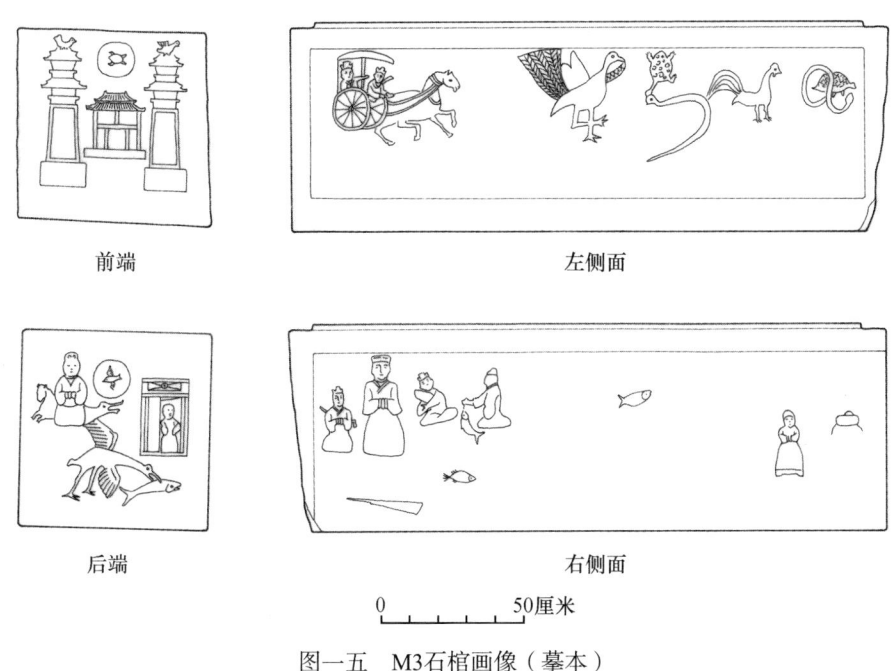

图一五　M3石棺画像（摹本）

前端为楼阁及双阙图，楼阁位于画面正中，坐落于台基之上，分上下两层，顶部为重檐庑殿顶；楼阁之上为月轮，内为蟾蜍。楼阁及月轮外侧为双阙，皆为单出阙，由下至上分别由阙基、阙身、枋子层、楼部、顶部组成，阙基为扁长方形，其上为阙身，呈上窄下宽的等腰梯形，阙身之上为两套枋子层、楼部、顶部组合上下叠压，阙顶各有凤鸟一只，皆面向棺身左侧站立。整幅画像宽0.55、高0.55米（图一六）。

左侧画像由车马、人物和一系列瑞兽组成。最左侧为一车马，右向行驶，其上坐两人，皆戴进贤冠，应分别为墓主和驭手，马与车以缰绳相连，作奔跑状（图版一九，3）；车马右侧隔一定空白为凤鸟，右向，尖喙，嘴啄似一鱼，曲颈、尾部上翘、翅膀张开、单足站立（图版一九，4）；凤鸟之右为一组合图像，其上为一蟾蜍，其下为一蛇，身体弯曲，嘴咬蟾蜍左侧后腿；再右为青鸟一只站立，高冠、曲颈、尾部羽毛上翘；青鸟右侧为玄武，龟蛇缠绕，头部相近（图版一九，2）。整幅画像宽2、高0.52米（图一七）。

后端画像分为三部分，左上为西王母，梳高髻，神态祥和抱手端坐于龙虎座之

图一六　M3石棺前端画像拓片

图一七　M3石棺左侧画像拓片

上；西王母右侧为圆轮，圆轮内有一展翅飞鸟，据《山海经·大荒东经》："汤谷上有扶木。一日方至，一日方出，皆载于乌"①，《淮南子·精神训》："日中有踆乌"②，推知该飞鸟应为乌；龙虎座下方为鸟啄鱼的形象，应与《山海经·西山经》中记载的"有鸟焉，其状如翟而赤，名曰胜遇，是食鱼"③密切相关；画像右上部勾勒出

---

① 袁珂：《山海经校注》，巴蜀书社，1993年，第408页。
② 何宁：《淮南子集释》，中华书局，1998年，第508页。
③ 袁珂：《山海经校注》，巴蜀书社，1993年，第60页。

一门的形象，门楣之上刻一"胜"的图案，门半开，门口立一人（图版一九，1）。整幅画像宽0.59、高0.53米（图一八）。

图一八　M3石棺后端画像拓片

棺身右侧画像似未完成，左半部为四人，神态举止各异，左一人戴进贤冠、着右衽长袍，背剑、抱手，形态似跪坐；左二人戴平巾帻、着右衽长袍，抱手站立；左三人戴进贤冠，抱袋，盘腿席地而坐；左四人戴帻、着长袍，面左跽坐，手提鱼，其下及右部亦有鱼的形象。中部有较大空白，右部仅见有一抱手站立的女性形象。整幅画像宽198、高58.5厘米（图一九）。

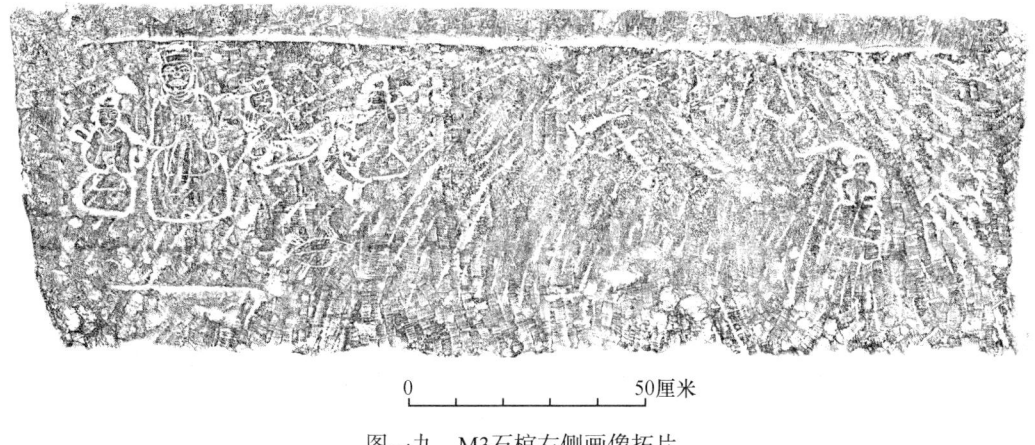

图一九　M3石棺右侧画像拓片

## （四）随葬品

该墓经后期盗扰严重，发掘时仅见有少量泥质灰陶、红陶碎片，应为陶俑残片。无可复原器物。

# 三、M5

M5位于墓群西南部，东距M2直线距离约30米。与M6共处一列，相距约4.3米。

## （一）墓葬形制

方向176°，由墓道、墓门、甬道和墓室四部分组成。墓葬总长约21.09米（图二〇）。

墓道　平面呈等腰梯形，左右基本对称，中轴线与墓门基本垂直，两侧面自墓门向墓道口处逐渐内收，两壁竖直，底部由墓门至墓道口逐渐下倾，倾角约1.2°。墓道长9.39、宽0.76～1.77、深0～2.65米（图版二〇，1）。

墓门　竖直，双重门框，外门框呈长方形，宽1.77、高1.64、进深0.33米；内门框为长方形，宽1.37、高1.43、进深0.24米。墓门底部基本水平与墓道底部相连（图版二〇，3）。封门为两块长方形石板，立于内重门框之外，左侧一块保存完好，立于内重门框左侧，长1.39、宽0.65、厚0.09米，右侧一块向外半倒，长1.35、宽0.65、厚0.09米（图版二〇，2）。

甬道　平面呈长方形，顶部由甬道口向墓室逐渐升高，宽0.93、高1.11～1.17、进深0.81米。底部较平，高于内门框约11厘米。

墓室　平面呈长方形，拱形顶，底部后高前低，坡度约3.1°。墓室前壁与左壁的夹角处可见有石灶1具，系利用墓室内的自然岩体打造，可见有灶坑与灶门；平面呈长方形，长0.49、宽0.43、高0.25米。石灶之上有长方形小龛1处，长0.48、宽0.21、进深0.26米。

## （二）墓葬錾痕及画像

墓道两壁可见大量长条状錾痕，形状基本相同，宽约0.4、深约0.1厘米，长短不一，多在25厘米以内（图版二一，2）。墓门开凿得较为精细，双重门框外侧表面全部以宽约0.2厘米的细錾痕组成图案为装饰，系以10～12条相互平行的细錾痕组成的三角形两列相对交错构成（图版二一，1）；两重门框左右侧中部，可见有一直角梯形的浮

璧山区棺山坡崖墓群发掘简报 ·49·

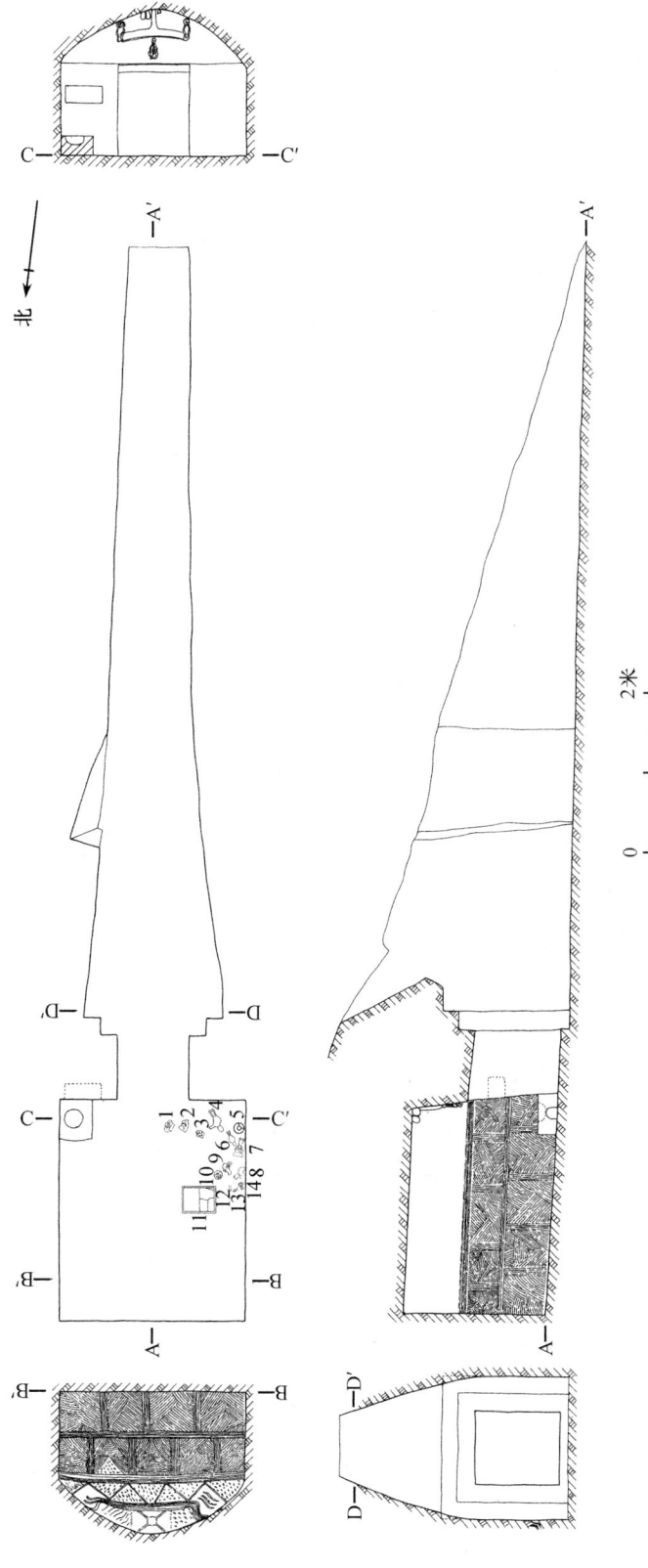

图二〇 M5 平、剖视图
1.陶抚琴俑 2.陶镇墓俑 3.陶吹箫俑 4.陶抱袋俑 5.陶钵 6、12~14.陶侍俑 7、8.陶舞俑 9.陶鸡 10.陶博山炉盖 11.陶案

雕图案，由三条平行錾痕和一条斜向錾痕组成（图版二一，3）。

墓室四壁可见有一系列图案与画像。

前壁图案以两组三条平行凹槽组合将整壁图案分为上、中、下三部分，凹槽宽0.9、深0.3厘米（图版二一，4）。上部图案呈半圆形，以中部的斗栱浮雕图案为主体，斗栱立于墓门上方，整体呈现一斗三升的样式；柱子系一半蹲的人像，面部模糊，双手抱一长条状物，似为吹箫；人像头顶一斗栱，形制与鸳鸯交首栱相若，栱上的三升分别表现为两侧的人像和中间的金瓜；斗栱的下部左侧可见有圆轮图案，右侧依稀可见有人像，但均已模糊不清，无法辨认（图二一；图版二二）。中部图案左右基本对称，右侧图案被竖向凹槽组合分为三部分，各自以平行錾痕组成的三角形交错形成几何形图案；左侧图案以三角形錾痕组合为主。下部则以竖向凹槽组合分为两部分，錾痕较为混乱。

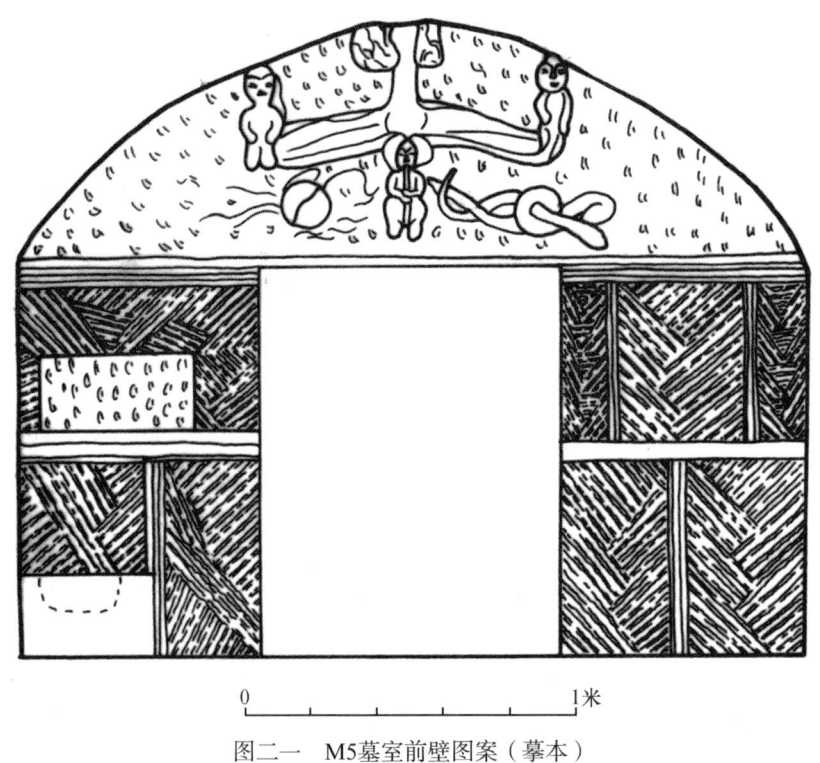

图二一　M5墓室前壁图案（摹本）

左侧壁被横、竖向的凹槽组合分割为10个长方形分格，分格分上下两层，相互交错排列，各分格内皆为三角形錾痕组合构成的几何形图案（图二二）。右侧壁与左侧壁基本相同（图二三；图版二三）。

后壁被横向凹槽组合分为上、中、下三部分，上部图案呈半圆形，由若干分格组

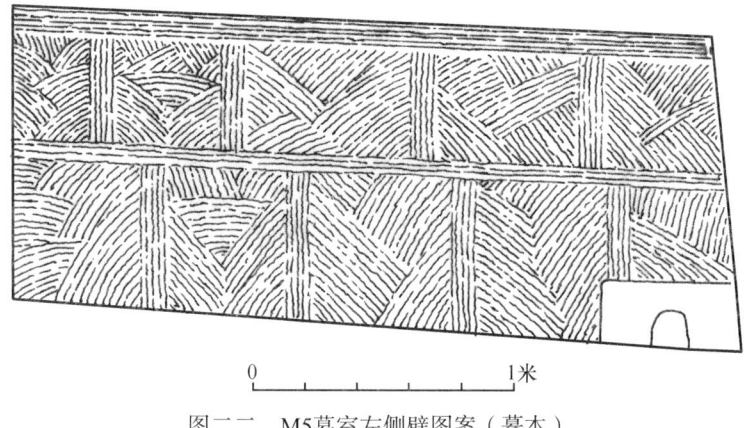

图二二　M5墓室左侧壁图案（摹本）

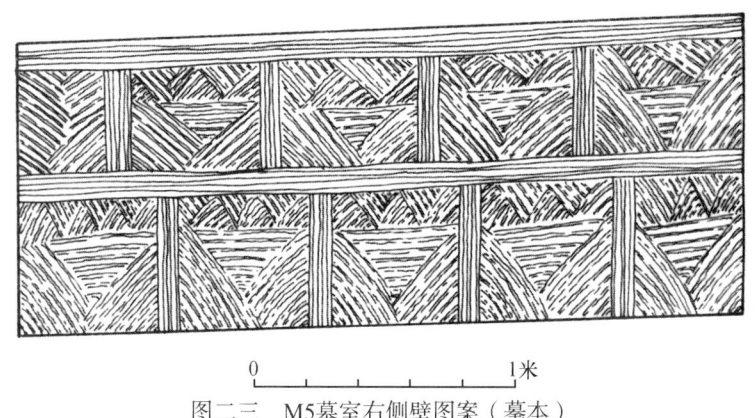

图二三　M5墓室右侧壁图案（摹本）

成，顶部正中为一圆形，分格对角线交叉与圆形内，图案似为"胜"；之下为一横向凹槽组合向两侧延伸与顶部相接，外侧左右各有数道"S"形弯曲形状；凹槽组合之下为一凹槽折线横向分布，呈锯齿状。中、下部皆为分格，几何形图案与两侧壁基本相同（图二四；图版二四，1）。

顶部正中由9列平行凹槽组合将顶部图案分为左、右两部分，各有长方形分格8个，内皆为三角形錾痕组合构成的几何形图案（图版二四，2）。

（三）随葬器物

该墓经后期盗扰严重，仅残存14件陶器，集中出土于墓室右半部前端，皆泥质陶。其中，俑均为模制，前后或左右合模而成，内部中空。

抚琴俑　1件。M5：1，红陶。男性，跽坐。头戴似介帻，圆脸，面部模糊。身着右衽长袍，衽部加襈，长袖，袖口加襈。双膝之上平放一横长方形琴，双手放

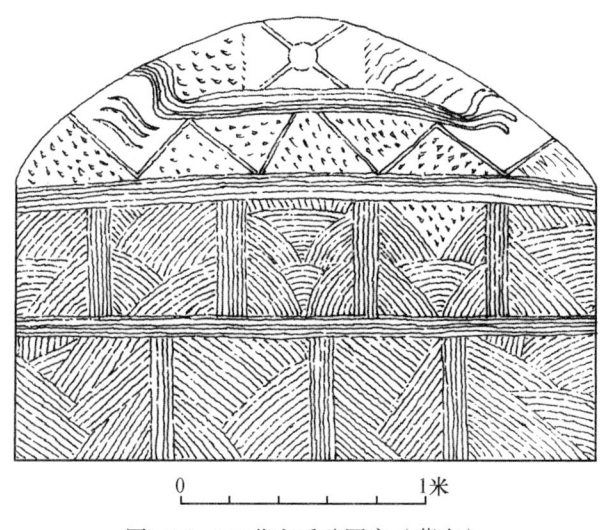

图二四　M5墓室后壁图案（摹本）

于琴板之上。宽15.4、高23.4、头部侧厚8.1、膝部侧厚11.9厘米（图二五，7；图版二五，1）。

吹箫俑　1件。M5：3，红陶。男性，坐于一物之上。头戴尖顶帽，圆脸，鼻梁上挺，颧骨凸出，下颌明显。身着长袍，长袖束口。双手持箫吹奏，左手在下右手在上。宽9.7、高18.5、头部侧厚6.2、足部侧厚8.7厘米（图二五，8；图版二六，1）。

抱袋俑　1件。M5：4，红陶。男性，站立。头戴似介帻，圆脸，面部模糊，鼻梁上挺。身着右衽长袍，衽部加襈，长袖，袖口加襈。左手单手抱袋，袋口朝下。宽16.8、高33.1、侧厚8.5厘米（图二五，1；图版二五，3）。

侍俑　4件。M5：6，红陶。女性，站立，身体微躬。头梳高髻，圆脸，面部模糊。身着长袍，长袖垂胡，双手相抱藏于袍袖之内。宽6.5、高23、侧厚6.7厘米（图二五，6；图版二五，4）。M5：12，红陶。头部缺失，站立，身体微躬。身着直领长袍，长袖垂胡，双手相抱藏于袍袖之内。宽7.6、残高14.1、侧厚6.5厘米（图二五，4）。M5：13，灰陶。头部缺失，站立。身着右衽长袍，长袖垂胡，双手相抱藏于袍袖之内。宽8.7、残高14.4、侧厚7.9厘米（图二五，5）。M5：14，红陶。男性，下半部缺失。头戴帻，圆脸，鼻梁挺立，嘴微张。身着右衽长袍，长袖，双手相抱藏于袍袖之内。宽6.7、残高12.5、侧厚4.9厘米（图二五，13）。

舞俑　2件。女性，站立。身体稍向后倾。梳鬟云髻，头戴抹额，圆脸，面部模糊，仅见鼻子及嘴部。身着右衽长袍，衽部加襈，长袖，腰部束带。右手高举，左手叉腰且藏于袖中，右腿弓起，似在舞蹈。M5：7，红陶。宽15.1、高25.8、侧厚8.2厘米（图二五，3；图版二五，2）。M5：8，灰陶。宽15.5、高26.3、侧厚8.9厘米（图

图二五 M5出土陶器

1.抱袋俑（M5：4） 2、3.舞俑（M5：8、M5：7） 4~6、13.侍俑（M5：12、M5：13、M5：6、M5：14）
7.抚琴俑（M5：1） 8.吹箫俑（M5：3） 9.鸡（M5：9） 10.博山炉盖（M5：10） 11.钵（M5：5）
12.镇墓俑（M5：2） 14.案（M5：11）

二五，2）。

镇墓俑 1件。M5：2，红陶。躬身蹲踞状，前腿直立，后腿坐地。头部下垂，双尖耳，双目圆睁前视，吻部凸出，长舌垂地。宽13.1、高18.1、侧厚18.3厘米（图二五，12；图版二六，2）。

鸡　1件。M5：9，红陶。站立，双腿直立，足部着地。尖喙，鸡冠挺立。曲颈，尾部上翘，在尾及翅部以凹线条表现出羽毛。长16.3、宽8.2、高15.4厘米（图二五，9；图版二六，3）。

博山炉盖　1件。M5：10，红陶，手制。方唇，翻沿，圆弧顶，上部有大量点状凸起。底径11.67、通高4.9厘米（图二五，10；图版二六，4）。

案　1件。M5：11，灰陶，手制，案体与四足拼接而成。长方形浅盘，方唇，折腹，平底，底部四角各有一兽面足。盘长43.7、宽27.6、高2厘米，四足直径1、高2厘米（图二五，14；图版二六，6）。

钵　1件。M5：5，红陶，轮制。圆方唇，微敛口，弧腹，平底。口径16.5、底径7.6、通高6.4厘米（图二五，11；图版二六，5）。

## 四、出土石棺画像研究

### （一）M1出土石棺画像研究

M1出土石棺棺身后端为凤鸟图案，目前一般认为，凤鸟多是一种天界祥瑞的象征。在四川长宁县七个洞7号崖墓左侧崖棺可看到升天墓主与楼阁（神灵居所）之间可见有凤鸟一只，其所表现的正是在凤鸟的引导下墓主前往拜谒神灵。在这一时期的铜镜上"凤鸟下，见神人"[①]、"凤凰舞兮见伸仙"[②]的铭文，同样揭示了凤鸟应为升天环节中所起到的重要作用。

棺身右侧画像为五名人物，其中左起第二人躬身执笏，其形象在四川简阳鬼头山崖墓石棺可明确见到"大司"的题记，与《楚辞》中记载的"大司命"有相同之处，其职责为守卫天门，作用自然是阻隔凡人。左起第三、四人应为墓主夫妇，大司对墓主夫妇表现得彬彬有礼，即是表达对墓主夫妇的欢迎之意。

前端画像为双阙，其上各立凤鸟一只。据《神异经·西北荒经》："西北荒中有二金阙，高百丈，金阙银盘，圆五十丈。二阙相去百丈，上有明月珠，径三丈，光照千里。中有金阶，西北入两阙中，名曰天门"，《淮南子·原道训》："经纪山川，蹈腾昆仑，排阊阖，沦天门"，高诱注："阊阖，始升天之门也。天门，上帝所居紫微宫门也。"天门应该是天界的入口。在重庆峡江地区的汉墓中出土有较多的鎏金铜

---

① 孔祥星、刘一曼：《中国古代铜镜》，文物出版社，1984年，第77页。
② 中国科学院考古研究所洛阳发掘队：《洛阳西郊汉墓发掘报告》，《考古学报》1963年第2期。

牌饰，表面多见有线刻的双阙图，中部多可明确见有"天门"的题记[①]；在四川简阳鬼头山崖墓3号石棺的左侧面同样可以见到双阙之间的"天门"榜题[②]。因此，若将其放在这一时期天界建筑来考察的话，双阙实际上是寓意"天门"的所在[③]。

棺身左侧面画像为四名人物，居于两侧者人首蛇身、托举日月，应分别为女娲（左一）、伏羲（左四），左侧第二人为墓主夫人，手持拂尘拜谒女娲；第三人为墓主，手中持戟拜谒伏羲。通过墓主夫妇拜谒神灵的方式，来寓意着墓主夫妇得以升天。

从以上释读来看，该石棺画像紧紧围绕着升天主题而展开。不仅如此，若从后→右→前→左的顺序进行观察的话，这四幅画像所展现了一个较为完整的升天程序：即以凤鸟的导引为开端，在得到看守天门的大司的许可后，墓主夫妇可以越过天门而进入天界，通过拜谒神灵得以升天。

### （二）M3出土石棺画像研究

棺身左侧画像最左为车马图，车马前方有凤鸟、蟾蜍、蛇、青鸟、玄武等，寓意着墓主人乘坐车马向天界前进。

棺身前端为双阙及楼阁图，楼阁之上应为包含蟾蜍的月轮[④]。前文已经论述，双阙为寓意天门之所在。楼阁位于双阙之间，其实是利用视觉差来展现楼阁应为天门以内的天界建筑，这一建筑很有可能是神灵西王母的居所。

棺身右侧面保存较差，且有较多的余白，主要可见有一系列的人物，所表现的应是天界场景。

石棺的后端则由掩门图、鸟啄鱼、西王母组成，三幅图像同样是利用视觉差分别表现门、门外与门内的情形。掩门图的门楣处则刻画出"胜"纹，《山海经·西山经》："西王母其状如人，豹尾虎齿而擅啸，蓬发戴胜"[⑤]，一般认为，"胜"即是西

---

① 重庆巫山县文物管理所、中国社会科学院考古研究所三峡工作队：《重庆巫山县东汉鎏金铜牌饰的发现与研究》，《考古》1998年第12期。
② 内江市文管所、简阳县文化馆：《四川简阳县鬼头山东汉崖墓》，《文物》1991年第3期；雷建金：《简阳县鬼头山发现榜题画像石棺》，《四川文物》1988年第6期。
③ 袁曙光、赵殿增：《四川门阙类画像砖研究》，《中国汉画学会第九届年会论文集》，中国社会出版社，2004年，第175~187页。
④ 汉代典籍中常见有月蟾神话的记载，如《论衡·说日》："月中有兔、蟾蜍"，《论衡·顺鼓》："月中之兽，兔，蟾蜍也。"可参见黄晖撰：《论衡校释》，中华书局，1990年，第502、685页。
⑤ 袁珂：《山海经校注》，巴蜀书社，1993年，第59页。

王母及其天界的象征符号[1]；门内为西王母端坐于龙虎座之上；门外则是鸟啄鱼，《山海经·西山经》："又西三百五十里，曰玉山，是西王母所居也。……有鸟焉，其状如翟而赤，名曰胜遇，是食鱼"[2]，其表现的正是西王母所在仙境的景象。

按照以上释读的顺序来观察，我们不难发现该石棺四幅画像同样展现的是一个以升天为主题的过程。与M1出土石棺所不同的是，该石棺对这一过程的展现以车马出行为开端，通过跨越天门而进入天界，最终以神灵的出现来寓意升天的成功。

## 五、结　　语

三座崖墓皆为长墓道、两重门框、近方形（长宽比1.1～1.2）单室崖墓，此类形制的崖墓在渝西长江及其支流沿岸有着较为广泛的分布，特别是在规格上与江津区沙河长沟M3[3]（延熹二年，159年）、綦江区七拱嘴M7[4]（光和四年，181年）相近。从画像材料来看，M1与M3内的2具石棺画像有凤鸟、双阙、楼阁、拜谒神灵等，为川渝地区东汉晚期画像石棺的常见题材[5]；M5墓室内"胜"、金瓜、斗栱、吹箫人物等画像以及墓室内大量几何形分格的现象，符合东汉晚期崖墓的特征[6]。三座墓葬被盗扰严重，出土随葬品几乎皆为陶俑，其中人物俑的组合为侍俑、吹箫俑、抚琴俑等，为川渝地区东汉晚期墓葬中的常见组合；与重庆忠县涂井M5[7]的随葬陶俑相比，M1与M5出土陶俑几乎全部为红陶，体型明显偏小，制作也相对粗糙，与东汉末期及蜀汉时期的随葬陶俑存在明显差异，故其时代不应晚至这一时期。综合以上情况，我们认为以上三座墓葬的时代应属东汉晚期。

在制作手法上，M1出土石棺整体制作较为精良，对画像的制作手法应是以线刻描绘出画像轮廓，余白处以规整的细錾痕减地的手法制作，并在画像表面进行了找平修整。M3出土石棺的制作则相对粗糙，余白处减地錾痕较为混乱，画像表面高度不一，但制作手法应于前者总体一致。

画像石棺是极具川渝地区特色的一类葬具，因表面丰富的画像而备受关注。璧山

---

① 罗二虎：《长宁七个洞崖墓群汉画像研究》，《考古学报》2005年第3期。
② 袁珂：《山海经校注》，巴蜀书社，1993年，第60页。
③ 黄中幼、张荣华：《江津沙河发现东汉纪年崖墓》，《四川文物》1994年第4期。
④ 重庆市文化局、重庆市博物馆：《重庆文物总目》，西南师范大学出版社，1996年，第40页。
⑤ 罗二虎：《汉代画像石棺研究》，《考古学报》2000年第1期。
⑥ 罗二虎：《四川崖墓的初步研究》，《考古学报》1988年第2期。
⑦ 四川省文物管理委员会：《四川忠县涂井蜀汉崖墓》，《文物》1985年第7期。

地区是画像石棺在重庆分布最为集中的区域，在本次发掘之前的出土数量已达9具，但其中多数未经考古发掘，资料亦仅有零星刊布。本次发掘完整地获取了画像石棺、墓葬及随葬品等信息，将为川渝地区汉代画像及其反映的丧葬习俗等研究提供最新参考。

附记：本次发掘工作得到了璧山区文广新局、璧山区文物管理所、丁家镇政府、铜瓦村委的大力支持，在此深表谢意。

领　　队：邹后曦　李大地
发　　掘：曾先龙　范　鹏　董小陈　张守华　赵兴中
　　　　　陈安乐　周济民　张光敏　叶　琳　林必诚
　　　　　张道勤
修　　复：蔡远富　秦绍华
绘　　图：曾先龙　张守华　程　涛
摄　　影：李应东　董小陈
拓　　片：王海阔　别廷芬
执　　笔：范　鹏　李大地　邹后曦

（原载于《考古》2014年第9期，略有改动）

# 璧山区罗家坡墓群M1发掘报告

重庆市文化遗产研究院
璧山区文物管理所

罗家坡墓群位于重庆市璧山区丁家镇铜瓦村八社（图一），地处一小山坡的顶部，小地名罗家坡。村级公路由北向南从山坡底部环绕而过（图版二七，1），墓群隔村级公路向南约60米即为村民聚居区，西距五里冲水库直线距离约700米，墓群中心地理坐标北纬29°22′53.6″、东经106°06′0.59″，海拔287米。

墓群所在坡地顶部相对较为平缓，地表为人工种植的草皮。墓群共包含墓葬4座（图二），编号分别为2009BDLM1~2009BDLM4（以下简称为M1~M4），其中，石室墓1座（M1），发掘前被表土及植被所覆盖，仅可见有1具石棺的沿部露出地表（图

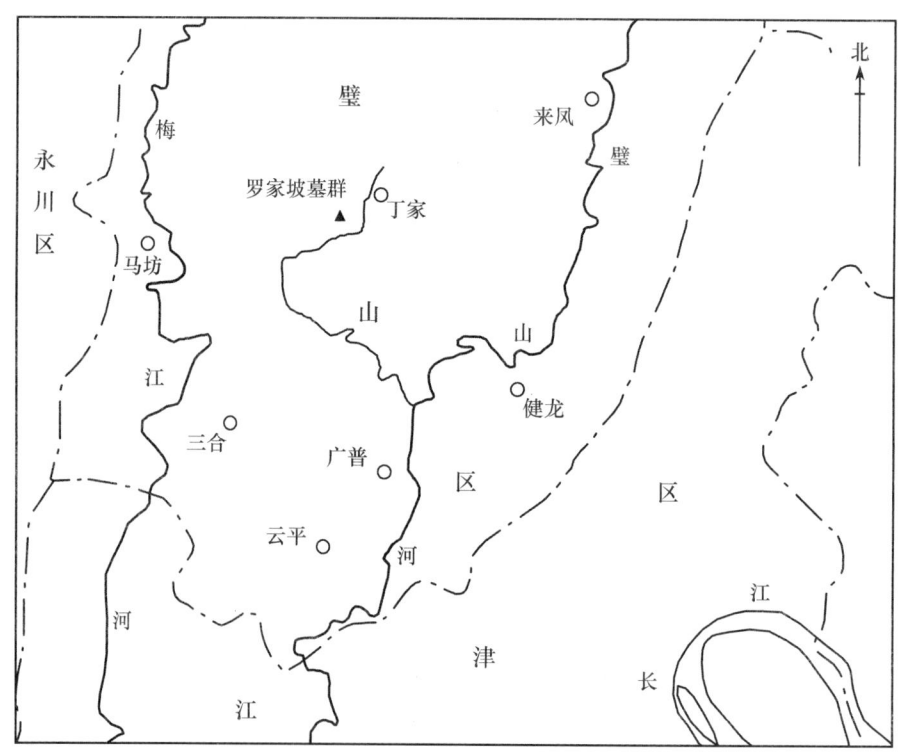

图一　罗家坡墓群位置示意图

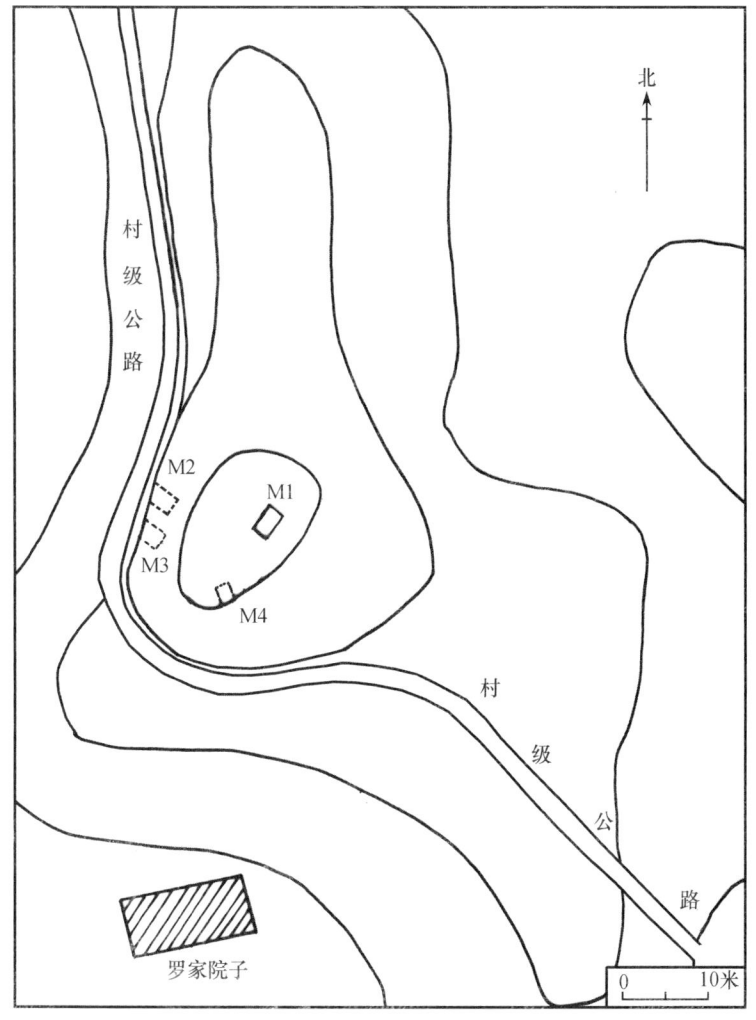

图二 罗家坡墓群墓葬分布示意图

版二七，2）；崖墓3座，环绕山包分布，西北向2座（M2、M3）、南向1座（M4），墓道已被后期改土填满。2009年12月，因石棺暴露于野外存在被盗掘和破坏的风险，重庆市文化遗产研究院、璧山区文物管理所随即对M1开展了发掘工作，发现画像石棺1具。M2～M4因结构稳定，未作发掘。

# 一、墓葬形制

该墓系在山包顶部的岩石上开凿墓圹，并用长方形条石墓室砌筑而成。方向220°，墓葬残损严重，仅可见有墓室，其顶部及上部皆已不存。墓圹残长3.28、宽2米（图三）。

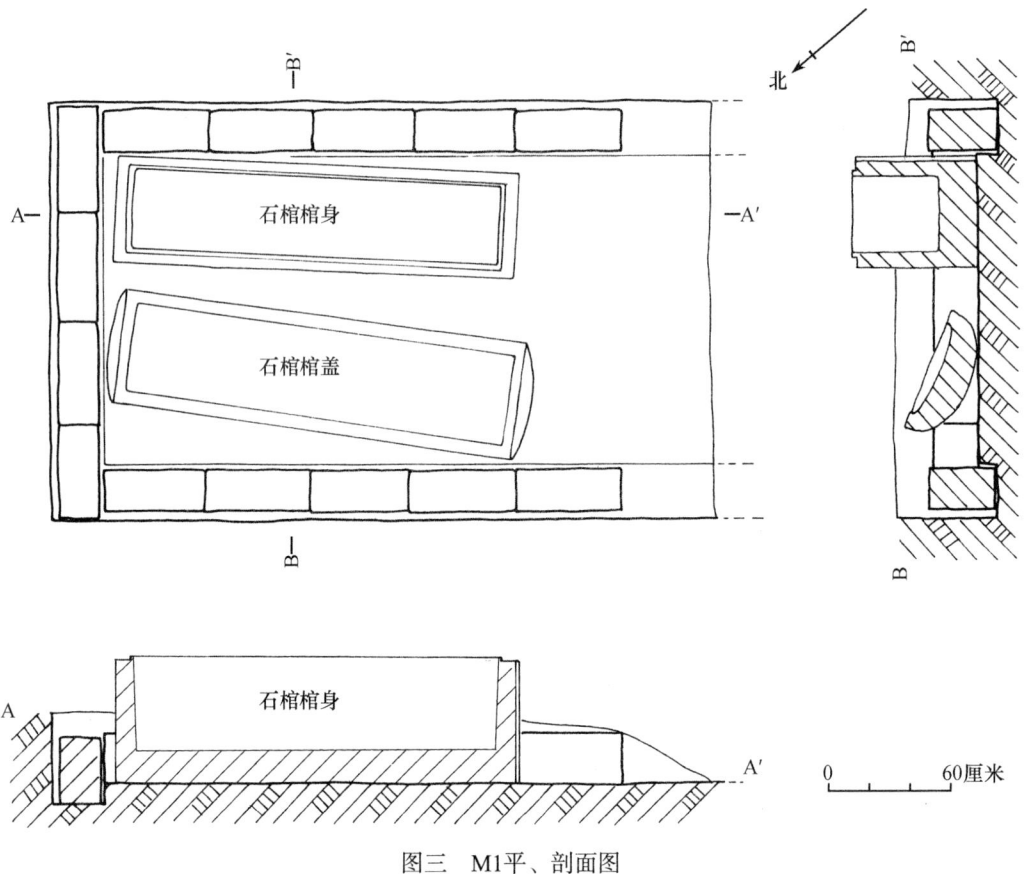

图三　M1平、剖面图

墓室整体呈长方形，墓室前部已被破坏。墓室系用长方形条石侧立砌筑而成，仅存墓壁最底一层。左、右两侧壁存5块，后壁存4块。条石规格基本一致，长52.2、宽20、高33.6厘米。墓室残长2.78、宽1.91米，内部空间残长2.59、宽1.52、残高0.22米。

在墓室后部左侧发现石棺一具，方向与墓向基本相同。

## 二、画像石棺

石棺位于墓室后部左侧，棺身紧靠墓室左壁及后壁，方向与墓向夹角约3°。棺身内皆为填土，未见人骨。棺盖位于棺身右侧，底部向上，与墓向夹角8°，应是后期扰动所致。

### 1. 石棺结构

（1）棺身

保存基本完整，前端及后端上部四角有少部分残损。形制规整，整体平面呈长方形，横剖面为长方形，长2.1、宽0.55、高0.63米。棺身内部中空，左右侧壁较薄，约7厘米，端壁稍厚，约9厘米。棺壁顶部内侧有一个凸起的沿，断断续续环绕棺壁，宽2、高2厘米；棺身内部长1.93、宽0.39、高0.43米；棺体底部厚重，厚度约0.2米（图四；图版二八，1）。

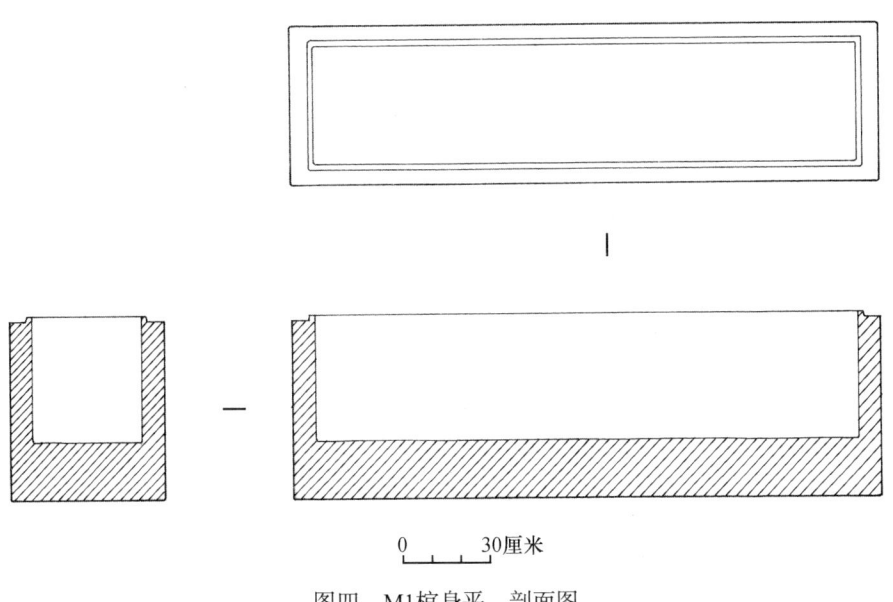

图四　M1棺身平、剖面图

（2）棺盖

除端部小部分残损外，基本保存完整。形制较为规整，平面为近长方形，两端则呈圆弧状。顶部呈弧形，底部上凸，两侧保留向下的凸起以扣合棺身。两端头下部内收。棺盖顶部长2.23、宽0.54米，底部长0.21、宽0.53米，厚0.08～0.14米（图五；图版二八，2）。

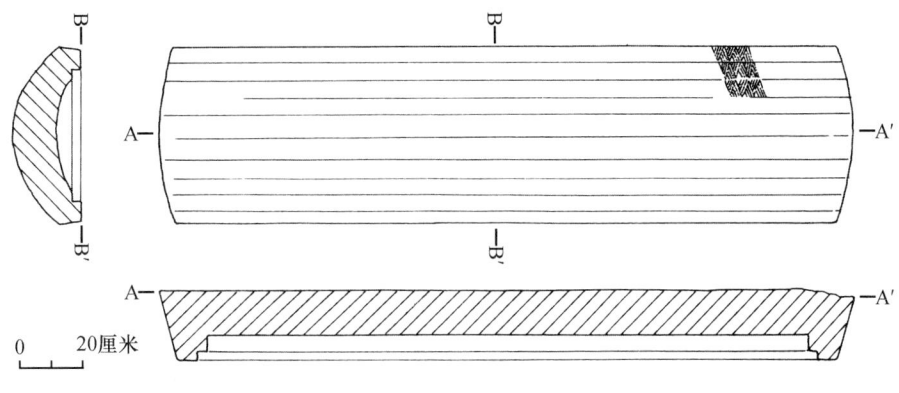

图五　M1棺盖平、剖面图

### 2. 石棺画像

棺身两侧及两端皆可见有画像（图六），以下按前、左、后、右的顺序进行介绍。前端为双阙画像，左、右阙规格相同，一左一右位于端面正中，双阙皆为单出阙，形制一致，由上至下分别由阙顶、楼部、枋子层、阙身、阙基组成。阙顶为庑殿顶、单檐；之下为楼部，呈倒梯形；楼部以下为扁长方形的枋子层；阙身呈上窄下宽的等腰梯形；阙身之下为阙基。整幅画像以凸面线刻方式表现，物像细部则以阴线刻出，物像及余白区域皆以平铲铲成平面，整幅画像宽0.4、高0.42米（图七；图版二八，3）。

左侧画像分别被表现在左、右两个分格内。左侧分格为长方形，仅见有錾痕，宽0.91、高0.43米。右侧分格呈长方形，分格内的主体画像位于中部偏左，内容较为简单，由两人物和一圆轮构成。最左侧人物应为一女性，束发、着长袍、手持便面，侧身面向右侧人物；右侧人物头戴发饰、着长袍、端坐，面部圆润、神态安详；结合川渝地区汉代画像题材，其所表现的应是西王母及其侍女的形象。最右侧为圆轮的形象，应为日轮或月轮，其内部尚可见有画像，但已剥蚀不清，无法做进一步辨识，分格宽0.85、高0.43米。画像表现亦采取凸面线刻的方式，物像细部则以阴线刻出（图八；图版二九，1）。

后端为凤鸟画像，位于端面正中。头部呈三角状、尖喙，头顶有一小冠；颈部细长、微曲；双翅上下各一，展开作欲飞状，尾部丰满而上翘；一腿弯曲、一腿直立。

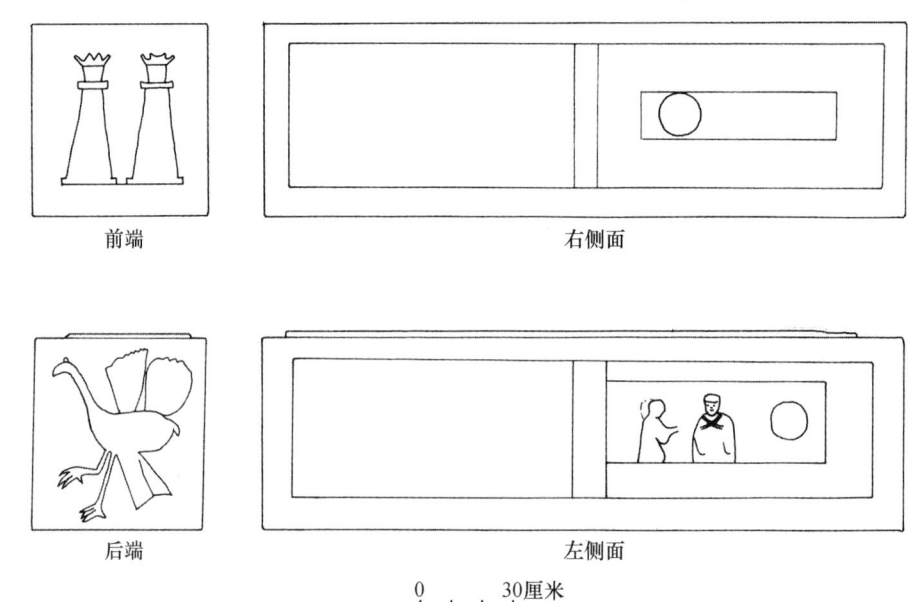

图六　M1出土石棺画像（摹本）

图七　M1前端画像拓片

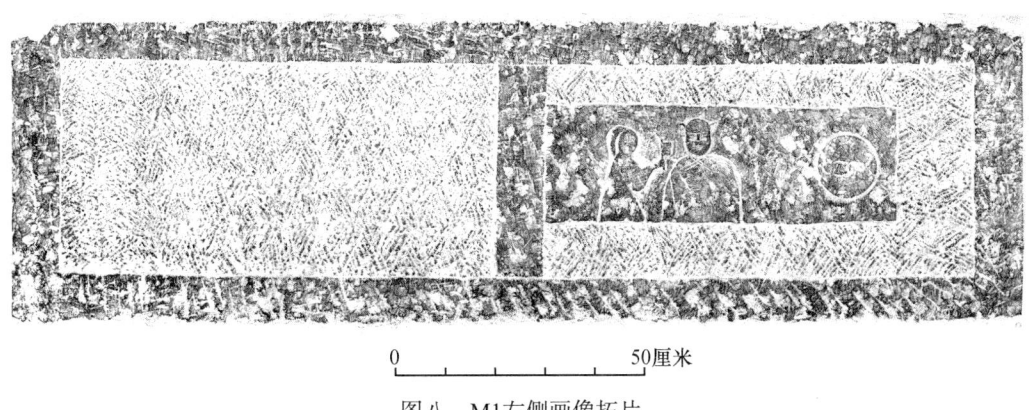

图八　M1左侧画像拓片

整幅画像宽0.46、高0.55米。画像以凸面线刻的手法表现，物像高于余白约1厘米，物像及余白区域尚可见有平铲铲平痕迹（图九；图版二八，4）。

右侧画像布局与左侧相同，亦被分格为左、右两格。左侧分格为长方形，仅见有錾痕，宽0.92、高0.45米。右侧分格呈长方形，主体画像位于分格内正中，内容简单，仅可见圆轮画像1幅，应为日或月，圆轮之内似有画像，但因表面剥蚀已无法辨认。分格宽0.91、高0.45米。该区域画像系以凸面线刻的方式表现，圆轮等画像细部则用阴线刻出（图一〇；图版二九，2）。

图九　M1后端画像拓片

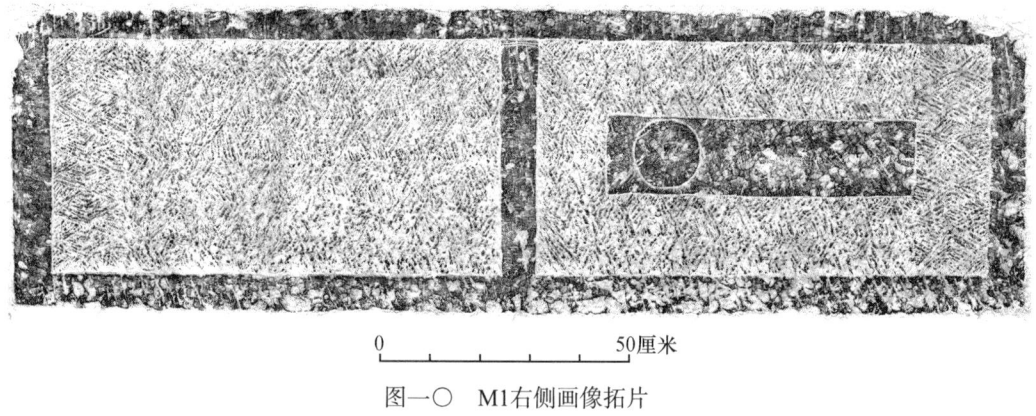

图一〇　M1右侧画像拓片

### 3. 石棺錾痕

石棺棺身及棺盖画像的余白之处可见有大量的錾痕。棺身两端的錾痕随意性较强，在分布上较为杂乱，錾痕大多宽1.2~2.2厘米，应是平铲修整所留下的痕迹。

棺身侧面分格外框表面錾痕几乎不见，仅在上外框有稀疏的平行錾痕竖向分布。分格内的画像余白区域则可见有大量的细錾痕，其基本单位亦为8~10条宽由长及短的宽约0.2厘米的平行细錾痕组成的三角形图案，但随意性较强，錾痕长短、深度不一，且多有断线和交叉。侧面的每个分格内，三角形图案的排布在侧面可见有两种方式，一种位于分格中部，共有12行三角形图案由上至下、两两相对错列排布；另一种见于分格靠近两个端面处，共有4列三角形图案两两相对错列排布。

棺盖顶部錾痕同样以三角形图案为基本单位，沿棺盖外表面纵向有序排列，共由20列两两相对错列排布形成；端面的錾痕相对简单，皆为长短不一、相互平行的竖向錾痕。

## 三、随 葬 品

该墓经后期盗扰严重，发掘时仅见有少量红陶碎片，应为陶俑残片。

## 四、结　　语

罗家坡墓群M1被破坏严重，除墓室外的区域结构不清，出土随葬品也十分破碎，对其时代的判断较为困难。渝西地区东汉至六朝时期墓葬以崖墓最为常见，砖室墓和石室墓发现数量相对稀少。从石室墓这一线索来看，璧山地区这一时期的石室墓目前可见有黄殿桥墓群M1和M2[①]，小河坝M1～M3[②]共5例，并且均出土有画像石棺。除小河坝M3为东汉早中期外，其余4座墓葬的时代均应在东汉晚期至蜀汉时期。因此，罗家坡M1的时代应不出以上时间范围。

若从画像石棺来观察，罗家坡M1石棺整体规格较小，錾痕杂乱无章，石棺表面大面积空白，画像题材在选择上较为随意，在制作手法上较为粗糙，与川渝地区东汉早中期画像石棺的特点相近[③]。从布局上看，该石棺左右两侧在布局上具有一定的对称性，两端分别为凤鸟、双阙画像的更是川渝地区汉代画像石棺在成熟期最为常见的做法之一，说明该石棺或已处于模式化的初期阶段，但在工艺与布局上并未达到成熟期的水平。综合以上情况，我们认为罗家坡M1的时代应在东汉中晚期。

---

① 参见本书《璧山区黄殿桥墓群发掘简报》。
② 参见本书《璧山区小河坝墓群发掘报告》。
③ 罗二虎：《汉代画像石棺》，巴蜀书社，2002年，第242页。

附记：本次发掘工作得到了璧山区文广新局、璧山区文物管理所、丁家镇政府、铜瓦村委的大力支持，在此深表谢意。

领　　队：邹后曦　李大地
发　　掘：曾先龙　范　鹏　董小陈　张守华
绘　　图：范　鹏　张守华
摄　　影：董小陈
拓　　片：别廷芬
执　　笔：范　鹏　李大地　邹后曦

# 璧山区小河坝墓群发掘报告

重庆市文化遗产研究院
璧山区文物管理所

小河坝墓群位于璧山区丁家镇八寿村（原马坊乡）一社（图一），东距梅江河约150米、北距成渝高速公路约190米。地理坐标北纬29°23′58.33″、东经106°04′18.45″，海拔245米。墓群所在区域为梅江河右岸一级台地，台地平面呈三角形，地势平坦，占地面积约40 000平方米，其上种植水稻、蔬菜等农业作物。墓群地处台地西北侧边缘的坡地之上，背依小山、面向台地，后因该区域人口聚居而逐步为现代居民建筑所环绕，墓葬亦被叠压在居民院坝之下（图二；图版三〇，1）。

墓群共包含墓葬3座，顶部封土皆已被推平，其上铺水泥而成为居民院坝；前部

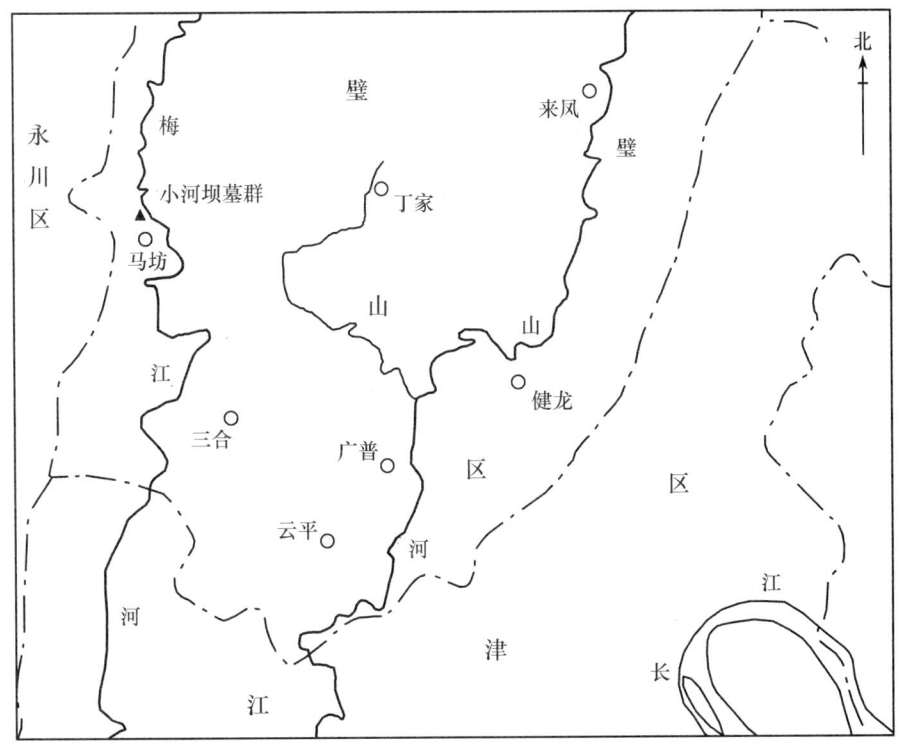

图一 小河坝墓群位置示意图

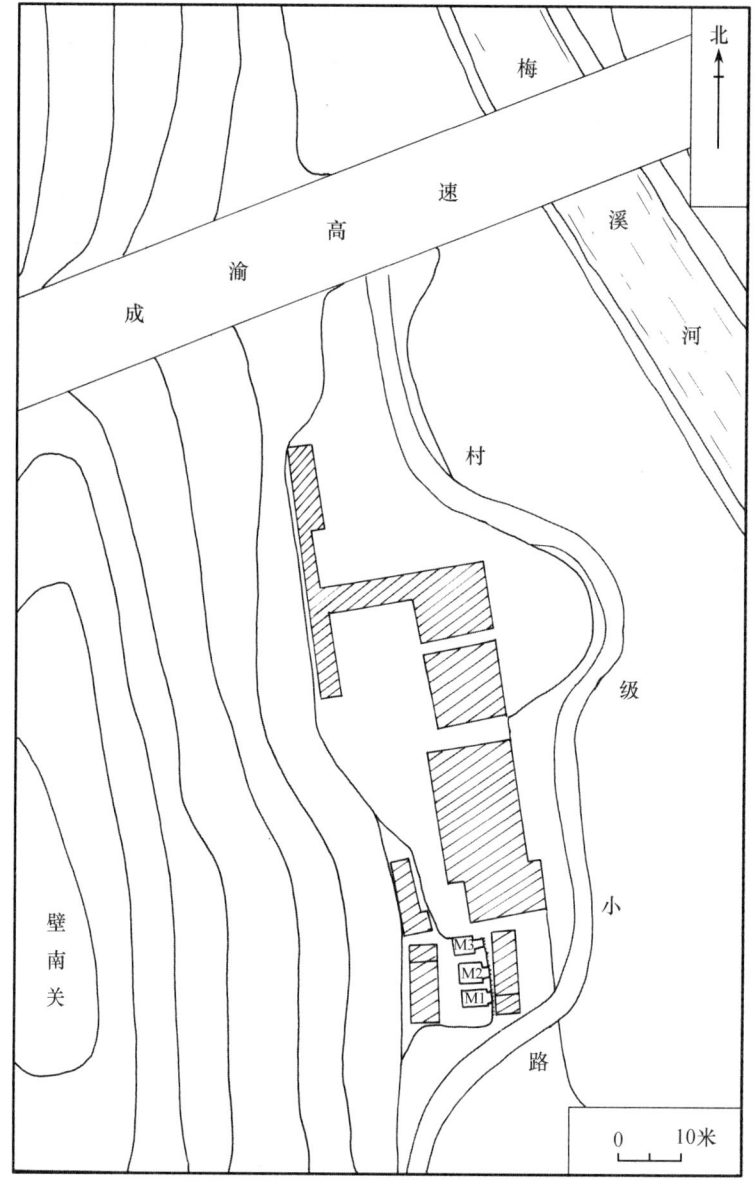

图二　小河坝墓群墓葬分布示意图

约1米即为村民房屋，墓道已被其所破坏。3座墓葬皆为石室墓，墓向相同，呈"一"字形由南向北排列，编号分别为2009BDM1~2009BDM3（以下简称为M1~M3）。其中，2009代表发掘年度，BDX分别为璧山区、丁家镇、小河坝三处地名拼音首字母缩写，M代表墓葬。

该墓群系在1987年全国第二次文物普查期间发现[①]，后被公布为璧山区文物保护单

---

① 重庆市文化局、重庆市博物馆：《重庆文物总目》，西南师范大学出版社，1996年，第155页。

位。2009年12月，重庆市文物考古所（现为重庆市文化遗产研究院，下同）与璧山县文物管理所（现为璧山区文物管理所，下同）对以上墓群进行了抢救性清理，现将发掘收获报告如下。

# 一、M1

M1位于墓群正南部，北与M2相距约1.5米，南为村级小路。

## （一）墓葬形制

墓葬系在开挖土圹的基础之上，以条石构筑墓室而成。墓葬封土因当地修筑房屋被破坏殆尽，墓道亦已不存，而甬道及墓室仍保存完整。墓向84°，整体平面呈"凸"字形，墓圹残长4.98、宽3.03米（图三）。

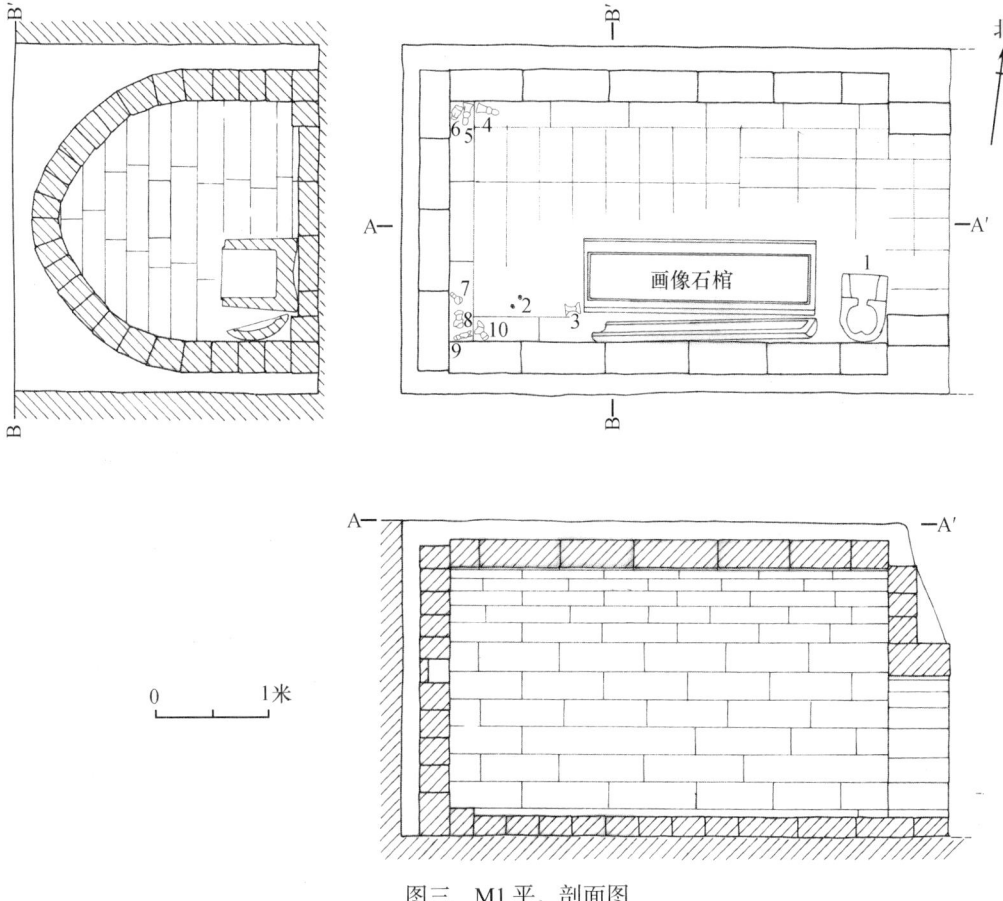

图三　M1平、剖面图
1.石灶　2.铜钱币　3.陶灯　4、5.陶站立俑　6.陶俑头　7、9.陶侍俑　8.陶抚耳俑　10.陶人物俑

**1. 甬道**

平面呈扁长方形，以条石单列砌筑。顶部为拱形，自左右侧壁第3层条石之上开始横向起拱，拱顶由11块条石1列组成；左右侧壁竖直，以长方形条石砌筑3层而成；底部以条石铺底，单列6块，靠近左右侧壁处者稍厚。甬道长0.56、宽2.15、高0.78~1.7米，内部空间长0.56、宽1.59、高0.49~1.26米。

**2. 墓室**

平面呈长方形，以长方形条石相错砌筑。顶部为拱形，自左右侧壁第5层条石之上开始横向起拱，拱顶共包含条石16行，每行条石6~7块不等。左右侧壁竖直，以长方形条石相错砌筑，共5层，每层条石6~7块不等。后壁亦以长方形条石相错砌筑，共11层，每层条石2~4块不等；由下至上第7层条石处置长方形后龛1处，宽0.52、高0.2、进深0.19米。墓底以条石铺底，前部以条石竖向铺就，与甬道底部铺石相接；后半部横向铺石，共包含条石3列8行；墓底铺石靠近左右侧壁及后壁处皆稍厚。墓室长4.27、宽2.68、高1.23~2.61米，内部空间长4、宽2.12、高0.98~2.18米（图版三〇，2）。

墓室右侧中部发现石棺1具。

## （二）石棺

石棺位于墓室右侧中部，方向与墓向相同。棺盖底部面向棺身侧立于棺身与墓室右壁之间，应是后期扰动所致（图版三一，1）。棺身内淤土已满，未见人骨。

**1. 石棺结构**

（1）棺身

保存基本完整，棺身右侧壁上部有一处较大的残损。棺身形制规整，整体平面呈长方形，横剖面呈上窄下宽的等腰梯形，长2.1、宽0.6、高0.68米。棺身内部中空，左右侧壁较薄，约7厘米，端壁稍厚，厚约9厘米；棺壁顶部内侧有一个凸起的沿，断断续续环绕棺壁，宽1.5、高2厘米；棺身内部空间长1.91、宽0.39、高0.48米；棺体底部厚约0.15米（图四；图版三一，2）。

（2）棺盖

自中部断裂为两块，且后端有约1/4的缺失。现存部分形制较为规整，前端则呈圆弧状。顶部呈弧形，底部上凸，两侧保留向下的凸起以扣合棺身。两端头下部内收。棺盖残长1.52~1.83、宽0.59、厚0.09~0.12米（图五；图版三一，3）。

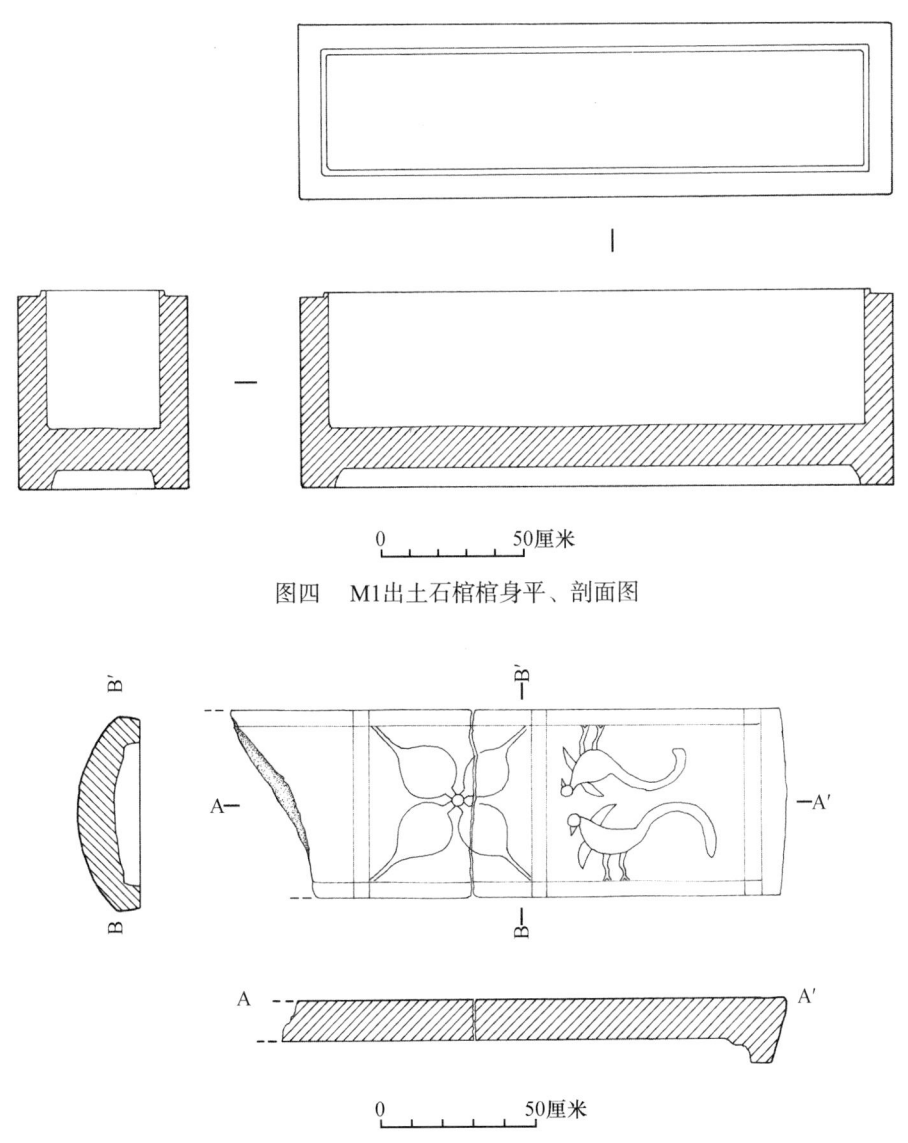

图四　M1出土石棺棺身平、剖面图

图五　M1出土石棺棺盖平、剖面图

## 2. 石棺画像

（1）棺身

棺身两侧及两端皆有丰富的画像（图六）。以下按前、左、后、右的顺序进行介绍。

前端画像整体近方形，宽47.6、高47.7厘米。以两位人物形象为主体，左侧一人头戴平巾帻、侧身、右手之上托举一圆轮；右侧人物形态与之相若。两名人物距离相近、以手相连、举止亲密。画像下部为两条蛇，身细长、尾部上翘、相互交叉呈"X"

形，头部伸至两位人物股间。整幅画像以凸面线刻的方式表现，物像细部则辅以细线阴刻（图七；图版三二，1）。

左侧面画像皆被表现于各分格之内。分格在分布上可分为上、下两栏，其中，上

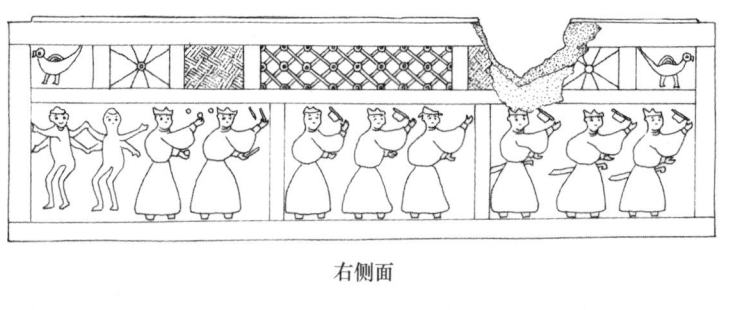

右侧面

前端

左侧面

后端

图六　M1石棺棺身画像（摹本）

图七　M1出土石棺前端画像拓片

栏约占1/3篇幅，被横分为7个分格：由左至右第一分格画像宽16.8、高11厘米，内容为凤鸟画像，面左、尖喙、细颈、双翅欲张、尾部上翘、双足站立；第二分格宽18.1、高11厘米，为"胜"的图案，轴对称布局，正中双同心圆，四周环绕4个梯形图案；第三分格宽19.1、高11厘米，未表现画像，仅见由细錾痕勾勒出的三角形图案组合；第四分格位于整个上部分栏正中，宽64.9、高11厘米，画像内容系以3行9列圆璧相互交叉相连组成的联璧纹为主体；第五分格宽19、高11厘米，未表现画像，仅见由细錾痕勾勒出的三角形图案组合；第六分格宽16.4、高11厘米，内容与第三分格相同，亦为呈轴对称部分的"胜"纹；第七分格宽17.3、高11厘米，为凤鸟画像，面右，形态与第一分格内凤鸟画像基本相同。下栏约占整个侧面的2/3篇幅，被横分为3个分格。由左至右第一分格宽72.6、高35.6厘米，画像共包含人物4名，左一和左二人物形象相近，头戴尖顶帽、面带笑容、双手高举、上身可见有翅膀一对，左三人物戴平巾帻、着长袍，左右手各持一棒状物体（似为短剑或短刀）作杂耍状，左四人戴平巾帻、着长袍，人物右侧可见有飞舞跳丸5枚；第二分格宽45.2、高35.6厘米，包含人物2名，二者形象基本相同，皆戴平巾帻、着长袍、腰佩剑，面右站立、左手高举、右手置于剑柄之上；第三分格宽71、高35.6厘米，可见有人物3名，左一人面右站立、戴平巾帻、着长袍、腰佩剑、左手高举便面、右手置于剑柄之上，左二人面右站立、戴巾、着长袍、左手高举，左三人面左站立、头戴平巾帻、着长袍、腰佩剑、右手高举便面、左手置于剑柄之上（图八；图版三二，2）。

后端画像宽47.1、高50.8厘米。以双阙为主体。双阙皆为单出阙，由下至上分别为阙基、阙身、枋子层、楼部及阙顶，其中阙顶与楼部基本融为一体，其上有水波纹为装饰。双阙之上各立凤鸟一只，尖喙、短颈、尾部细长而上翘；两只凤鸟之间应为一人物，呈"大"字形。双阙之间亦有一人物面左站立，头戴平巾帻、着长袍、腰部佩剑，双手高举执笏（图九；图版三三，1）。

图八　M1出土石棺左侧画像拓片

图九　M1出土石棺后端画像拓片

右侧面画像亦被表现在各分格内。可分为上、下两栏。其中，上栏约占1/3篇幅，被横分为7个分格：由左至右第一分格内宽18.4、高12.6厘米，内容为凤鸟画像，面左、尖喙、细颈、双翅欲张、尾部上翘、双足站立；第二分格宽17.8、高12.6厘米，内容为"胜"；第三分格宽17.5、高12.6厘米，未表现画像，仅见有一系列细錾痕构成的三角形图案组合；第四分格位于整个上部分栏正中，宽57.5、高12.6厘米，画像内容系以3行9列圆璧相互交叉相连组成的联璧纹为主体；第五、六分格内的画像部分受到破坏，但仍可辨认出錾痕和"胜"的图案；第七分格宽17.7、高12.6厘米，画像与第一分格相对称，内容亦为凤鸟。下栏约占整个侧面的2/3篇幅，被横分为3个分格：由左至右第一分格宽71.1、高33.9厘米，包含人物4名，左一和左二人物形象相近，面左站立、头戴尖顶帽、面带笑容、双手高举、上身可见有翅膀一对，左三人物面右站立、戴平巾帻、着长袍、手持跳丸作杂耍状，左四人面右站立、戴平巾帻、着长袍、手持3个棒状物体（似为短剑或短刀）作杂耍状；第二分格宽57、高33.9厘米，包含人物3名，左一人面右站立、戴巾、着长袍、左手高举执一便面，左二人面右站立、戴平巾帻、着长袍、左手高举执一便面，左三人面右站立、戴巾、着长袍、左手高举；第三分格宽60.6、高33.9厘米，可见有人物3名，三者形态基本一致，皆面右站立、头戴平巾帻、着长袍、腰佩剑、左手高举执一便面、右手置于剑柄之上（图一○；图版三三，2）。

图一〇　M1出土石棺右侧画像拓片

（2）棺盖

外侧表面通体以画像为装饰，且被表现在前、中、后三个长方形分格内。前分格长65.4、宽49.6厘米，所见画像为基本对称的凤鸟一对，尖喙、圆头、双翅张开、尾部细长而上翘、双腿站立；中分格长53.2、宽49.6厘米，为柿蒂纹形象，四片叶子围绕中心呈中心对称分布；后分格因损毁画像内容不详（图一一）。

图一一　M1出土石棺棺盖画像拓片

### 3. 石棺錾痕

棺身表面画像之外的余白区域则可见到大量的錾痕。其中，石棺前、后端画像余白处的錾痕较为类似，皆位于画像线框以内，其基本单位为7~9条由长及短且、相互平行的细錾痕构成的三角形图案。两端区域内的錾痕多数是以该基本单位两两相对、错向组合排布，少部分区域排布凌乱，显得较为随意。其中，前端较为工整，共由18

列组成。

石棺侧面画像皆被分割在分格内表现，所见錾痕亦分布于分格内的画像余白处。侧面錾痕虽仍以三角形图案为基本单位，但在排布上较为混乱，规律性不强。

棺盖所见錾痕排布工整，同样以三角形图案为基本单位，沿棺盖外表面纵向有序排列，共由24列两两相对错列排布形成；端面的錾痕与表面相同，三角形图案根据端面弧度变化由中间向两侧逐渐变小，由2行两两相对错列排布而成。

## （三）随葬品

该墓被多次盗扰，发掘时多数随葬品已不存，共出土石器1件（石灶）、陶器8件、钱币2枚。根据发掘时的情况，石灶位于墓室右侧前端，陶器集中出土于墓室中部的淤土内，钱币则见于石棺后端附近。

### 1. 石器

石灶  1件。M1∶1，砂岩。整石中部掏空制作而成，通体打磨，单眼，单灶门。由火眼、火膛、灶门、灰道四部分组成，火眼平面呈椭圆形，口部微敞、方唇，头部上翘；火膛内部空间近圆形，膛底部自头部向尾部倾斜；灶门呈上窄下宽的梯形，上部与灶眼口部相接；灰道与灶门相连，平面呈方形，底部倾斜。通体长64、宽40.4、高35.8厘米（图一二；图版三四，1）。

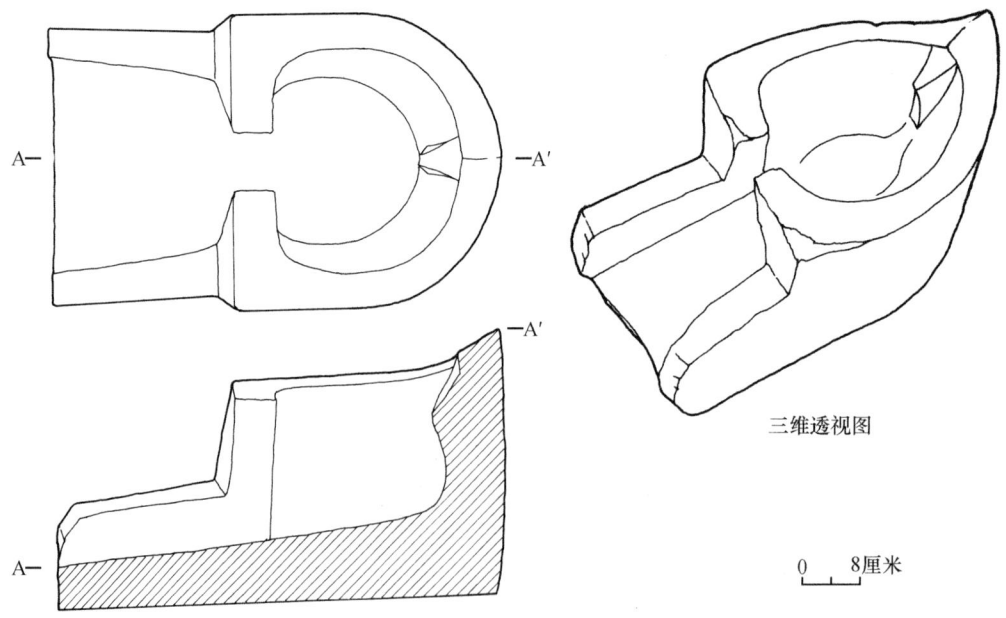

图一二  M1出土石灶（M1∶1）

## 2. 陶器

共8件，皆为明器。除1件陶灯外，其余均为陶俑。

灯　1件。M1：3，泥质灰陶。轮制，灯盘与灯座上下相接而成。素面。灯盘方唇、微敞口、平底；圆柱形器柄，器柄以下呈喇叭状，圈足。口径10.1、柄径3.9、底径9.9、通高13.2厘米（图一三，5；图版三四，2）。

图一三　M1出土遗物

1.陶人物俑（M1：10）　2.陶抚耳俑（M1：8）　3、10.陶侍俑（M1：9、M1：7）　4.陶俑头（M1：6）
5.陶灯（M1：3）　6、7.陶站立俑（M1：4、M1：5）　8、9.五铢钱（M1：2-1、M1：2-2）

站立俑　2件。M1：4，泥质灰陶。捏制，内部中空。性别不详，头部及面部轮廓不清。高19.8、宽9.9、头部侧厚5.9、底部侧厚8厘米（图一三，6；图版三四，3）。M1：5，泥质灰陶。捏制，内部中空。性别不详，面部轮廓不清。高21、宽9.4、头部侧厚5.6、底部侧厚9厘米（图一三，7；图版三四，4）。

侍俑　2件。M1：7，泥质灰陶。残，仅余头部及上半身，模制。女性，头部扎巾，圆脸，面部轮廓不清，鼻梁上挺。残高12.7、宽7、头部侧厚5.2厘米（图一三，10）。M1：9，泥质红陶。残，下半身不存，模制，前后两模黏贴，内部中空。女性，头戴巾，细眉、眯眼、鼻梁上挺、抿嘴、面部圆润，着交领长衣，长袖垂胡，双手相抱藏于袖中。残高17.2、宽6.6、头部侧厚4.4厘米（图一三，3）。

人物俑　1件。M1：10，男性，头戴介帻、眯眼、圆鼻、颧骨凸出、嘴微张。着右衽上衣，衽部加襈。残高18.2、宽11.1、头部侧厚7.5厘米（图一三，1）。

抚耳俑　1件。M1：8，泥质红陶。残，仅余头部及上半身，模制，前后两模黏贴，内部中空。女性，梳髻、头戴抹额、细眉、眯眼、高鼻、嘴微张、下巴圆润，衣服衽及袖皆加襈，右手抚耳。残高16.4、残宽9、头部侧厚6.1厘米（图一三，2）。

俑头　1件。M1：6，泥质灰陶。模制。男性，头戴平巾帻，面部圆润，细眉，眯眼，鼻梁上挺，嘴微张。高13.8、宽8、面部侧厚8.4厘米（图一三，4）。

**3. 钱币**

五铢　2枚。均有一定锈蚀，方穿，穿、边两面均有郭。M1：2-1，"五"字交股缓曲，上、下两横皆左出头，"铢"字"金"旁为三角形，四点长短不一，"朱"旁上、下部皆横笔圆转（图一三，8）。M1：2-2，"五"字交股微曲，"铢"字"金"旁为三角形，四点长短不一，"朱"旁下部横笔方折（图一三，9）。

# 二、M2

M2位于墓群正中部，北与M3相距约1.7米，南与M1相隔约1.5米。

## （一）墓葬形制

该墓系在开挖土圹的基础之上，以条石为材料构筑而成。墓葬封土及墓道因当地居民修筑房屋时破坏殆尽，而甬道及墓室仍保存完整。墓向84°，整体平面呈"凸"字形，墓圹残长4.95、宽3.11米（图一四）。

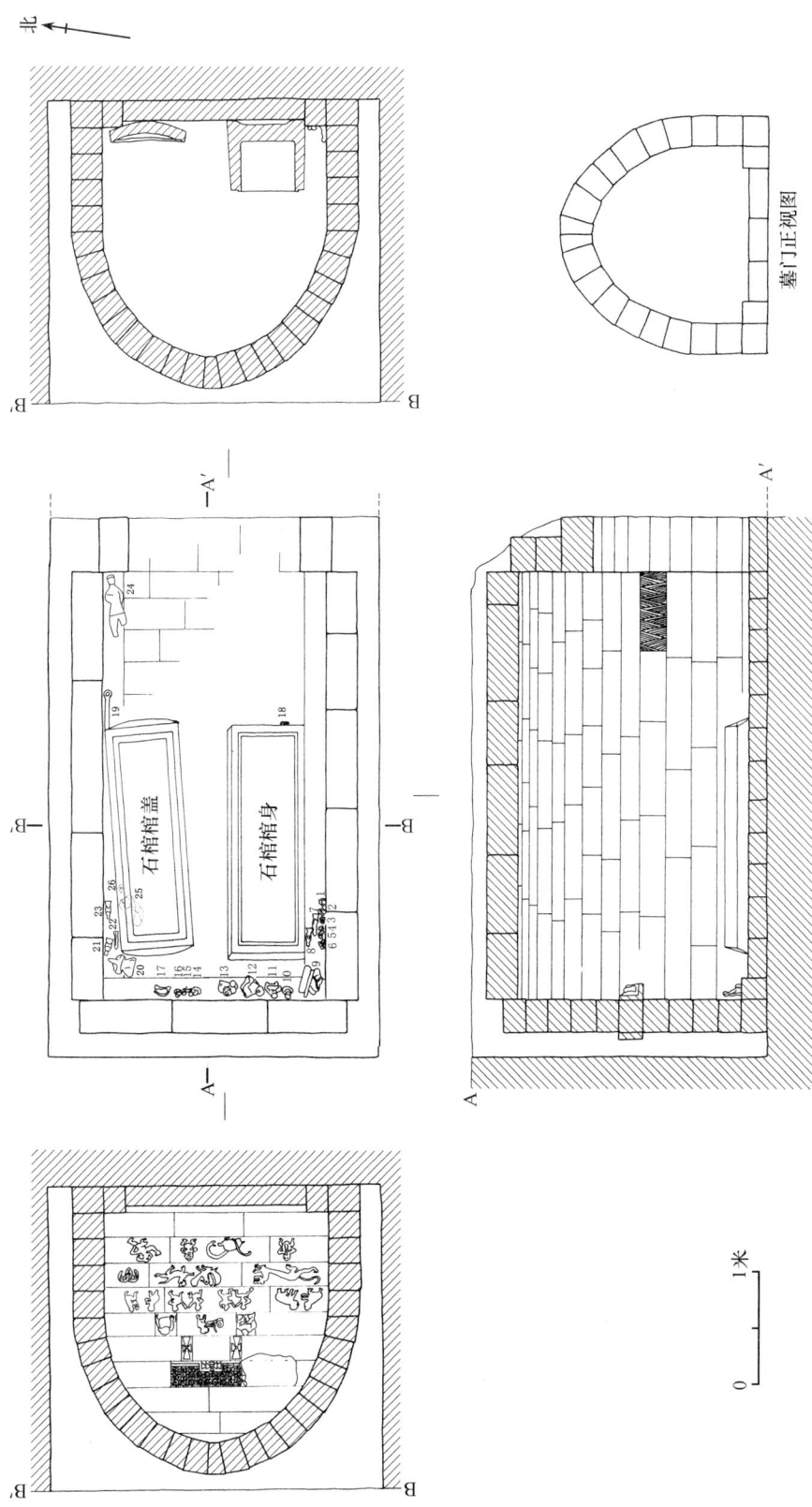

图一四 M2平、剖面图

1~5、7、8、10、15、16、21~23.陶侍俑 6.陶提袋俑 9.陶抚琴俑 11.陶出菾俑 12.陶击鼓俑 13.陶庖厨俑 14.陶袋俑 17.陶抱耳俑 18.铜钱 19.铁刀 20.陶吹笙俑 24、25.陶武士俑 26.陶子母鸡

### 1. 甬道

平面呈扁长方形，以条石单列砌筑。顶部为拱形，自左右侧壁第3层条石之上开始横向起拱，拱顶由14块条石1列组成；左右侧壁竖直，以长方形条石砌筑3层而成；底部以条石铺底，单列5块，靠近左右侧壁处者稍厚。甬道长0.5、宽2.19、高0.72～1.96米，内部空间长0.5、宽1.62、高0.47～1.47米。

### 2. 墓室

平面呈长方形，以长方形条石相错砌筑。顶部为拱形，自左右侧壁第5层条石之上开始横向起拱，拱顶共包含条石19行，每行条石6～7块不等。左右侧壁竖直，以长方形条石相错砌筑，共5层，每层条石6～7块不等。后壁亦以长方形条石相错砌筑，共11层，每层条石2～4块不等；由下至上第7层条石处置长方形后龛1处，宽0.36、高0.23、进深0.18米。墓底以条石铺底，横向相错铺石，共包含条石12行，每行条石3～5块不等；墓底铺石靠近左右侧壁及后壁处稍厚。墓室长4.23、宽2.69、高1.19～2.64米，内部空间长3.91、宽2.1、高0.96～2.17米。

墓室后壁表面可见有大量画像，此外，在墓室中部右侧发现石棺1具，棺盖底面向上紧邻墓室左壁，应是后期扰动所致（图版三五）。

### （二）墓室画像

墓室后壁条石表面可见有大量的画像（图一五；图版三六，1）。由上至下共分为6层，分别分布于15块条石表面。本报告由上至下进行介绍。

第1层仅见有画像一幅，位于该层正中（图版三六，2）。画像石1-1，左侧部分为盗洞所破坏，残存部分呈长方形，宽64.8、高24.4厘米。画像主体为串钱纹，系以3行8列方孔圆钱纹相互以线条连接而成；画像底部居中为胜纹图案的变体，画像布满全石（图一六；图版四〇，1）。

第2层共有画像2幅，分别居于2块条石之上，后龛两侧左、右各一（图版三六，2）。画像石2-1，左侧部分为盗洞所破坏，整石残宽25.1、高25.3厘米。画像居于右半部，为竖向胜纹，抽对称布局，宽11.8、高19.5厘米（图一七；图版四〇，3）。画像石2-2，整石宽77、高25.2厘米。画像居于左侧端部，竖向胜纹，宽11.5、高19厘米（图一八；图版四〇，2）。

第3层共包含3幅画像，分别位于3块条石之上（图版三七，1）。画像石3-2，左部略残，整石宽52、高23.1厘米。为人物1名，头戴平巾帻、头部上仰、吻部凸出、身体

图一五　M2后壁画像石分布示意图

微躬、双脚站立，右手举刀、左手执盾，似作战斗状，宽26.8、高18.2厘米（图一九；图版四〇，5）。左、右两幅画像皆为浮雕，画像位于条石端面。画像石3-1，画像内容为一人物，头部已被破坏，蹲坐、双手执一长条状物，似为吹箫，宽18.6、高21厘米（图版四〇，4）。画像石3-3，画像内容为一人物，着右衽长袍，盘腿而坐，双手放于膝盖处，宽20.2、高20.4厘米。

第4层共包含画像4幅，分别位于3块条石之上（图版三七，2；图版三八）。画像石4-1，整石宽68.8、高22.7厘米。画像居于条石右半部，内容为人物2名，左侧人物头戴巾帽、高鼻、躬身、双手前伸、双腿弯曲作半蹲状；右侧人物与左侧人物相对，神态动作与之相若；二者似为胡人，从形态来看，该幅画像应为角觝图，宽38.1、高18.7厘米（图二〇；图版四〇，6）。画像石4-2，整石宽83、高23.2厘米。包含画像2组，皆为人物画像，每组可见有相对人物2名，神态相似，皆双手半举、双腿半躬的作打斗状，左幅画像宽32.5、高18.8厘米，右幅画像宽33.6、高19.6厘米（图二一；图版四〇，7）。画像石4-3，整石宽87.2、高23.1厘米。画像位于条石左半部，内容为人物

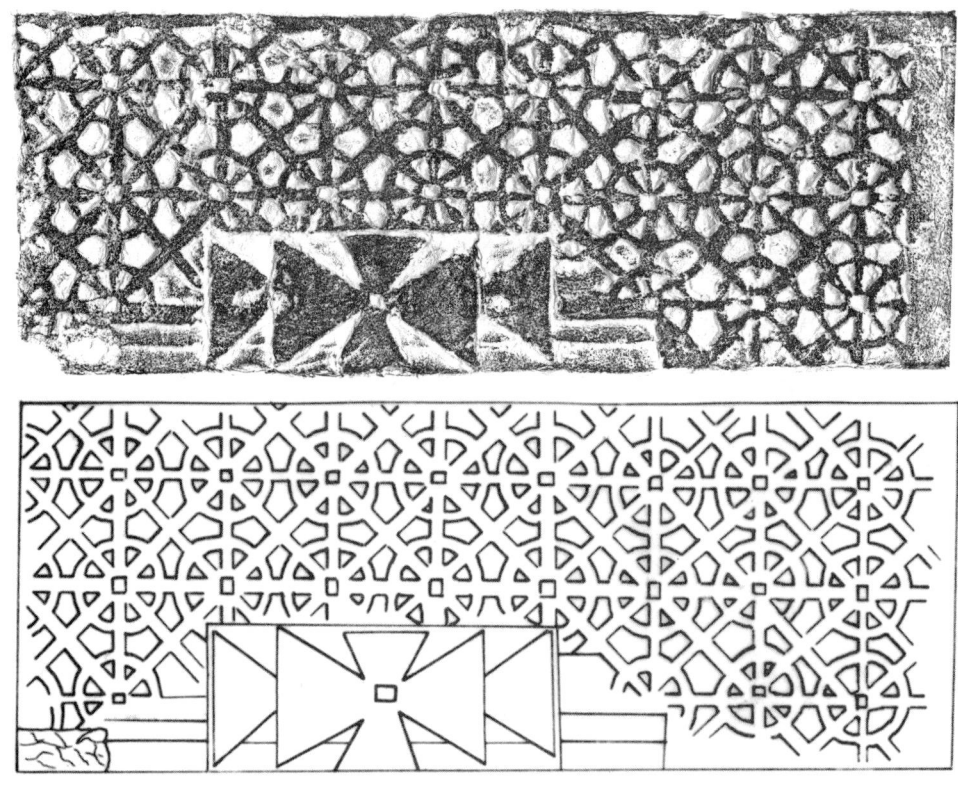

图一六　M2画像石1-1

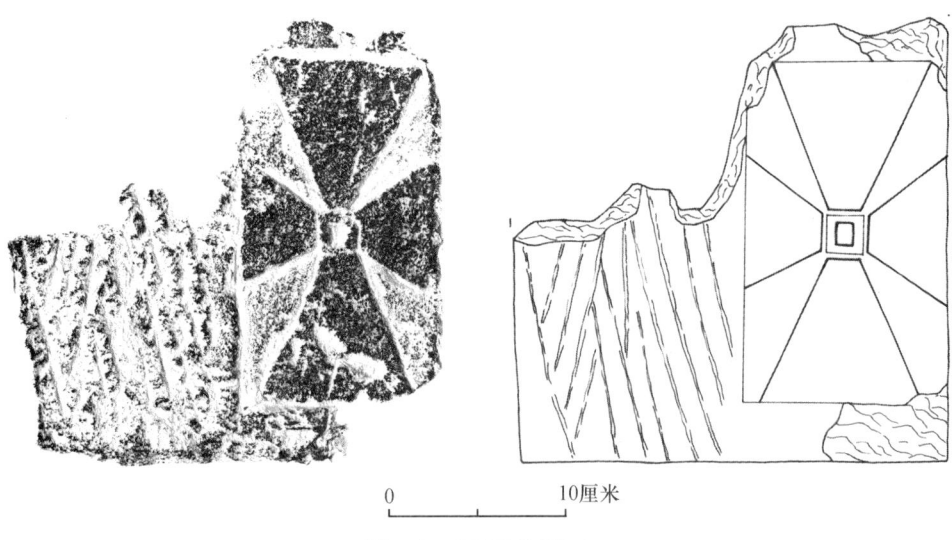

图一七　M2画像石2-1

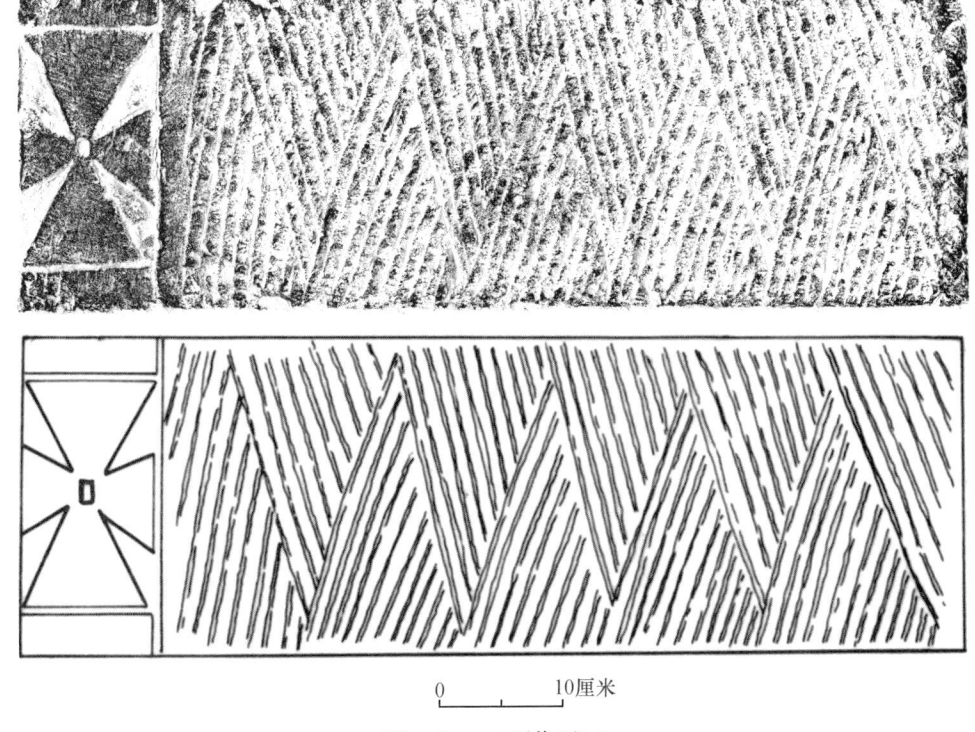

图一八　M2画像石2-2

2名，左侧人物头戴介帻、头微仰、躬身、双手合执一物；右侧人物面向左侧人物，头戴介帻、着长袍、双手高举、单腿站立作欣喜状，宽31.5、高19.3厘米（图二二；图版四〇，8）。

第5层共包含画像4幅，分别位于3块条石表面（图版三八、图版三九）。画像石5-1，右上角略残，宽99、高22.7厘米。画像居于条石正中，从形态判断应为"四神"之一的青龙，头部部分缺失、嘴微张、颈部弯曲与头部垂直、躯干较长、呈拉伸状，前肢弯曲、后肢一伸一曲作奔跑状，尾巴细长且上翘呈钩状，宽56.5、高17.8厘米（图二三；图版四一，1）。画像石5-2，左下角略残，宽87.8、高22.7厘米。包含画像2幅，左侧画像应为"四神"中的朱雀，背对左侧的青龙，尖喙、嘴微张、颈部细长且弯曲，椭圆形双翅张开呈飞翔状，躯干相对短小，尾部弯曲且上翘，双腿弯曲；右侧画像应为"四神"中的白虎，与朱雀紧邻且相对，头部较大、吻部凸出、牙齿外露、双目圆睁，头顶双耳直立、颈部微曲，胸部凸出且前挺，躯干弯曲，尾巴长且弯曲呈钩状，右侧前肢伸直几乎与朱雀相连、左侧前肢直立，后肢一前一后作奔跑状，画像宽66.9、高19.7厘米（图二四；图版四一，2）。画像石5-3，宽64.6、高23厘米。有较多余白，仅在条石左端处见有羊头画像一幅，双角下垂、弯曲、角尖尖锐，双耳呈

图一九　M2画像石3-2

椭圆形，面部较长、双眼圆睁、吻部凸出，画像宽16.6、高12.2厘米（图二五；图版四一，3）。

第6层共包含画像4幅，分别位于3块条石表面（图版三八、图版三九）。画像石6-1，右下角略残，宽72.5、高23.3厘米。画像位于条石最右侧，似为一蹲踞人物，光头、双目圆睁、圆鼻、张口、吐长舌，双臂弯曲、双手置于腿部膝盖之上，下身及地、双腿弯曲、赤脚。画像宽19.4、高18.8厘米（图二六；图版四一，4）。画像石6-2，自左侧约1/3处断裂，共有画像2幅，左侧画像应为"四神"中的玄武，龟蛇环绕、蛇身细长、自龟身腹部穿过，蛇头面左、张口吐舌作凶恶状；龟与蛇相对，龟壳呈椭圆形、尖尾、四肢站立头部略伸、张嘴、神态凶恶。画像宽37.1、高19.8厘米。右侧画像似为一蹲踞人物，头部呈三角形、顶部凸出，面部丑陋、柳叶形双眼、嘴微

图二〇　M2画像石4-1

图二一　M2画像石4-2

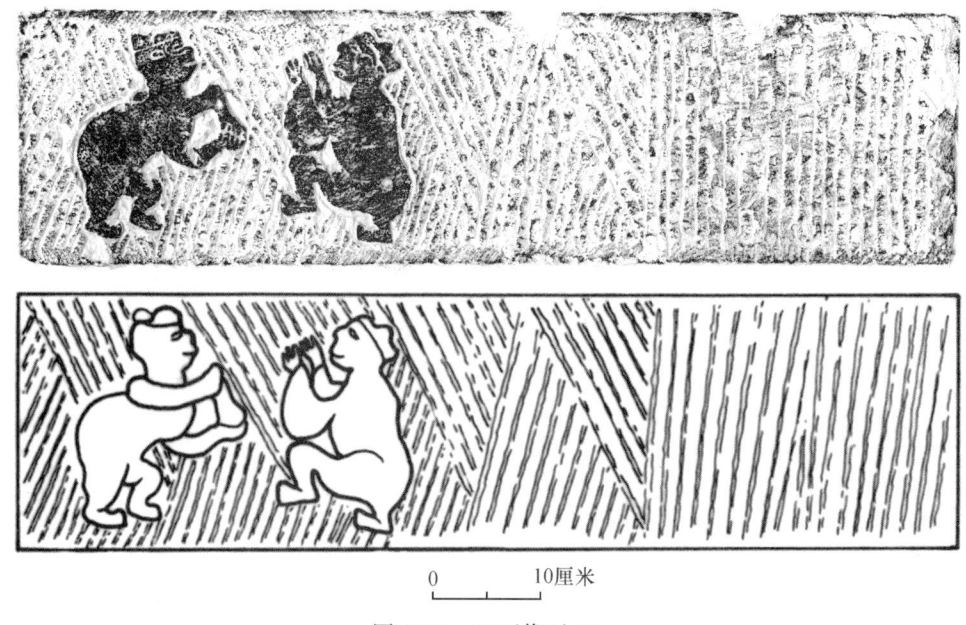

图二二　M2画像石4-3

图二三　M2画像石5-1

张，双臂弯曲、双手似共执一圆形饼状物，下身呈椭圆形，双腿弯曲、赤脚站立。画像宽15.6、高19.9厘米（图二七；图版四一，5）。画像石6-3，宽80.6、高23.2厘米。仅在条石左部有画像1幅，似为一牛头人身人物，头微仰、头顶弯角、吻部凸出，身体稍前倾作奔跑状。画像宽19.8、高20.2厘米（图二八；图版四一，6）。

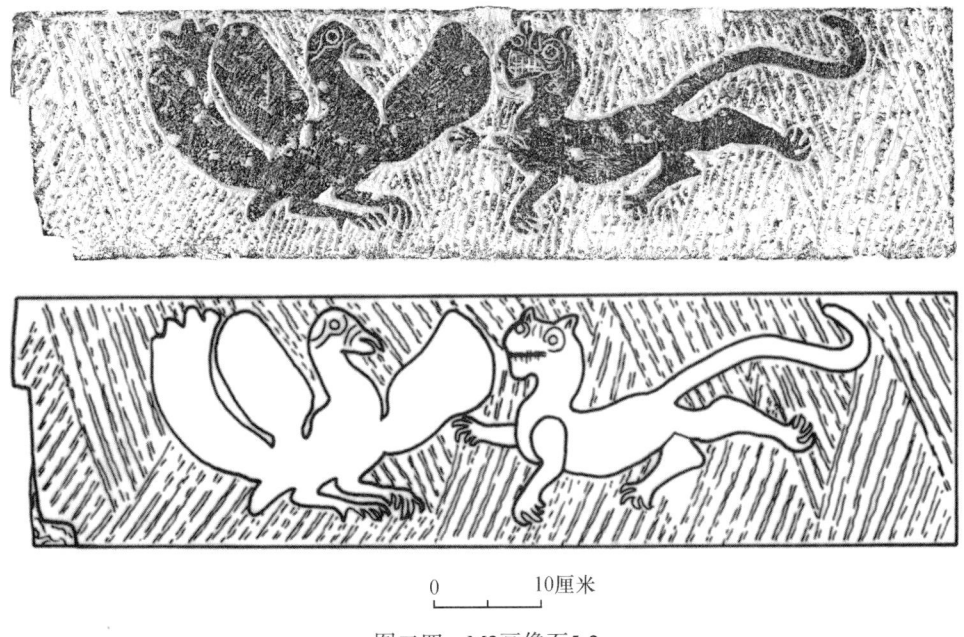

图二四　M2画像石5-2

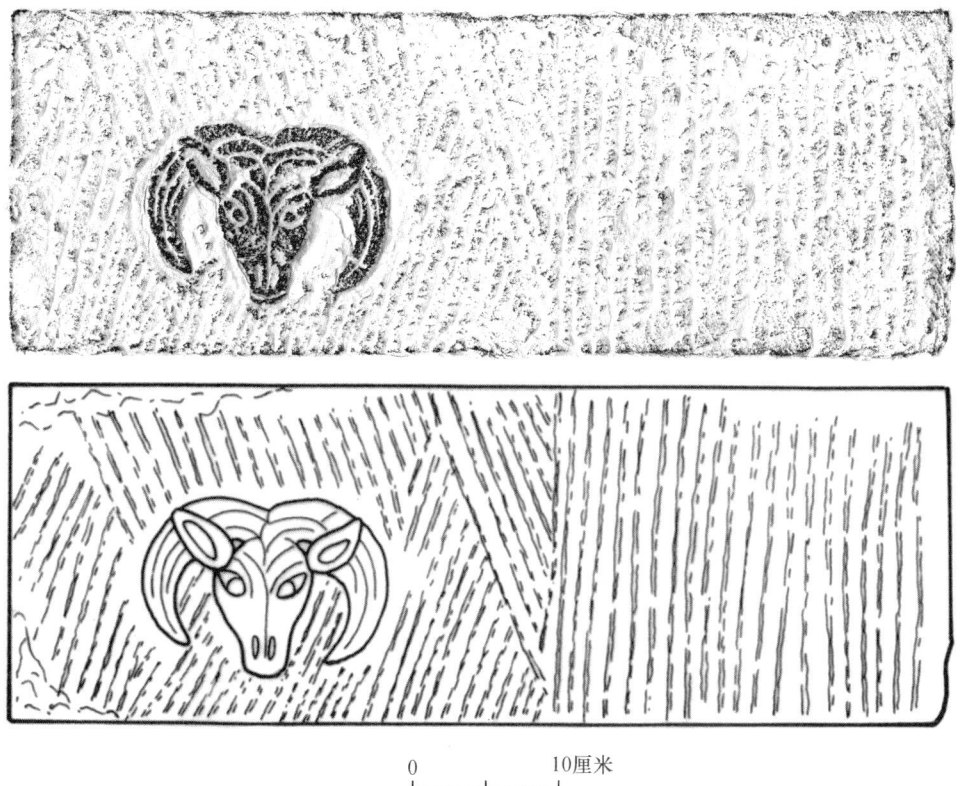

图二五　M2画像石5-3

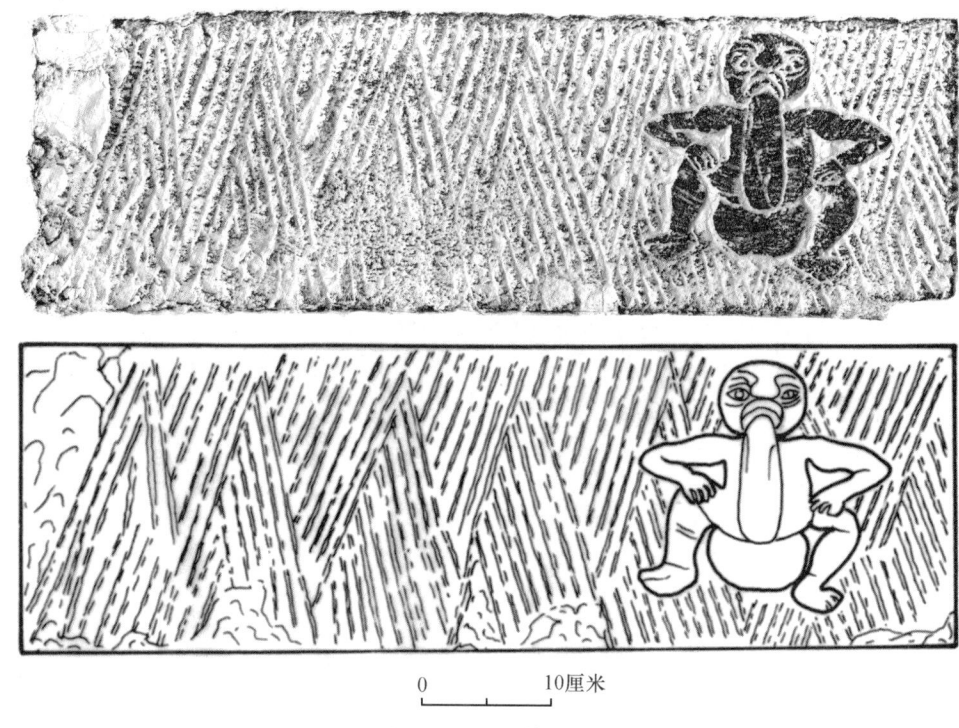

0  10厘米

图二六　M2画像石6-1

0  10厘米

图二七　M2画像石6-2

图二八　M2画像石6-3

## （三）石棺

石棺位于墓室右侧中部，方向与墓向相同。棺盖底部向上位于墓室左侧中部，应是后期扰动所致。石棺由棺身和棺盖两部分组成（图版四二，1）。

**1. 石棺结构**

（1）棺身

除四角有少量残损外保存基本完整。棺身形制规整，整体平面呈长方形，横剖面呈长方形，长2.13、宽0.67、高0.68厘米。棺身内部中空，左右侧壁较薄，约7厘米，端壁稍厚，厚约10厘米；棺壁顶部内侧有一个凸起的沿，断断续续环绕棺壁，宽1.5、高1.5厘米；棺身内部空间长1.93、宽0.49、高0.49厘米；棺体底部厚约14.5厘米（图二九；图版四二，2）。

（2）棺盖

除两端有少量缺损外基本完好。形制规整，两侧平直、前端则略呈圆弧状。顶部为弧形，底部内凸呈弧形，外侧则保留向下的凸起以扣合棺身。两端头下部内收。棺盖长2.14～2.19、宽0.7、厚0.15～0.2厘米（图三〇；图版四二，3）。

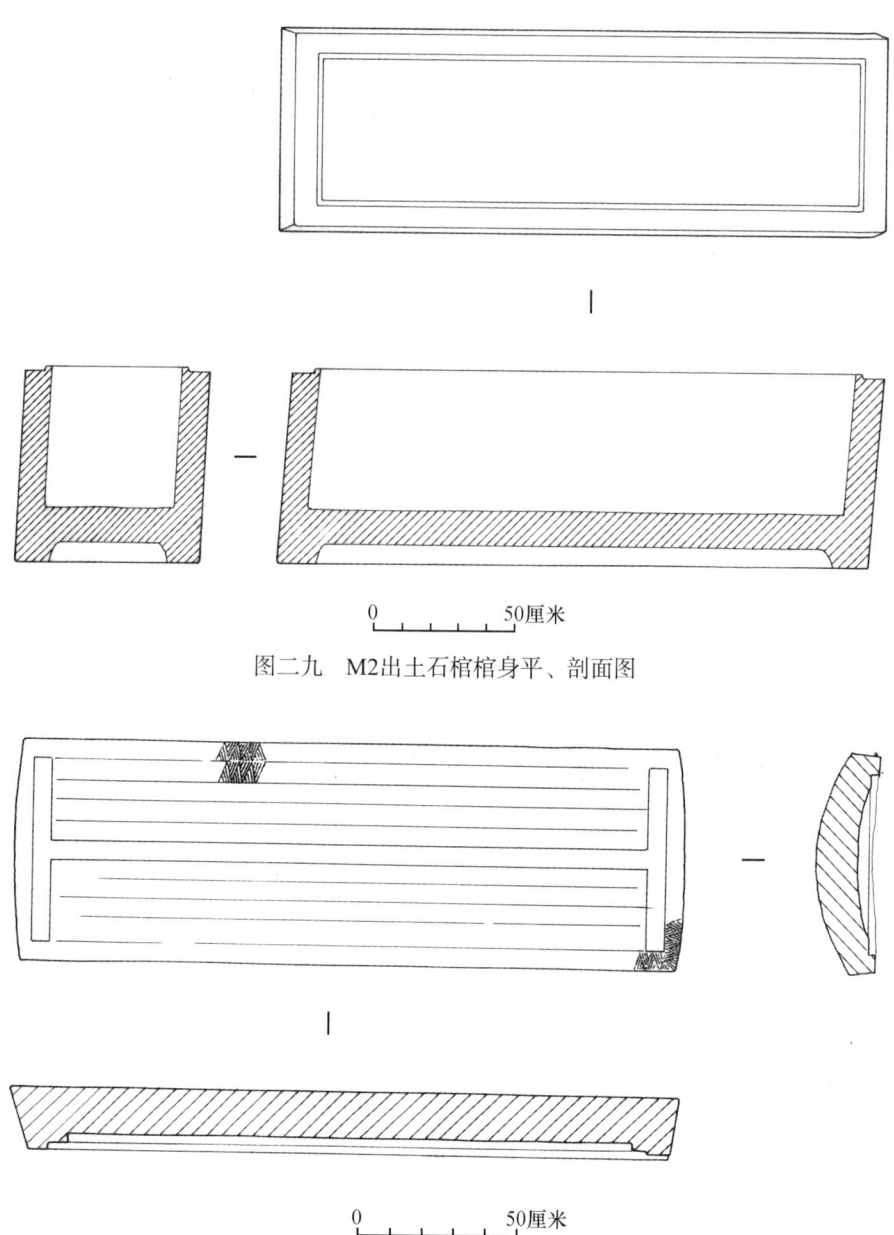

图二九　M2出土石棺棺身平、剖面图

图三〇　M2出土石棺棺盖平、剖面图

### 2. 石棺画像

棺身两侧及两端皆有丰富的画像（图三一）。以下按前、左、后、右的顺序进行介绍。

前端画像以双阙为主体，皆为单出阙、形制相近，由上到下分别由阙顶、楼部、枋子层、阙身、阙基几部分组成。其中，右侧阙顶站立凤鸟一只，长尖喙、双翅收

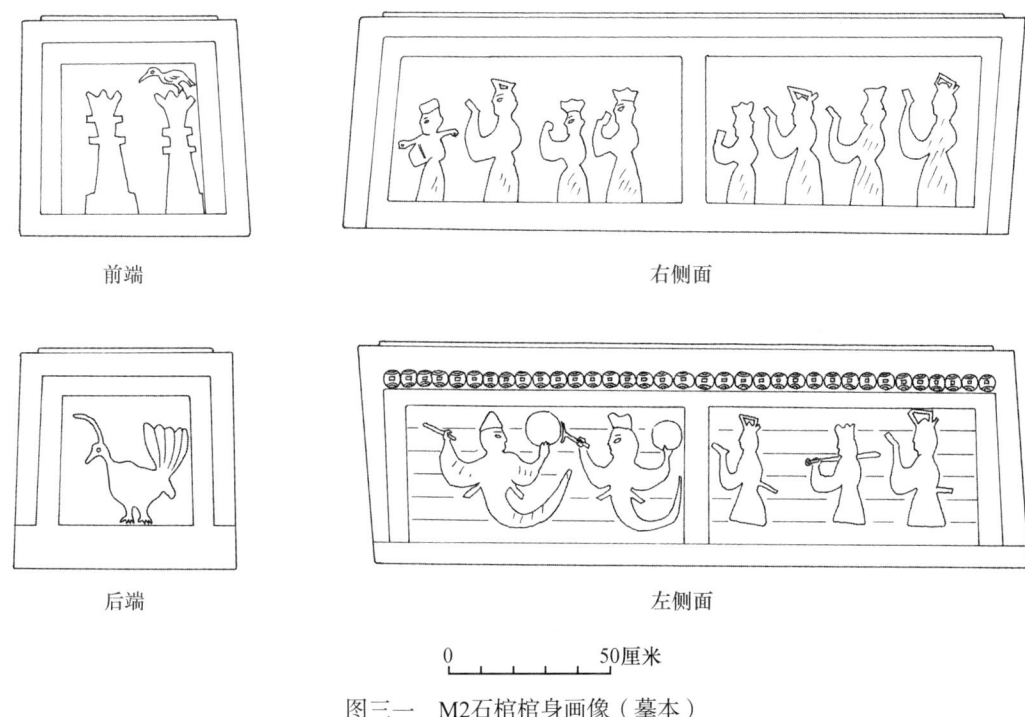

图三一　M2石棺棺身画像（摹本）

拢、尾部向下、双腿弯曲、面左站立；阙顶为庑殿顶，其下为楼部，呈等腰倒梯形；楼部以下为凸出的双层枋子层；阙身为等腰梯形，其下为扁长方形的阙基。整幅画像呈近方形，宽55、高52.7厘米。画像的上、左、右可见有长条形外框装饰，外框宽约6厘米（图三二；图版四三，1）。

左侧画像最上方为串钱纹，呈一列线形布局，由35枚方孔圆钱图案组成，方孔四周多有4组8条的弧形线条为装饰，方孔边长约0.5厘米，圆钱图案直径约5厘米。其余画像被表现在2个分格以内，分格以长条形外框表现，宽5～8厘米。其中，左侧分格内画像由两个人首蛇身的人物组成，左侧人物面向右，头戴尖帽，右手执刀、左手托举圆环，腋下生双翅，双翅下为弯曲上翘的蛇身；右侧人物面向左，头戴方巾，形态亦与其基本相同；二位人物应为伏羲女娲，手中托举圆环应分别为日、月，因形象特别是面部表情较为模糊，无法作进一步的分辨；分格画像呈长方形，宽88.1、高42.1厘米。右侧分格内共包含3位人物，左侧人物头戴进贤冠、着长袍、双手执笏、腰部佩剑、面左站立，中间人物头戴介帻、着长袍、手执环首刀、刀身置于肩膀之上、面左站立，右侧人物头戴进贤冠、着宽袖长袍、双手执笏、腰部佩剑、面左站立；分格画像呈长方形，宽85.3、高42.1厘米（图三三；图版四三，2）。

后端画像主体为凤鸟一只，长尖喙、圆脑、头部前伸，头顶弧形长条状物体，据

图三二　M2出土石棺前端画像拓片

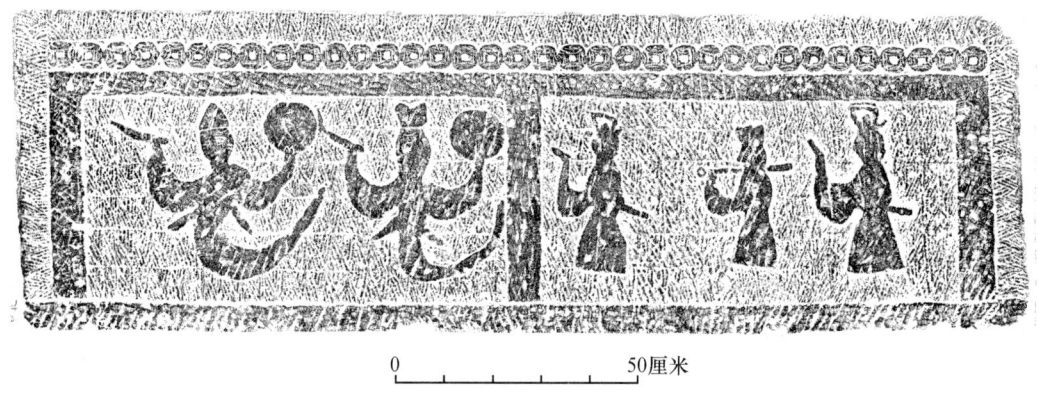

图三三　M2出土石棺左侧画像拓片

《山海经·海内西经》："开明西有凤皇、鸾鸟，皆戴蛇践蛇，膺亦有蛇"[1]，在四川省南溪县长顺坡2号石棺[2]前端亦可见有凤鸟颈部环绕蛇的形象，因此凤鸟头顶的长条状物体应为蛇。凤鸟颈部细直，背部弓起，未见双翅，尾部羽毛上翘呈扇形发散；体态臃肿，双腿短粗，足部各有4趾，似在抓握。整幅画像宽40.9、高39.6厘米。画像的上、左、右可见有长条形外框装饰，外框宽约6厘米（图三四；图版四四，1）。

---

[1] 袁珂：《山海经校注》，巴蜀书社，1993年，第350页。
[2] 崔陈：《宜宾地区出土汉代画像石棺》，《考古与文物》1991年第1期。

图三四　M2出土石棺后端画像拓片

右侧画像被表现在2个分格内，分格为长条形外框，宽5~7厘米。左侧分格内为人物4名，皆面左站立，形态相近。其中，左一人头戴平巾帻、着宽袖长袍，双手握环首刀、刀身置于右肩；左二人头戴进贤冠、着宽袖长袍，双手执笏；左三人头戴介帻，着束腰长袍，手中执物似为便面；左四人头戴介帻，着束腰长袍，手持便面紧贴面部。分格画像呈长方形，宽88.9、高44.6厘米。右侧分格内亦为人物4名，形态相近，皆面左站立，着长袖、束腰长袍。左一人头戴介帻，手中执物不详；左二人与左四人皆头戴进贤冠，手中执笏；左三人头戴平巾帻，手中执笏。分格画像呈长方形，宽88、高45.5厘米（图三五；图版四四，2）。

图三五　M2出土石棺右侧画像拓片

### 3. 石棺錾痕

石棺画像与画框的余白区域可见有大量规律排布的细錾痕，多数为细錾痕构成的三角形图案。其中，前端画框内的錾痕布局较为规整，共包含14行，两两相对、错向分布，底部稍显凌乱；画框以外上、左、右各有一组錾痕，底部錾痕较为模糊和混乱。后端錾痕与前端基本一致，画框内錾痕共12行，画框外底部无三角形錾痕图案。

石棺左侧面画框内竖向三角形錾痕共12行，画框外左、右两侧三角形錾痕各一列，皆为横向，顶部为一行竖向三角形錾痕；底部为斜向平行细錾痕。右侧面錾痕布局与左侧面相近，画框内竖向三角形錾痕共7行，第6行相对较窄。

棺盖外表面"工"字形框之外通体均可见三角形细錾痕。其中，顶部左、右各10列，前、后端面各两行，左、右侧面各1行（图三六）。

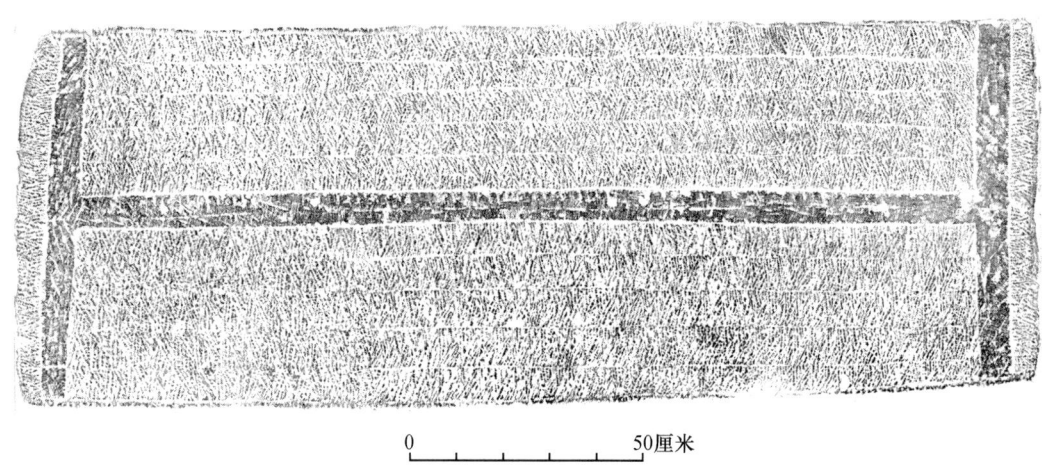

图三六　M2出土石棺棺盖拓片

### （四）随葬品

该墓经多次盗扰，本次发掘共发现随葬品26件/组，其中陶器24件、铁器（铁刀）1件、铜钱1组。根据发掘时的情况，陶器除1件见于甬道淤土内外，其余皆出土于墓室后壁及右侧壁与石棺棺身之间；铁刀出土于棺盖前端的墓室左壁底部，部分被叠压在棺盖之下；铜钱则见于棺身前端的墓室底部。

### 1. 陶器

共24件，皆为模型明器。其中，侍俑13件，武士俑2件，抱袋俑、提袋俑、击鼓俑、抚琴俑、抚耳俑、出恭俑、庖厨俑、吹笙俑、子母鸡各1件。

侍俑 13件。M2:8，泥质灰陶，模制，前后两模黏贴，内部中空；女性，站立，头梳髻，圆脸、面部模糊；身着长袍、袍裾及地，长袖束口、垂胡，双手相抱藏于袖中。高17.3、宽5.7、头部侧厚3.6、足部侧厚4.6厘米（图三七，1；图版四六，1）。M2:7，泥质红陶，模制，前后两模黏贴，内部中空；男性，站立，头戴介帻，

图三七 M2出土陶侍俑
1. M2:8 2. M2:7 3. M2:23 4. M2:4 5. M2:21 6. M2:22 7. M2:3 8. M2:1 9. M2:2

圆脸、眯眼、鼻梁上挺、下巴圆润；身着右衽长袍、衽部加襋、袍裾及地，长袖束口、垂胡，双手相抱藏于袖中。高17.4、宽6.1、头部侧厚4.2、足部侧厚5.6厘米（图三七，2）。M2：23，泥质灰陶，模制，前后两模黏贴，内部中空；女性，站立，头梳髻，圆脸、面部模糊；身着右衽长袍、衽部加襋、袍裾及地，长袖束口、垂胡，双手相抱藏于袖中。高16.8、宽5.2、头部侧厚3.7、足部侧厚3.4厘米（图三七，3；图版四八，1）。M2：4，泥质灰陶，模制，前后两模黏贴，内部中空；男性，站立，头戴介帻，圆脸、眯眼、鼻梁上挺、颧骨凸出、面部微笑；身着直领长袍、袍裾及地，长袖、垂胡，双手相抱藏于袖中。高15.9、宽2.8、头部侧厚5.2、足部侧厚7.3厘米（图三七，4；图版四五，3）。M2：21，泥质灰陶，模制，前后两模黏贴，内部中空；男性，站立，头戴介帻，圆脸、眯眼、鼻梁上挺、颧骨凸出、面带微笑；身着长袍、袍裾及地，长袖束口、垂胡，双手相抱藏于袖中。高16.1、宽6.2、头部侧厚4.7、足部侧厚6.4厘米（图三七，5）。M2：22，泥质红陶，模制，前后两模黏贴，内部中空；女性，站立，头梳髻，圆脸、面部模糊；身着长袍、袍裾及地，长袖束口、垂胡，双手相抱藏于袖中。高16.7、宽6.1、头部侧厚3.3、足部侧厚4.1厘米（图三七，6；图版四五，4）。M2：3，泥质灰陶，模制，前后两模黏贴，内部中空；男性，站立，头戴介帻，圆脸、眯眼、鼻梁上挺、下巴圆润；身着右衽长袍、衽部加襋、袍裾及地，长袖、垂胡，双手相抱藏于袖中。高18.2、宽7.1、头部侧厚5.1、足部侧厚7.3厘米（图三七，7；图版四五，1）。M2：1，泥质灰陶，模制，前后两模黏贴，内部中空；男性，站立，头戴平上帻，面部仅见鼻梁，其余轮廓不清；身着直领长袍、袍裾及地；长袖、垂胡，双手相抱藏于袖中。高19.1、宽6.8、头部侧厚4.3、足部侧厚5.8厘米（图三七，8）。M2：2，泥质灰陶，模制，前后两模黏贴，内部中空；女性，站立，梳高髻，圆脸、鼻梁上挺；身着右衽长袍、衽部加襋、袍裾及地；长袖、垂胡，袖摆下垂，双手相抱藏于袖中。高17.9、宽6.5、侧厚5.4厘米（图三七，9；图版四五，2）。M2：10，泥质灰陶，模制，前后两模黏贴，内部中空；男性，站立，头戴介帻，圆脸、眯眼、鼻梁上挺、下巴圆润；身着右衽长袍、衽部加襋、袍裾及地，长袖束口、垂胡，双手相抱藏于袖中。高23.9、宽9.1、头部侧厚5.1、足部侧厚6.9厘米（图三八，1；图版四六，2）。M2：5，泥质灰陶，模制，前后两模黏贴，内部中空；男性，站立，头戴介帻，圆脸、眯眼、鼻梁上挺、下巴圆润；身着右衽长袍、衽部加襋、袍裾及地，长袖、垂胡，双手相抱藏于袖中。高19.1、宽7.4、头部侧厚5.9、足部侧厚7.5厘米（图三八，2）。M2：16，泥质灰陶，模制，前后两模黏贴，内部中空；男性，站立，头戴介帻，圆脸、眯眼、鼻梁上挺、颧骨凸出、下巴圆润、面带微笑；身着右衽长袍、衽部加襋、袍裾及地，长袖束口、垂胡，双手相抱藏于袖中。高24.1、宽9.1、

图三八　M2出土陶俑
1~4.侍俑（M2∶10、M2∶5、M2∶16、M2∶15）　5.抱袋俑（M2∶14）　6.提袋俑（M2∶6）

头部侧厚5.3、足部侧厚7.1厘米（图三八，3）。M2：15，残，泥质灰陶，模制，前后两模黏贴，内部中空；头部缺失；身着右衽长袍、衽部加襈、袍裾及地，长袖束口、垂胡，双手相抱藏于袖中。残高18.4、宽9.1、足部侧厚6.2厘米（图三八，4）。

抱袋俑　1件。M2：14，残，泥质红陶，模制，前后两模黏贴，内部中空；女性，站立；头戴巾，圆脸、鼻梁上挺、面部模糊；内衣为圆领长裙、裙裾及地，外衣为右衽长袍、衽部加襈、长袖束口、袖口加襈，右手于身前弯曲以抱袋，袋底在上、袋口下垂。高25、身宽8.7、头部侧厚5.3、底部侧厚6.1厘米（图三八，5；图版四六，3）。

提袋俑　1件。M2：6，泥质灰陶，模制，前后两模黏贴，内部中空；女性，站立，头梳髻、圆脸、下巴圆润、面部模糊；身着长袍、袍裾及地，长袖；双手交叉于身前，左手提袋，袋口下垂。高17.6、宽5.6、头部侧厚4.7、足部侧厚6.1厘米（图三八，6；图版四八，2）。

击鼓俑　1件。M2：12，泥质褐陶，模制，前后两模黏贴，内部中空。男性，跽坐；头戴似进贤冠，脸部丰满、眯眼、鼻梁圆润、颧骨凸出、嘴微张、下巴圆润，着右衽长衣、衽部加襈、长袖束口，右手半举过肩、似在握一物，左侧身前置一圆鼓，左手放于其上。高34.4、宽23.8、头部侧厚9.7、底部侧厚18.3厘米（图三九，1；图版四六，4）。

吹笙俑　1件。M2：20，残，泥质灰陶，模制，前后两模黏贴，内部中空；跽坐；头部缺失，双手抱笙。残高26、宽18.1、手部侧厚16.2、腿部侧厚13.3厘米（图三九，2）。

庖厨俑　1件。M2：13，残，泥质灰陶，模制，前后两模黏贴，内部中空；男性，跽坐；头戴弁，圆脸、鼻梁上挺、颧骨凸出、嘴微张、下巴圆润，着右衽长衣、衽部加襈、腰部束带、袖口上卷至臂肘，身前置一椭圆形俎案，案上可见有鱼一条。高31.3、宽17.3、头部侧厚8.2、底部侧厚17.1厘米（图三九，3；图版四七，1）。

抚耳俑　1件。M2：17，泥质红陶，模制，前后两模黏贴，内部中空；女性，跽坐；头部微向右侧、戴抹额、梳高髻、圆脸、面部模糊；身着右衽长袍、衽部加襈、长袖束口、袖口加襈；右手置于右腿膝处，左手扶耳。高26.7、宽16.3、头部侧厚7.4、腿部侧厚12.9厘米（图三九，4；图版四七，2）。

抚琴俑　1件。M2：9，泥质红陶，模制，前后两模黏贴，内部中空；男性，上身后仰，盘腿而坐；头戴介帻、圆脸、细眉、双目圆睁、颧骨凸出、下巴圆润；内衣圆领，外衣为右衽长袍、衽部加襈、袍裾及地，长袖束口、袖口加襈；双腿托举琴板，双手抚琴。高30.9、宽25.1、头部侧厚9.1、腿部侧厚16.4厘米（图三九，5；图版

图三九　M2出土陶俑
1. 击鼓俑（M2∶12）　2. 吹笙俑（M2∶20）　3. 庖厨俑（M2∶13）　4. 抚耳俑（M2∶17）
5. 抚琴俑（M2∶9）　6. 出恭俑（M2∶11）　7. 子母鸡（M2∶26）

四七，3）。

出恭俑　1件。M2：11，泥质灰陶，模制，前后两模黏贴，内部中空；女性，半蹲，似在出恭；头梳高髻，圆脸、细眉、鼻梁上挺、下巴圆润；身着右衽长袍、衽部加襈，袍裾及地，长袖、垂胡，双手弯曲藏于袖中。高29.7、宽16.2、头部侧厚7.6、足部侧厚10.9厘米（图三九，6；图版四七，4）。

武士俑　2件。M2：24，泥质灰陶，模制，前后两模黏贴，内部中空，头部与身体以榫相接；男性，站立，身体微向后仰；头戴平巾帻，双目圆睁、鼻梁上挺、颧骨凸出、下巴圆润；上身着右衽短衣、衽部加襈，长宽袖束口、袖口加襈，腰部束带，右侧腰身佩环首刀及匕各一把；下身着束口长裤；脚穿屦、平底束带。高57.6、肩宽12.6、头部侧厚9.3、足部侧厚13.7厘米（图四〇，1；图版四八，3）。M2：25，泥质灰陶，模制，前后两模黏贴，内部中空，头部与身体以榫相接；男性，站立；头戴弁，双目圆睁、鼻梁上挺、颧骨凸出、下巴圆润；上身着右衽短衣、衽部加襈，长宽袖束口、袖口加襈，腰部束带、带尾相缠于身前；左手执长方形小盾；下身着合裆及膝短裤；脚穿平底履。高80.7、肩宽17.1、头部侧厚14.2、足部侧厚15.7厘米（图四〇，2；图版四八，4）。

图四〇　M2出土陶武士俑
1. M2：24　2. M2：25

子母鸡　1件。M2∶26，泥质灰陶，手制；蹲卧，尖喙，鸡冠挺立，睁眼，颈部挺立，双翅后拢，尾部上翘，在尾及翅部以凹线条表现出羽毛；背脊处立一只子鸡，背向母鸡。高15.9、宽11.9、侧厚16.5厘米（图三九，7）。

**2. 铁器**

刀　1件。M2∶19，残，锈蚀严重，断裂为四截，刀尖处缺失，无法复原。椭圆形环首，长径8、短径5.8厘米；截面圆形，直径1.7厘米。长方形刀身，近尖处逐渐内收，刃薄背厚，截面呈梯形，刀身宽2.8厘米。刀身及环首合计残长106.1厘米（图四一，9）。

**3. 钱币**

五铢　46枚。方穿，边、穿均有郭，"五"字形态为交股缓曲。根据"五"字形态可分为两型。

A型　21枚。"五"字交笔外放。标本M2∶18-3，"铢"字瘦长，"金"旁上部三角形，"朱"旁上部横笔方折，下部横笔圆转，直径2.6厘米（图四一，1）；标本M2∶18-17，"铢"字"金"旁上部正三角形，"朱"旁上、下部皆横笔圆转，直径2.6厘米（图四一，2）；标本M2∶18-22，"五"字上、下两横皆左出头，"铢"字"金"旁上部三角形较小，"朱"旁上部横笔方折，下部横笔圆转，直径2.7厘米（图四一，3）；标本M2∶18-9，"五"字上横右出头，"铢"字"朱"旁上、下部皆横笔圆转，直径2.5厘米（图四一，4）。

B型　25枚。"五"字交笔内收。标本M2∶18-44，"铢"字瘦长，"五"字上横右出头，左下、右下可见有明显一折，"金"旁上部三角形，"朱"旁上部横笔方折，下部横笔圆转，直径2.6厘米（图四一，5）；标本M2∶18-27，"五"字上横左出头，右下可见有明显一折，"金"旁上部三角形，"朱"旁上部横笔方折，下部横笔圆转，直径2.6厘米（图四一，6）；标本M2∶18-33，"五"字瘦长，上、下横皆左出头，"铢"字"朱"旁上、下部皆横笔方折，直径2.7厘米（图四一，7）。

大泉五十　5枚。标本M2∶18-49，方穿，肉厚，边、穿均有郭。钱文篆书，"五"字细长，交股缓曲，上、下横皆出头（图四一，8）。

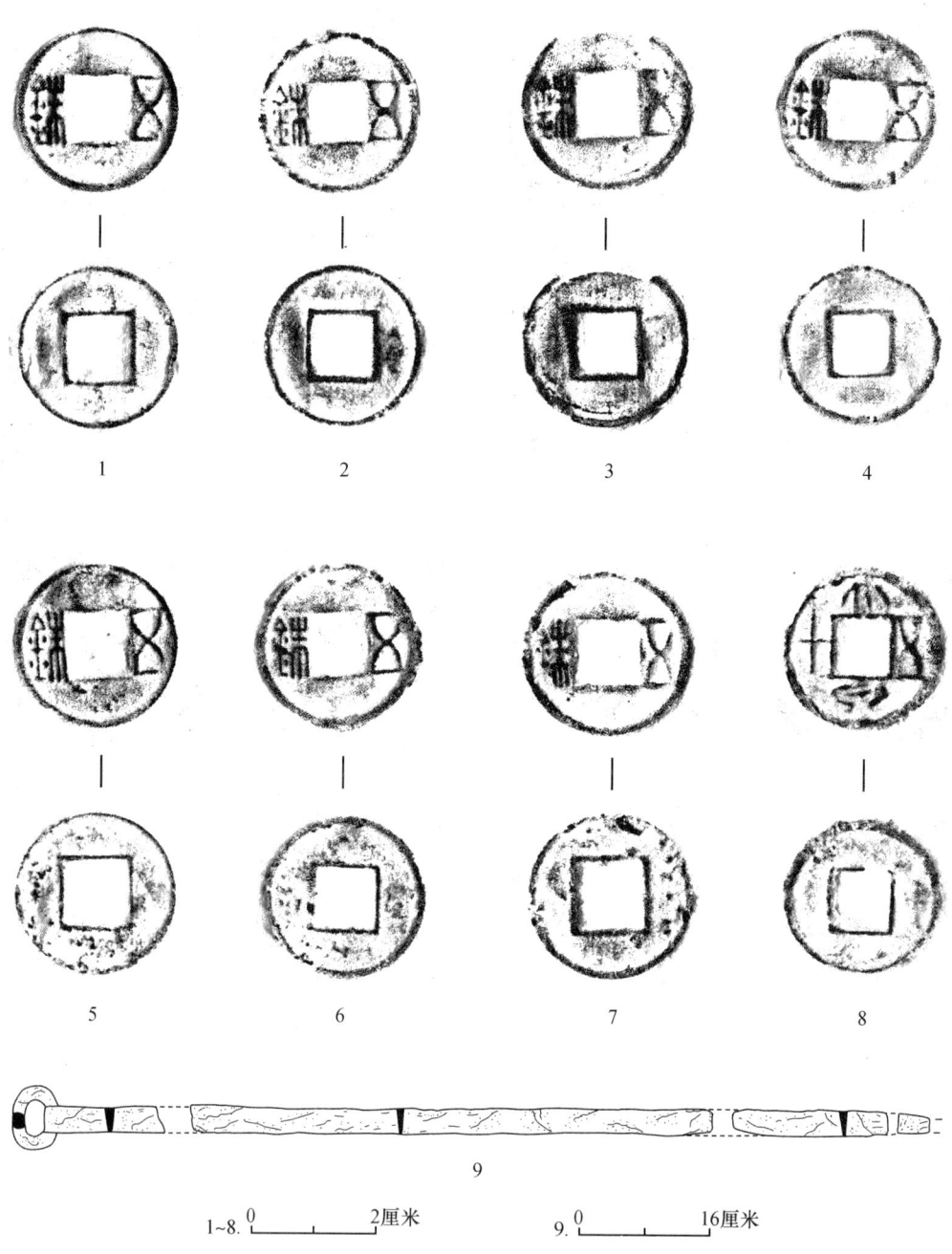

图四一　M2出土钱币及铁刀

1~4. A型五铢（M2∶18-3、M2∶18-17、M2∶18-22、M2∶18-9）　5~7. B型五铢（M2∶18-44、M2∶18-27、M2∶18-33）　8. 大泉五十（M2∶18-49）　9. 铁刀（M2∶19）

# 三、M3

M3紧邻M2，二者相距约1.7米。

## （一）墓葬形制

该墓系在开挖土圹的基础之上，以条石为材料构筑而成。墓葬本体遭到严重破坏，左侧墓圹、封土及墓顶皆已不存，甬道及墓室前部也被现代墓所打破。墓室内皆为晚期填土，填土内包含大量石块。

现存部分应属原墓室中后部，墓向83°，平面呈长方形，墓圹残长4.09、残宽2.76、残深1.84米。墓室以条石为材料错缝平砌，直壁，右壁现存4层，左壁及后壁均存5层；墓底水平，错缝竖向平铺条石，墓室后部底部加铺条石一层，使其高于前部约0.12米。残长3.78、宽2.61、残高1.12～1.74米，内部空间残长3.45、宽2.01、残高1.02～1.64米。

在墓室现存空间内发现石棺2具。一左一右并列，方向与墓向基本相同。棺盖已被打碎，仅在晚期填土中有部分出土，应是后期扰动所致（图四二；图版四九，1）。

## （二）左侧石棺

### 1. 石棺结构

（1）棺身

保存情况较差，出土时碎裂为多块。经拼对后，形制基本完整。棺身整体平面呈长方形，横剖面呈长方形，长2.08、宽0.69、高0.72米。棺身内部中空，直壁平底，侧壁厚约9.8厘米；棺身内部空间长1.89、宽0.5、高0.52米；棺体底部厚约0.15米（图四三）。

（2）棺盖

残损严重，仅仅剩余其中一端。两侧面内收、前端则略凸起呈圆弧状。顶部为弧形，底部内凸呈弧形，外侧则保留向下的凸起以扣合棺身。棺盖残长0.53～1.41、宽0.71、厚0.13米（图四四）。

### 2. 石棺画像

因出土时石棺已碎裂，其表面画像也多残损。加之风化侵蚀等因素，右侧面画像已无法辨识，其余三立面画像保存相对较好。以下按前、左、后的顺序进行介绍。

前端画像以伏羲女娲为主体，右侧下半部有较大残损。其中，左侧人物人首蛇身，头戴尖顶冠，或为平巾帻；双手高举，右手手执便面，左手托举圆轮；着长衣，长袖垂胡，束口；双腿弯曲，蛇身细长。右侧人物仅可见上身，双手共同托举日月至头顶，长袖垂胡，束口，下身仅可见有蛇身尾部，与左侧人物的蛇身相交。整幅画像呈梯形，宽46、高61厘米（图四五）。

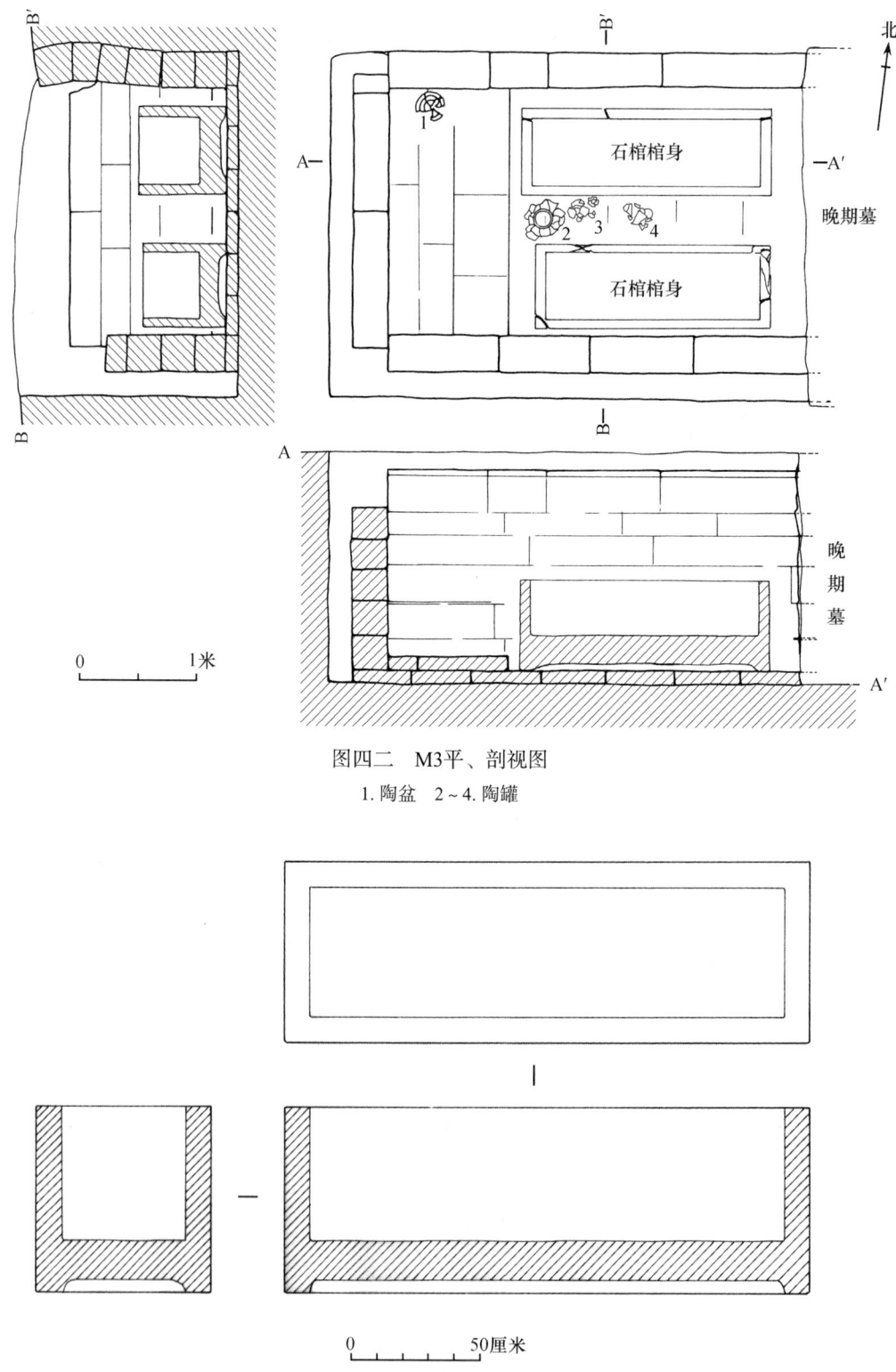

图四二 M3 平、剖视图
1. 陶盆　2~4. 陶罐

图四三 M3 出土左侧石棺棺身平、剖面图

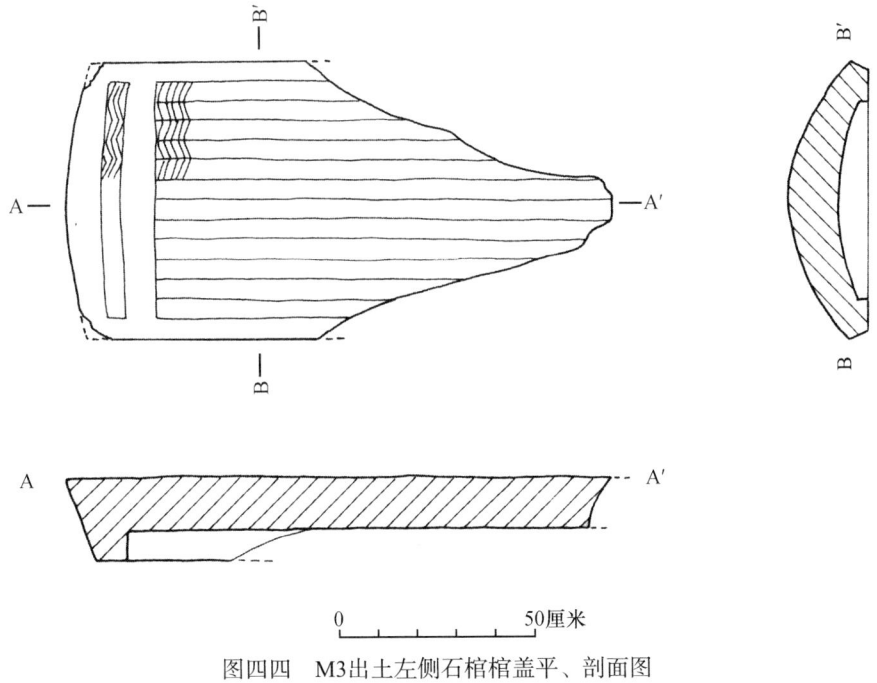

图四四　M3出土左侧石棺棺盖平、剖面图

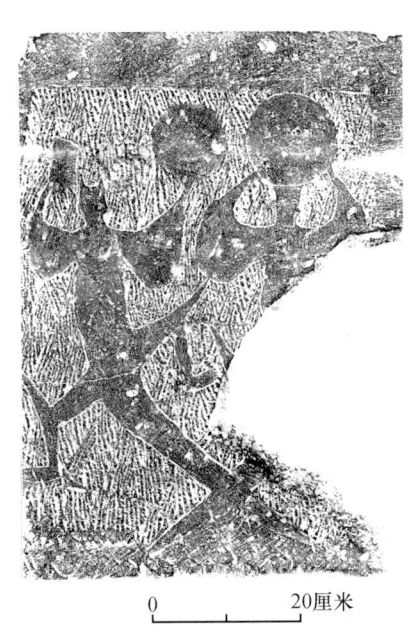

图四五　M3出土左侧石棺棺身前端画像拓片

左侧画像风化严重，仅有少量内容可辨。左侧上部可见有5枚钱纹组成的图案，分上、下两排，上排1枚，直径2.8厘米；下排4枚，直径3～3.8厘米，之间以弧形纹饰相连。方孔圆钱，钱身以线条四等分，内部为两横一竖构成的刻划图案。钱纹右侧约30

厘米处，仍可见有一组3枚方孔圆钱组成的钱纹图案，也有可能为变体的"胜"纹。之下可见有两名人物，相对而立。其中，左侧人物头戴方形帽，着短衣，长袖垂胡，束口，左手前伸，束腰，双腿微弓；右侧人物尽可见上半身，头戴方形帽，着衣长袖垂胡，束口，双手托举一圆轮（图四六）。

图四六　M3出土左侧石棺棺身左侧画像拓片

后端画像以双阙为主体。双阙立于端面中部，皆为单出阙，形制基本一致。阙顶为三角形，可见有以弧形纹表现出的阙檐，楼部为倒梯形，枋子层为两条细划纹，其下梯形阙身。在双阙之间由上至下尚可见有三组画像，其中，阙顶之间为凤鸟一只，面左，尖喙，头部下垂，曲颈，尾部上翘；枋子层之间为"胜"纹，中间为圆形，两侧为梯形，左右相互对称；阙身之间为一组合图案，中间为菱形，上下为三角形。整幅画像长方形，残宽50、高58厘米（图四七）。

图四七　M3出土左侧石棺棺身后端画像拓片

### 3. 石棺錾痕

棺身残损严重，其中前、后端表面錾痕保存较完整。前端的錾痕分布于画像及画框的余白处，整体特别是上部较为规整，其基本单位为5~8条细錾痕构成的三角形图案，两两相对、横向相错分布；下半部较为凌乱，多为竖向细錾痕平行分布。后端錾痕主要分布于双阙画像外的余白处，基本单位仍为三角形图案，上半部较为整齐，下半部则相对随意。石棺左侧因风化侵蚀，錾痕已较为模糊，顶部及底部靠近画框处可见有局部相对规律的细錾痕。

## （三）右侧石棺

### 1. 石棺结构

（1）棺身

棺壁已有大量的断裂，部分棺底已分离，棺底亦碎裂为两段，但其形制仍基本可辨。棺身整体平面呈长方形，横剖面近方形，长1.89、宽0.65、高0.68米。棺身内部中空，直壁平底，左右侧壁较薄，厚约7.5厘米，端壁相对较厚，厚约8.6厘米；棺身内部空间长1.72、宽0.5、高0.5米；棺体底部厚约0.11米（图四八）。

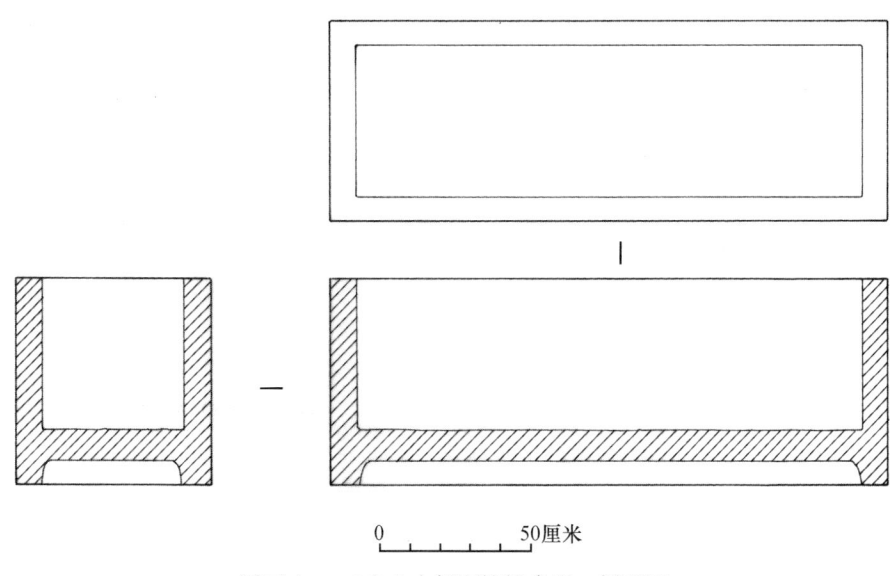

图四八　M3出土右侧石棺棺身平、剖面图

（2）棺盖

残损严重，仅仅剩余其中一端。两侧面内收、前端则略凸起呈圆弧状。顶部为弧形，底部内凸呈弧形，外侧则保留向下的凸起以扣合棺身。棺盖残长0.49～1.12、宽0.66、厚0.14米（图四九）。

### 2. 石棺画像

棺体表面石质剥蚀严重，其表面画像已不可辨。

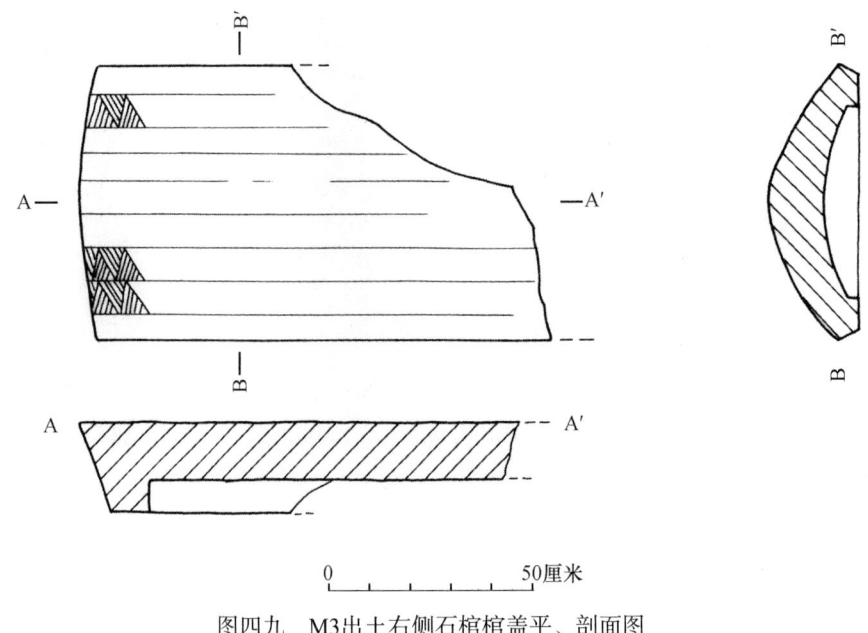

图四九 M3出土右侧石棺棺盖平、剖面图

## （四）随葬品

该墓遭到严重破坏，仅发现随葬品4件，皆为陶器。根据发掘时的情况，1件陶盆出土于墓室左下角，其余皆为碎片，出土于两具石棺之间，应属后期盗扰所致。

盆　1件。M3∶1，泥质灰陶，轮制。敞口，厚方唇，折沿，弧腹，平底。出土时口沿及盆身底部内侧可见有零星红色彩绘痕迹（图版四九，2）。口径23.7、底径12.7、高9.3厘米（图五〇，1；图版五〇，1）。

罐　3件。根据领部特征可分为A、B两型。

A型　2件。无领。M3∶3，泥质褐陶，轮制。微敞口，圆唇，卷沿，折肩，肩部有一道折棱，斜直腹，平底。口径15.1、底径14.9、高16.5厘米（图五〇，2；图版五〇，2）。M3∶2，泥质灰陶，轮制。微敞口，圆唇，卷沿，折肩，肩部有一道折棱，弧直腹，平底。口径11.9、底径8.1、高12.5厘米（图五〇，4；图版五〇，3）。

B型　1件。高领。M3∶4，泥质灰陶，轮制。直口，尖唇，折沿，长颈，折肩，球腹，平底。肩部施竖向细绳纹，上部为弦断绳纹，下部抹断绳纹；肩部以下统一施横向及斜向粗绳纹。口径11.1、腹径26.9、底径12.1厘米（图五〇，3；图版五〇，4）。

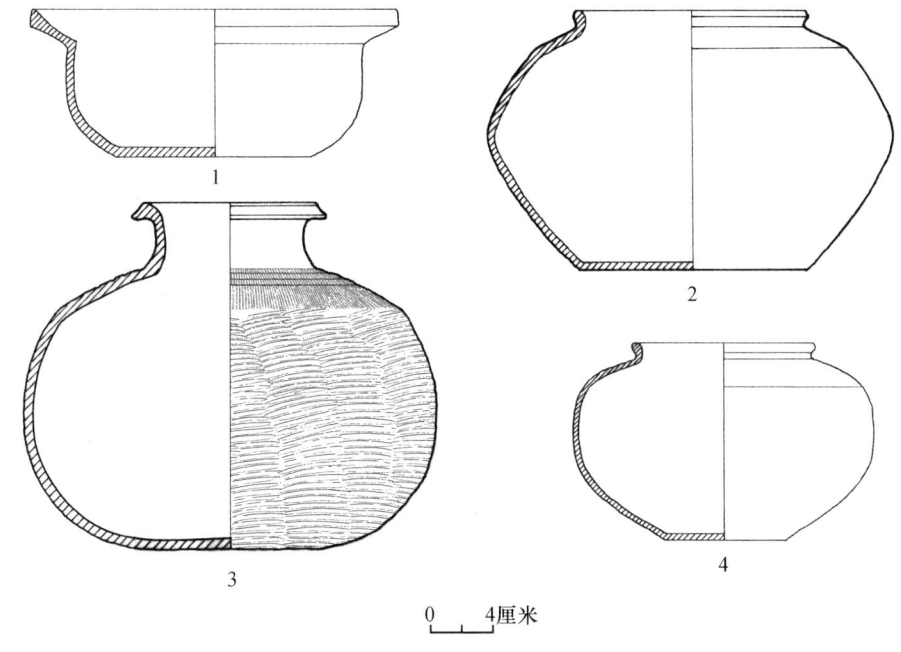

图五〇 M3出土陶器
1.盆（M3:1） 2、4.A型罐（M3:3、M3:2） 3.B型罐（M3:4）

# 四、出土石棺画像研究

## （一）M1出土石棺画像研究

M1石棺前端画像的形象虽然非常罕见，但仍可辨识为伏羲女娲。一般情况下，川渝地区的伏羲多为"山形冠"，在该石棺中则更加近似于介帻与平巾帻的结合体；二神上身多会着衣，而不同于该石棺中赤身裸体的形象。与常见的伏羲女娲形象差异最大的是，蛇身被表现为相互交叉的两条小蛇，除M1石棺外仅见于同样璧山境内出土的蛮洞坡崖墓石棺，罗二虎先生认为，"蛇的头部分置于二神性器官下方，蛇两尾相交啊，暗示交合之意"[①]。

后端以双阙画像为主体，双阙中站立一人物，根据四川简阳鬼头山崖墓3号石棺上的榜题[②]，双阙和人物应分别为"天门"和看守天门的"大司"。值得关注的是，双阙顶部站立凤鸟之间可见有悬吊一人。若从立体的视角去观察，或许可将该人物的位置理解为双阙即"天门"以内。在四川乐山沱沟嘴崖墓石棺前端画像布局与之类似[③]，处

---

① 罗二虎：《汉代画像石棺》，巴蜀书社，2002年，第135页。
② 内江市文管所、简阳县文化馆：《四川简阳县鬼头山东汉崖墓》，《文物》1991年第3期。
③ 乐山市崖墓博物馆：《四川乐山市沱沟嘴东汉崖墓清理简报》，《文物》1993年第1期。

于该位置的人物为西王母；在重庆巫山县出土有较多的鎏金铜牌饰，表面多见有线刻的双阙（天门），双阙之间同样为西王母。结合以上实例，位于双阙之间者虽然不会是西王母，但可能与西王母或这一时期的升天思想有一定的关系。

左、右两侧的画像布局与内容基本一致。上栏外侧分格内为凤鸟和"胜"纹，均是与西王母密切相关的画像题材。下栏分别为羽人、杂耍人物、持便面人物，结合川渝地区的相关发现如四川江安桂花村1号石室墓2号石棺左侧画像[1]，其所表现的并非现实世界，而是仙境。上栏中部的联璧纹，虽主要起装饰作用，但应与川渝地区常见的龙虎衔璧图有关，其寓意应是表达对升入天界祈求。

石棺棺盖画像分别为柿蒂纹和凤鸟，凤鸟在前文已有论述。柿蒂纹广泛见于汉代画像中，一般认为，柿蒂纹也应是天国仙境的象征。

综合M1棺身及棺盖的画像，其寓意或多或少均与西王母或天国仙境有一定的联系，这也与同时期川渝地区汉代画像的主旨相一致。但从整体上看，M1出土石棺画像无论在表现手法还是布局上均体现出了明显的个性。

首先，集中出现了一批独特的画像，如前端的伏羲女娲、后端双阙顶部悬吊一人的现象也不见于其他地区。其次，画像在布局上表现出强烈的对称性，前、后两端画像分别为伏羲女娲、双阙，呈现左右各一的对称布局，侧面画像上栏则为更加规整的对称；棺盖虽然后端部分缺失，但从中部柿蒂纹、凤鸟等画像亦为对称；若从石棺画像整体来观察，石棺左、右侧面的画像几乎完全相同，整体体现出左、右对称的布局。最后，分格的大量出现，所有画像均被表现在整齐的分格以内，特别是侧面的分格现象在川渝地区的画像石棺中非常罕见。以大量分格为基础，带来的是画像之间的相互割裂，虽然仍采用同时期的画像题材，画像寓意均与升天思想密切相关，但已有别于其他画像石棺对升天进行一种片段式的反映，更多地体现出明显的符号化倾向。

值得注意的是，同样出土于璧山境内的蛮洞坡M1石棺画像在题材与布局上几乎完全一致[2]，二者在时代和出土地点上同样十分相近。我们认为制作两具石棺画像的石工可能为同一流派，拥有相同的粉本或底稿[3]，该做法应为该流派所独创。

---

[1] 崔陈：《江安县黄龙乡魏晋石室墓》，《四川文物》1989年第1期；崔陈：《宜宾地区出土汉代画像石棺》，《考古与文物》1991年第1期。

[2] 重庆市文化遗产研究院、璧山区文物管理所：《重庆市璧山区蛮洞坡崖墓群M1发掘简报》，《四川文物》2018年第1期。

[3] 邢义田：《汉碑、汉画和石工的关系》，《画为心声：画像石、画像砖与壁画》，中华书局，2011年，第59页。

## （二）M2出土石棺画像研究

M2石棺前端为双阙，其形制为川渝汉代画像石棺中较为常见的庑殿顶阙，右侧阙阙顶可见有站立的凤鸟一只。在川渝地区的汉代画像石棺中，双阙之上站立凤鸟并不十分普遍，在四川省境内可见有新津县宝子山崖墓4号石棺前端①、简阳鬼头山崖墓3号石棺左侧②等零星发现。与之相比，重庆璧山境内的蛮洞坡M1石棺、水井湾M1-1石棺，以及本墓地M1石棺中均有相对丰富的发现。以上均是双阙中各站立一只凤鸟，该石棺仅右侧表现出凤鸟，我们认为应是画工在构图设计中的一种较随意的行为。需要强调的是，凤鸟在川渝地区的汉代画像中与天界关系十分密切，凤鸟与双阙同时出现，也似乎再次印证着，双阙为"天门"之所在。

右侧为两组共8位人物，形体神态基本一致，均是面左站立，手中或执刀或执便面或执笏，均为较为常见的题材，一般认为其所表现的是墓主人的升天队伍。

左侧画像整体布局类似于右侧，共分2组。其中，左组为伏羲女娲，该题材的画像在川渝汉代石棺的画像中更多地出现石棺的端面，同时该石棺中的伏羲女娲也并未表现出强烈的对称性，如日月、蛇身等，包括二神手中执物等均体现出一定的个性。右组为3名站立人物，除中间一人扛刀外，其余两人均执笏。如果对比棺山坡M1石棺③、水井湾M1-1石棺④的材料，其所表现是墓主人拜谒伏羲女娲的场景。

后端画像为凤鸟一只，其寓意普遍认为是一种仙界祥瑞的象征。如果结合川渝地区的汉代画像来看，似乎可以做更多的理解。在四川长宁七个洞7号崖墓⑤左侧崖棺画像即是很明确的一例，在该画像中升天墓主与楼阁（西王母居所）之间可见有凤鸟一只，其所表现的正是凤鸟导引墓主去拜见西王母的情形；同样，山东嘉祥纸坊镇敬老院出土的祠堂西壁第九石⑥的画像更是直接表明了凤鸟在导引升天中所起的重要作用。除以上两例之外，凤鸟导引升天的表现方式尚可见有两种：一是川渝地区常见的凤阙

---

① 闻宥：《四川汉代画像选集》，转引自罗二虎：《汉代画像石棺》，巴蜀书社，2002年，第43页。
② 内江市文管所、简阳县文化馆：《四川简阳县鬼头山东汉崖墓》，《文物》1991年第3期。
③ 重庆市文化遗产研究院、璧山区文物管理所：《璧山区棺山坡东汉崖墓群》，《考古》2014年第9期。
④ 罗二虎：《汉代画像石棺》，巴蜀书社，2002年，第139页。
⑤ 四川大学考古专业八级实习队、长宁县文化馆：《四川长宁"七个洞"东汉纪年画像崖墓》，《考古与文物》1985年第5期。
⑥ 朱锡禄：《嘉祥汉画像石》图92，山东美术出版社，1992年。

画像，双阙（天门）顶部各立一只凤鸟；第二种情况见于前文提到的四川南溪长顺坡3号石棺，凤鸟飞翔于升天队伍之上起导引之意。在这一时期的铜镜上"凤鸟下，见神人"①、"凤凰舞兮见伸仙"②的铭文，同样揭示了凤鸟在升天过程中的重要作用。结合该画像石棺中出现的升天队伍，我们更有理由相信，在该石棺中凤鸟应是升天的引导者。

综合以上情况，如果从后、右、前、左的顺序进行释读的话，在凤鸟的导引下，升天队伍（其中有墓主人）向着天门前行，越过天门之后，通过拜谒伏羲女娲的方式，寓意着墓主人升天的成功。需要强调的是，画像石棺在表现升天过程时，并未将其中的全部要素展现出来，而是选取其中的几个代表性画像，最常见的如双阙、凤鸟、升天队伍、神灵等，但其所寓意的升天这一初衷并未改变。

（三）M3左侧石棺画像研究

M3共包含石棺两具，因保存情况较差，发掘时实际断裂为多段。其中，右侧石棺表面未发现画像，左棺虽有画像，但剥蚀十分严重，石棺左侧画像仅可见有人物和串钱纹，均是较为常见的题材。

前端画像为伏羲女娲，与同时期位于石棺端头的伏羲女娲不同，M3石棺所见者并未讲究对称，在形态方面分别为单手托举和双手托举，体现出一定的个性。后端的双阙之间表现出"胜"纹图案十分罕见，《山海经·西山经》："西王母其状如人，豹尾虎齿而擅啸，蓬发戴胜"，一般认为，"胜"即是西王母及其仙界的象征符号③。之所以要在画像中表现西王母，根据《淮南子·览冥训》："羿请不死之药于西王母，姮娥窃以奔月，怅然有丧，无以续之"可知，其中一个原因就在于其手握不死之药。在四川省乐山市沱沟嘴崖墓石棺④前端中，可见到西王母端坐于双阙之间，二者应是异曲同工之效。因此，该石棺画像的主旨仍然是表现墓主人渴望升天的强烈意愿。

---

① 孔祥星、刘一曼：《中国古代铜镜》，文物出版社，1984年，第77页。
② 中国社会科学院考古研究所洛阳发掘队：《洛阳西郊汉墓发掘报告》，《考古学报》1963年第2期。
③ 罗二虎：《长宁七个洞崖墓群汉画像研究》，《考古学报》2005年第3期。
④ 乐山市崖墓博物馆：《四川乐山市沱沟嘴东汉崖墓清理简报》，《文物》1993年第1期。

# 五、结　　语

## （一）年代初断

3座墓葬同处一列、形制基本相同（M3甬道及墓室前端被破坏），为短甬道、长方形单室石室墓。在对川渝地区汉代墓葬的研究中，一般将砖室、石室、砖室混筑列为同一类型的墓葬[1]，从目前发现的纪年材料来看，这一类型的墓葬基本涵盖东汉早期至蜀汉时期，其中尤其以东汉中晚期居多。仅从墓葬形制来看，小河坝墓群的3座墓葬应不出以上时间范围。需要注意的是，3座墓葬形制非常相近、朝向一致，仅从墓葬形制判断并不一定准确，应结合随葬品、画像石棺的资料作共同判断。

M1的出土品较为破碎，从出土品来看，可见陶灯、侍俑、抚耳俑等，在东汉晚期的墓葬中十分常见。M1石棺画像与蛮洞坡崖墓M1石棺布局几乎一致，蛮洞坡M1为单室崖墓，出土品同样为小型陶俑，该墓时代被判断为东汉晚期[2]。因此，M1的时代应与之接近。

M2虽有较多的出土品，但仍以陶俑为主。值得注意的是，M2所见的陶俑相对精美，类型多样，为侍俑、抱袋俑、击鼓俑、吹笙俑、抚耳俑、庖厨俑、抚琴俑、武士俑等，显示出埋葬时应处于陶俑使用的鼎盛期，以上陶俑也是重庆峡江地区东汉晚期墓葬的常见组合。M2陶俑与涂井崖墓M5出土者仍有一定的区别[3]，且未出土青瓷器，因此其年代不大可能晚至蜀汉及两晋时期。从画像组合来看，M2石棺仍保留了双阙、凤鸟、伏羲女娲的常见组合，说明其仍处于画像石棺的繁荣时期。综合以上情况，尽管该墓出土有"大泉五十"等钱币，但是我们仍认为M2的时代应在东汉晚期，也再次证明单纯以钱币断代并不准确。需要补充的是，与M1出土石棺相比，M2石棺画像已经开始出现了一定的格式化倾向，特别是两侧画像之间以方框相隔、局部对称，但并没有M1石棺明显，如果从川渝地区汉代画像石棺画像布局从随意性到模式化的发展脉络来看[4]，M2似乎比M1要稍早。

---

[1] 罗二虎：《四川汉代砖石室墓的初步研究》，《考古学报》2001年第4期；蒋晓春：《三峡地区秦汉墓研究》，巴蜀书社，2010年，第31页。

[2] 重庆市文化遗产研究院、璧山区文物管理所：《重庆市璧山区蛮洞坡崖墓群M1发掘简报》，《四川文物》2018年第1期。

[3] 四川省文物管理委员会：《四川忠县涂井蜀汉崖墓》，《文物》1985年第7期。

[4] 范鹏、邹后曦、李大地：《重庆市璧山区汉代石棺的发现与研究》，《四川文物》2012年第6期。

M3的年代值得我们做重点探讨。首先，M3出土了4件陶容器，B型罐（M3：4）为高领罐，颈部以下施有两种纹饰，上为竖向细绳纹，间有横向抹断，下为斜横向粗绳纹。在我们掌握的资料中，未见过与之相同形制者。与之形制相若的有一种绳纹圜底罐，特征为高领、鼓腹、圜底、颈部以下施抹断细绳纹，在峡江地区的汉代墓葬中较为常见，如丰都镇江墓群2005FRTDM12：16、2005FRHLM10：4、2005FRHLM6：24[①]、汇南墓群M26：32[②]、忠县崖脚墓地BM22：72[③]等，以上墓葬的时代普遍被推定在西汉末至东汉初期。A型罐卷沿、无领、平底，时代特征并不十分明显，普遍见于峡江地区的汉墓中，时代多在东汉中期及更早。其次，从石棺及画像来分析，M3出土的两具石棺棺身口部均未见凸起的沿，这似乎是一种相对M1和M2石棺更加原始的表现；M3左侧石棺画像虽仍是两端分别伏羲女娲和双阙的布局，但两组画像的构图均相对随意，伏羲女娲形态怪异且并不对称；通过进一步观察，M3左侧石棺画像主体与余白部分基本在一个高度，与M1、M2及璧山地区石棺画像东汉晚期常见的浅浮雕不尽相同，这说明M3左侧石棺主要采取的是阴线刻的雕刻技法，不同于区域内东汉晚期石棺平铍减地的做法。最后，从墓葬来看，M1与M2明显在形制上更为相近，二者间距也相对较近、墓向亦相同；M3形制稍有区别如墓室后部底部加铺条石一层，墓向与M1、M2也有小的偏差，如果细分的话，可将M1和M2划为一组，M3则是另外的一组，这似乎在说明二者在年代上可能有所差别。综合以上三点，我们认为M3的时代大致在东汉早期后段至中期前段的范围内，但我们更加倾向于后者。

（二）墓地选址与性质

在墓地选址方面，该墓群地处梅江河右岸，前为平地、后依小山（璧南关），是背山面水营建墓茔的理想之地。就目前的发现来看，临近江河是渝西地区这一时期墓葬选址的普遍做法，特别是崖墓受地形地貌的限制较大，更常见的是选择在江河转弯处的小型山包，一般两面或三面环水。小河坝墓群的墓葬形制为石室墓，受山势的约束相对较小，因此其选址在更易于开掘墓圹和营建墓室的江边台地边缘。从朝向来看，3座墓葬均接近东向，结合渝西地区崖墓的情况，不难发现这一时期人类对墓向的

---

① 重庆市文物局、重庆市移民局：《丰都镇江汉至六朝墓群》，科学出版社，2013年，第133、184、207页。

② 四川省文物考古研究所、丰都县文管所：《丰都汇南墓群发掘报告》，《重庆库区考古报告集·1998卷》，科学出版社，2003年，第783页。

③ 北京大学考古文博学院三峡考古队、重庆市忠县文物管理所：《忠县崖脚墓地发掘报告》，《重庆库区考古报告集·1998卷》，科学出版社，2003年，第716页。

选择似乎以背山面水为首要标准。

墓群虽只发现墓葬3座，考虑到墓地所在区域为现代聚居区，3座墓葬均是因被当地村民营建的院坝叠压而得以保存，或许该墓地原规模远不止于此。此外，3座石室墓同处一列，形制基本一致，应是短时期内同批营建的产物，也证明了小河坝墓群应是一处经过精心选址和布局的家族墓地。

## （三）价值与意义

小河坝墓群是重庆在第二次全国文物普查时的代表性发现，受当时的条件所限，未及时开展抢救发掘。通过本次工作，取得了一系列丰硕的成果，在一些方面取得了突破。一是清理的3座石室墓合计发现石棺4具，是重庆地区目前为止出土汉代石棺最多的墓地，也是在目前在梅江河沿岸首次出土汉代画像石棺；二是M2是重庆境内经考古发掘出土画像石最多的墓葬之一，并且为画像石棺和画像石共存，是川渝地区汉代墓葬尤其是汉代画像墓葬研究的重要参考资料；三是就目前的发现来看，渝西地区出土画像石棺的墓葬基本都在东汉晚期，M3的时代更早，且为双棺，填补了重庆相关考古发现的空白，也为这一时期的家族合葬研究提供了科学的实物资料。

附记：本次发掘工作得到了璧山区文化委、璧山区文物管理所、丁家镇政府、铜瓦村村委的大力支持，在此深表谢意。

领　　队：邹后曦　李大地
发　　掘：曾先龙　范　鹏　董小陈　张守华　赵兴中
　　　　　陈安乐　周济民
修　　复：蔡远富　秦绍华
绘　　图：曾先龙　张守华　程　涛
摄　　影：董小陈
拓　　片：别廷芬
执　　笔：范　鹏　李大地　邹后曦

# 江津区烟墩岗砖室墓发掘简报

重庆市文化遗产研究院
江津区文物管理所

烟墩岗砖室墓位于重庆市江津区白沙镇红花店子村一组，地处长江南岸二级阶地之上，小地名"烟墩岗"。墓葬紧邻川江车辆厂正门，地理坐标北纬29°03′53.71″、东经106°05′33.02″，海拔260米（图一）。该区域原有较多的汉代砖室墓，因现代生产建设破坏皆已不存，该墓（编号2013JYM1，本文以下简称为M1）在20世纪60年代因农村取土被发现以来曾遭多次盗掘，尤以最近一次最为严重，墓室顶部及后壁墓砖多被取走，画像石棺棺盖被从中部打断为两截，多数随葬品或遭盗取、或被打碎后随意丢弃。

2013年6月，重庆市文物局在接到报告后，指派重庆市文化遗产研究院对该墓实施

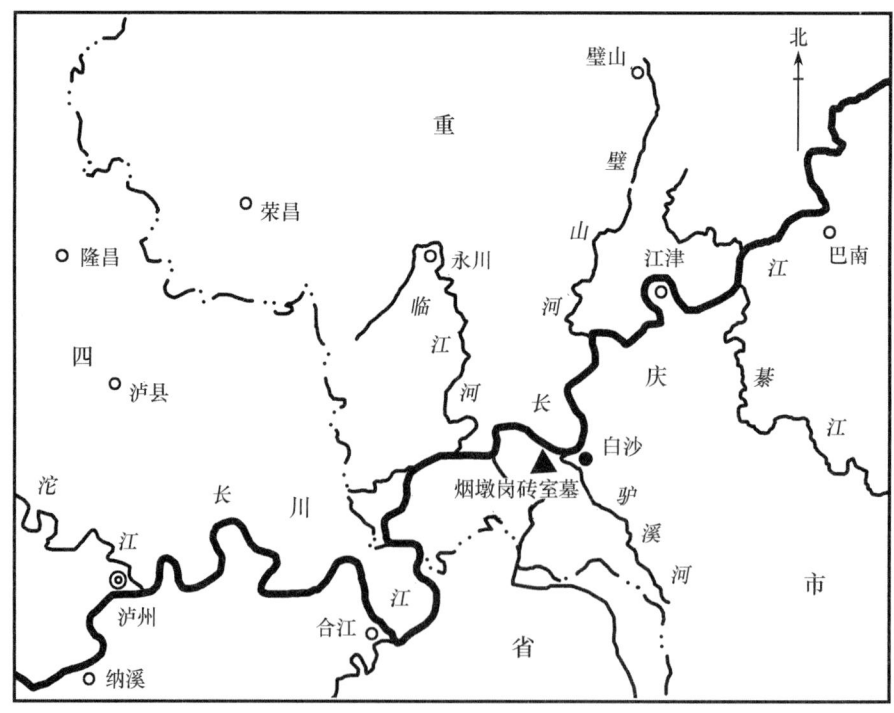

图一　烟墩岗砖室墓位置示意图

抢救性清理，共清理砖室墓1座，出土画像石棺1具，各类随葬品及标本（含扰土出土品）共78件，现将发掘收获报告如下。

# 一、墓葬形制与墓砖

## （一）墓葬形制

方向104°，长方形土圹砖室墓，石结构墓门，砖筑横向券顶甬道及墓室，全长11、宽2.5、高2.3米。由墓道、墓门、甬道、墓室等四部分组成（图二；图版五一）。

墓道　前部遭破坏已不存。土坑竖穴，由墓门向前逐渐外扩，由上至下略内收，底部倾斜。残长1.88、宽1.92~2.2、深2.18~2.7米。

墓门　保存基本完整。以一条石横向铺底为门槛，两端各立一条石为门柱，门柱外侧左右各有一支护条石，其上再搭建一条石为门楣；门框外立长方形石板两块为双扇门，右扇门朝甬道一侧上部可见有一方形小孔。墓门外可见有封门石两块（图版五二）。

甬道　顶部右侧前部有盗洞1处。平面近方形，直壁券顶。两壁以长方砖横向单列错缝平砌，共8层；其上以长方楔形砖横向错缝起券（图版五三，1）。底部以长条砖45°斜向错缝平铺，与前室底部下层地砖相接。长2.28、宽2.44（含墓砖，下同）、高2.35米。

墓室　顶部前端正中有盗洞1处，后半部券顶及上部壁砖已不存。平面呈长方形，直壁券顶，墓壁及券顶构筑方式与甬道基本相同（图版五三，2）；底部共铺上、下两层地砖，其中下层与甬道地砖相接，铺设方式亦相同；上层则使用与壁砖相同的长方砖，除与甬道相接处一行地砖为横向外，其余部分皆竖向错缝铺就；墓室通长6.62、宽2.8、高2.55米。在墓室中部可见有拱门一道，顶部仅余部分楔形砖，直壁券顶，结构与墓室相近；底部在原墓室双层地砖之上加铺地砖一层，铺设材料及方式与墓室相同；长0.96、宽2.04、残高1.32米。

## （二）墓砖

依据形制可分为楔形砖和长方砖两类。模制，朝墓室一面可见有模印花纹。

楔形砖　长35.4、宽28.1、厚5.9~9.5厘米。花纹可见有两种，一种中部为乳丁双钱纹，外侧为菱形纹装饰（图三，1），另一种为菱形几何纹（图三，2）。

长方砖　长37.4、宽25.1、厚9.5厘米。花纹由8组相互平行的斜线两两对称构成，在正中形成4个同心菱形图案（图三，3）。

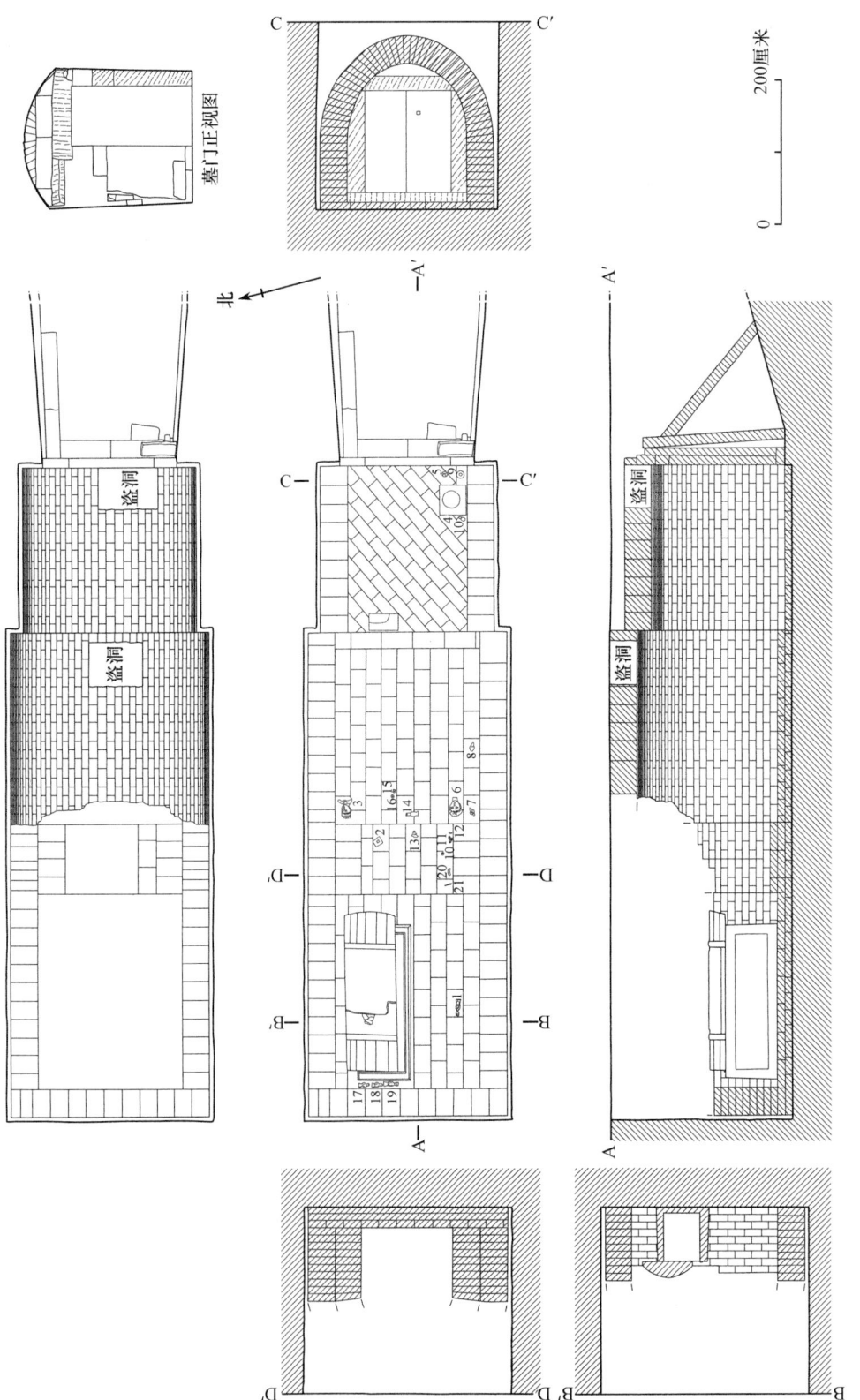

图二 M1平、剖面图

1、17、18.陶侍俑 2.石器座 3、6.陶俑头 4.石灶 5.陶钵 7、8、10.陶鸭 9.陶罐 11、15、16.铜钱 12.铁削 13.铜钱树碎片 14.陶吹箫俑 19.陶农夫俑 20.铜构件 21.铜管

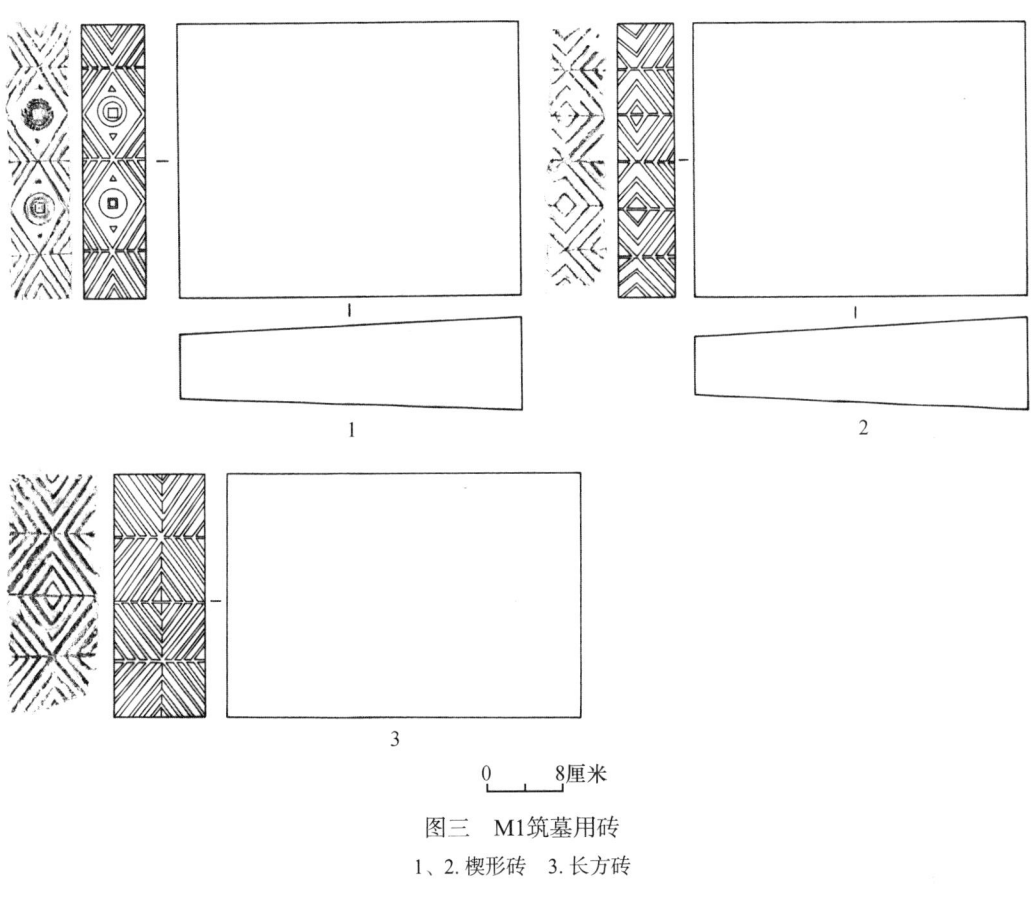

图三 M1筑墓用砖
1、2.楔形砖 3.长方砖

## 二、画像石棺

位于后室左侧,紧邻后室左壁及后壁,方向与墓向基本一致(图版五四,1)。出土时石棺已被开启,棺身内皆为淤土(图版五四,2)。

**1. 石棺结构**

(1)棺身

保存基本完整,底部及四角有少部分残损。形制规整,内部中空,上窄下宽,平面呈长方形,横剖面为上窄下宽的梯形,长2.09、口部宽0.7、底部宽0.76、高0.74米。棺身内部中空,左右侧壁较薄,约7厘米;端壁稍厚,约10厘米;棺壁顶部内侧有凸起的沿为子口,宽2、高2厘米。棺身内部空间长1.89、宽0.56、高0.65米。底部为平底,厚约10厘米(图四;图版五五,1)。

(2)棺盖

自中部裂为两段。平面呈长方形,顶部中段为弧形,两端则被打制成瓦棱状,底部上凹，两侧保留母口以扣合棺身。长217.4、宽69.4、厚0.95~21.7厘米（图五；图版五五，2）。

**2. 石棺画像**

（1）棺身

棺身两侧及两端皆可见有丰富的画像，以下按前、后、左、右的顺序进行介绍。

前端为伏羲女娲，二者基本呈对称布局，蛇尾相交。左侧女娲，梳高髻，着左衽上衣，左手执矩，右手托举月轮；右侧伏羲，戴山形冠，着交领上衣，右手执规，左手托举日轮（图六；图版五六，1）。

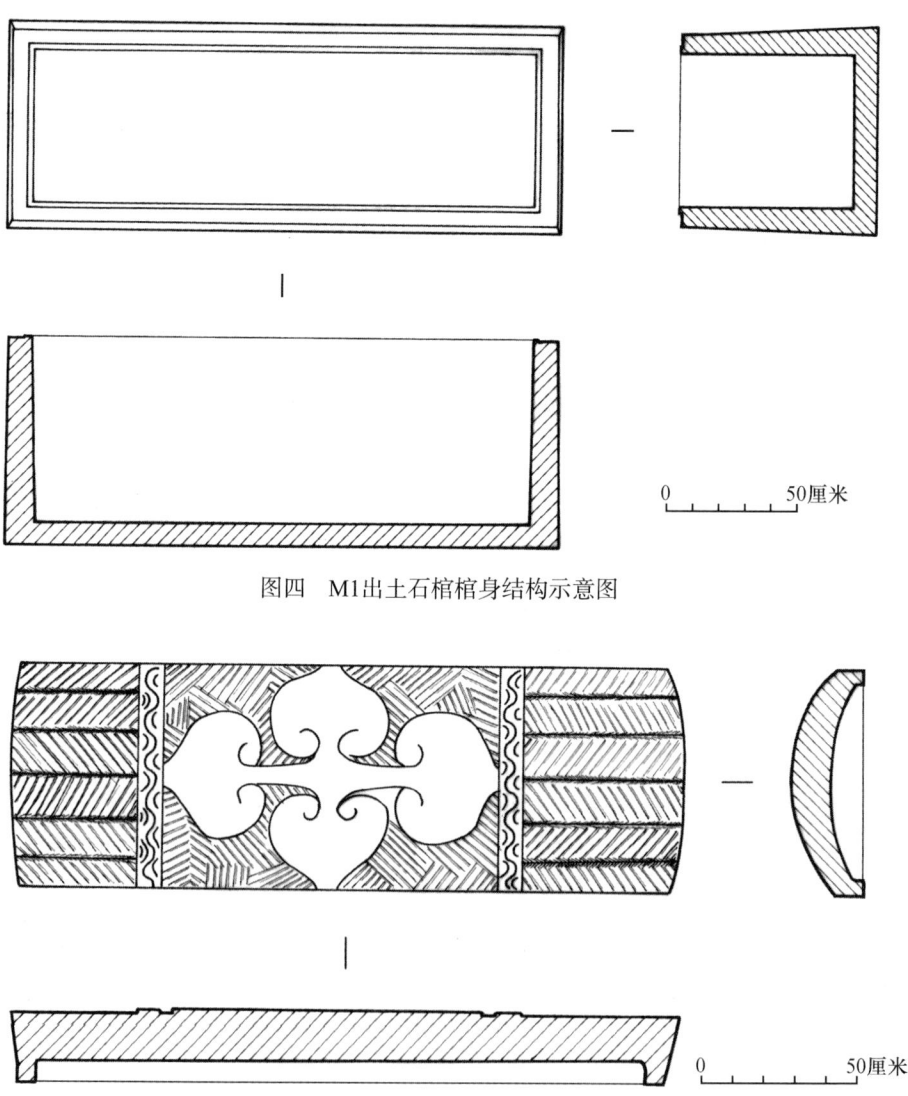

图四　M1出土石棺棺身结构示意图

图五　M1出土石棺棺盖结构示意图

图六　M1出土石棺前端画像

后端为双阙图，形象相同、左右对称，皆为单出阙，庑殿顶，重檐、重楼，单重双层枋子，阙身上窄下宽，阙身下可见阙基（图七；图版五六，2）。

棺身左侧可见有大量余白，正中为一楼阁建筑，左右基本对称。分上、下两部分，下部为建筑主体，三层穿斗梁架结构，中间为双扇门，左扇关闭，右扇开启；上部为阁楼，左、右各一，庑殿顶，楼部开窗（图八；图版五七，1）。

图七　M1出土石棺后端画像

图八　M1出土石棺左侧画像

棺身右侧为车马出行图，由三幅图像组成，由右向左奔跑。最左为一骑吏，戴武弁，策马奔跑；中部为一单马牵引的辎车，曲辕，车厢"人"字形顶；最右应为一武士，头戴武弁，肩抗长矛，腰佩环首刀（图九；图版五七，2）。

（2）棺盖

棺盖被划分为三个部分，两端皆被打制为左右对称的5条瓦棱状凸起。正中画像为一柿蒂形象，桃形四叶，左右对称。前后各有一条带，其上可见有"S"形的线刻纹饰（图一〇）。

# 三、出　土　品

该墓遭严重盗扰，在墓底仅见有随葬品21件（M1∶1~M1∶21），以陶器为主，另有石器、铜构件及钱币等。此外，在墓葬填土及周边出土了大量陶片，为最近一次盗掘所致，经修复整理后共选取标本57件（M1∶22~M1∶78），应为该墓随葬品，为

图九　M1出土石棺右侧画像

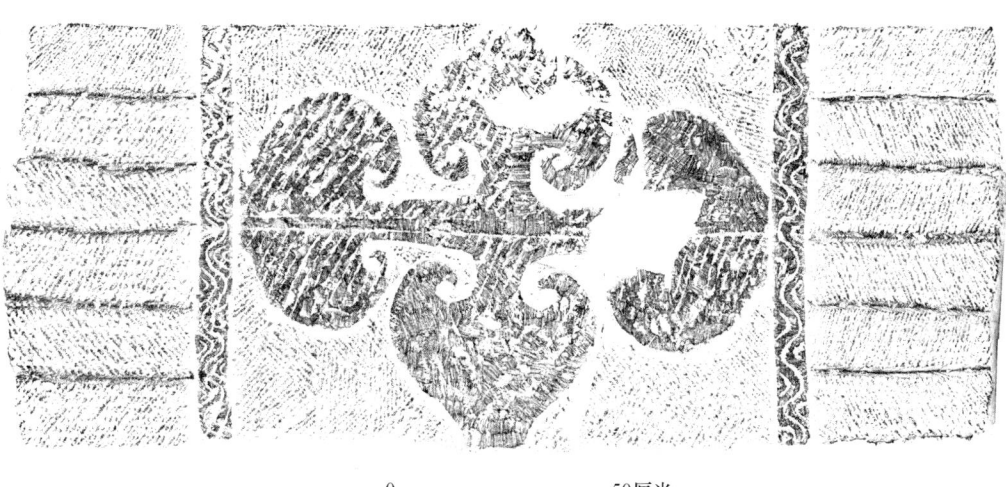

图一〇　M1出土石棺棺盖画像拓片

表示区别，在下文中统一作为扰土出土遗物介绍。

## （一）随葬器物

### 1. 陶器

共11件。除2件实用器外，余皆明器。

罐　1件。M1∶9，釉陶。直口，圆方唇，耸肩，鼓腹斜收，平底内凹，肩部饰弦纹。外壁施黄釉。口径11.9、底径12.1、高13.6厘米（图一一，1；图版五八，1）。

钵　1件。M1∶5，泥质灰陶。微敛口，圆尖唇，折腹内收成平底，口沿下饰弦纹。口径17.3、底径6.7、高7.1厘米（图一一，2；图版五八，2）。

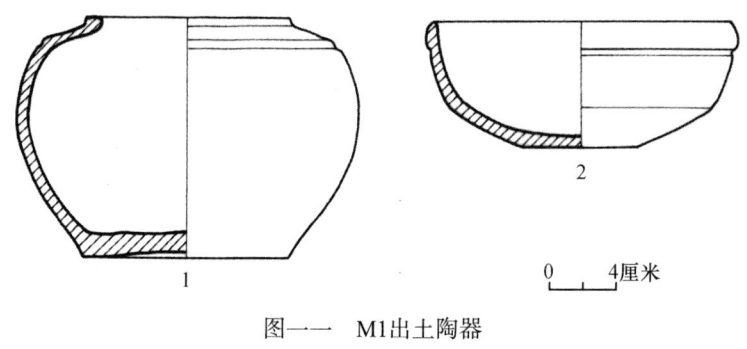

图一一　M1出土陶器
1.罐（M1∶9）　2.钵（M1∶5）

农夫俑　1件。M1∶19，泥质灰褐陶。男性，站立，头戴斗笠，着右衽长衣，右肩背袋，右手握耒，左手腕挎一小篮。宽10.2、高26.9、足部侧厚8.7厘米（图一二，7；图版五八，3）。

侍俑　3件。泥质灰陶。皆站立，着右衽长衣、长袖垂胡、衣裾及地，双手相抱藏于袖中。M1∶17，男性，头戴平顶帽，面部模糊。宽7.5、高21.1、侧厚4.8厘米（图一二，1；图版五八，4）。M1∶18，女性，头戴巾，下颌圆润。宽5.4、高16.4、侧厚4.1厘米（图一二，6；图版五八，5）。M1∶1，男性，头戴介帻，高鼻，身体稍向左倾。宽8.6、高22.1、侧厚5.7厘米（图一二，8；图版五八，6）。

吹箫俑　1件。M1∶14，泥质灰陶。跽坐，头戴尖顶帽，着右衽长衣、长袖窄口，双手执箫吹奏。背部有贴塑痕迹，或为陶楼构件。宽5、高10.3、侧厚2.1厘米（图一二，5）。

俑头　2件。泥质灰陶。M1∶3，残，男性，头戴介帻，睁眼，高鼻，嘴角上扬，下颌圆润。宽13.1、残高28.8、侧厚11.8厘米（图一二，3；图版五九，1）。M1∶6，略残，女性，梳高髻、系绱头，细眉，广目，高鼻，嘴角上扬。宽17.2、残高26.3、侧

图一二　M1出土陶器

1、6、8.侍俑（M1：17、M1：18、M1：1）　2、3.俑头（M1：6、M1：3）　4、9.鸭（M1：7、M1：8）
5.吹箫俑（M1：14）　7.农夫俑（M1：19）

厚13.2厘米（图一二，2；图版五九，2）。

鸭　3件。夹砂灰陶。匍匐卧地，双翅收拢。M1：7，扁喙，头上扬，背伏一小鸭。厚5.6、长11.1、高9.6厘米（图一二，4；图版五九，3）。M1：8，嘴略残，腹部圆鼓。厚7.1、残长13.3、高12.2厘米（图一二，9；图版五九，4）。M1：10，嘴略残。腹部圆鼓。残长13.8、高12.4厘米。

## 2. 石器

共2件。灰褐色砂岩打制，通体可见有大量平行细錾痕。

器座　1件。M1：2，方形，四面坡，平底，正中开一方形小孔。边长20.7、高12、孔深6.5厘米（图一三，1；图版六〇）。

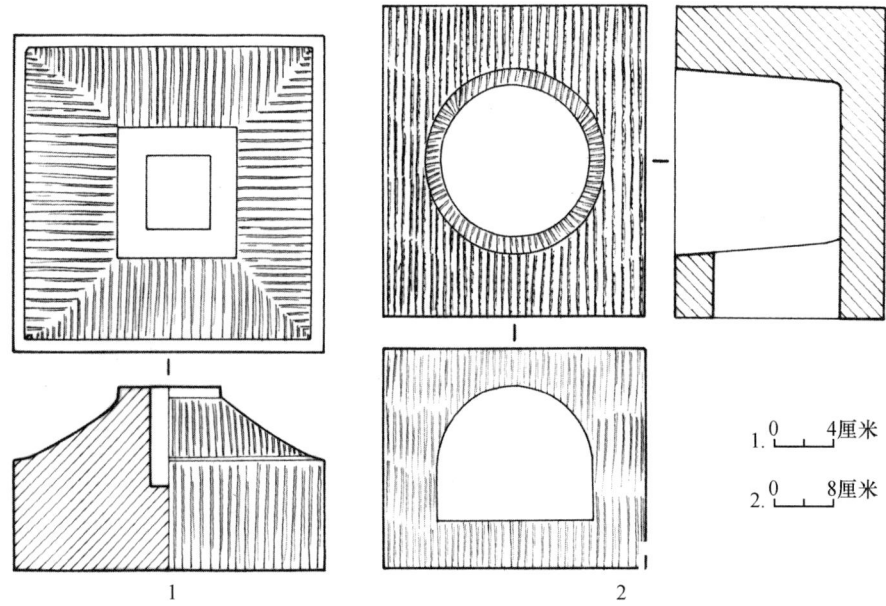

图一三　M1出土石器
1. 器座（M1：2）　2. 灶（M1：4）

灶　1件。M1：4，长方形，内部中空。长40、宽35.2、高28厘米；单眼，弧壁平底，由上至下逐渐内收。口径24、底径19.8厘米；侧面开灶门，直壁拱顶。宽20.8、高17.2厘米（图一三，2）。

### 3. 铜器

共3件。

构件　1件。M1：20，残，弧形，剖面呈桃形，中空，内部填充褐色砂岩。残长12、直径4厘米（图一四，2）。

管　1件。M1：21，一端残，长条形，剖面呈六边形，中空，内部填充砂岩。残长13.2、直径0.7厘米。

钱树残片　8件。残损严重，多为钱树枝叶，内容难以辨认。标本M1：13-1，可见一只凤鸟站立，尖喙，嘴中啄一物。残长7.2、残宽6.7厘米（图一四，1）。标本M1：13-2，不规则形，上有小孔。残长8.4、残宽5.1厘米（图一四，3）。标本M1：13-3，近圆环形，局部有凸起。残长7.5、残宽6.5厘米（图一四，5）。

### 4. 铁器

削　1件。M1：12，残，锈蚀严重，长条形，单刃。残长4.4、宽1.8、厚0.4厘米（图一四，4）。

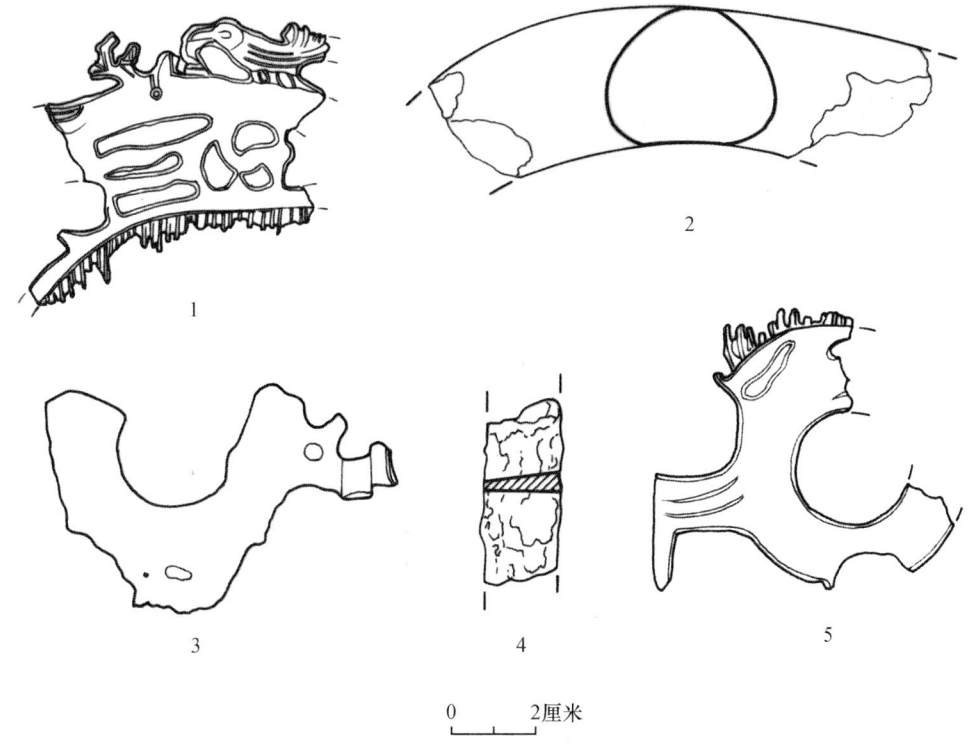

图一四  M1出土铜、铁器

1、3、5.铜钱树残片（M∶13-1、M∶13-2、M∶13-3） 2.铜构件（M1∶20） 4.铁削（M1∶12）

## 5. 钱币

共29枚。分别为大泉五十、货泉和五铢。

大泉五十  2枚。方穿，肉厚，边、穿郭亦厚。M1∶15-1，钱文清晰且工整。直径2.8厘米（图一五，1）。M1∶16-2，钱文相对潦草，"五"字向左倾斜。直径2.7厘米（图一五，2）。

货泉  1枚。M1∶11-1，方穿，边、穿均有郭，篆文清晰。直径2.3厘米（图一五，3）。

五铢  26枚。方穿，边、穿均有郭，"五"字形态交股缓曲，可分为两型。

A型  5枚。"五"字交笔与两横相交处外放。标本M1∶11-2，"铢"字"金"旁镞形，"朱"旁上部横笔圆转，下部横笔方折。直径2.6厘米（图一五，4）。

B型  21枚。"五"字交笔与两横相交处内敛，右下处交笔中部可见明显一折。标本M1∶11-4，"铢"字瘦长，"金"旁镞形，"朱"旁上、下部横笔圆转，下部较长。直径2.6厘米（图一五，5）。标本M1∶11-5，"五"字上横右出头，"金"旁镞形，"朱"旁上、下部横笔圆转，下部较短。直径2.5厘米（图一五，6）。标

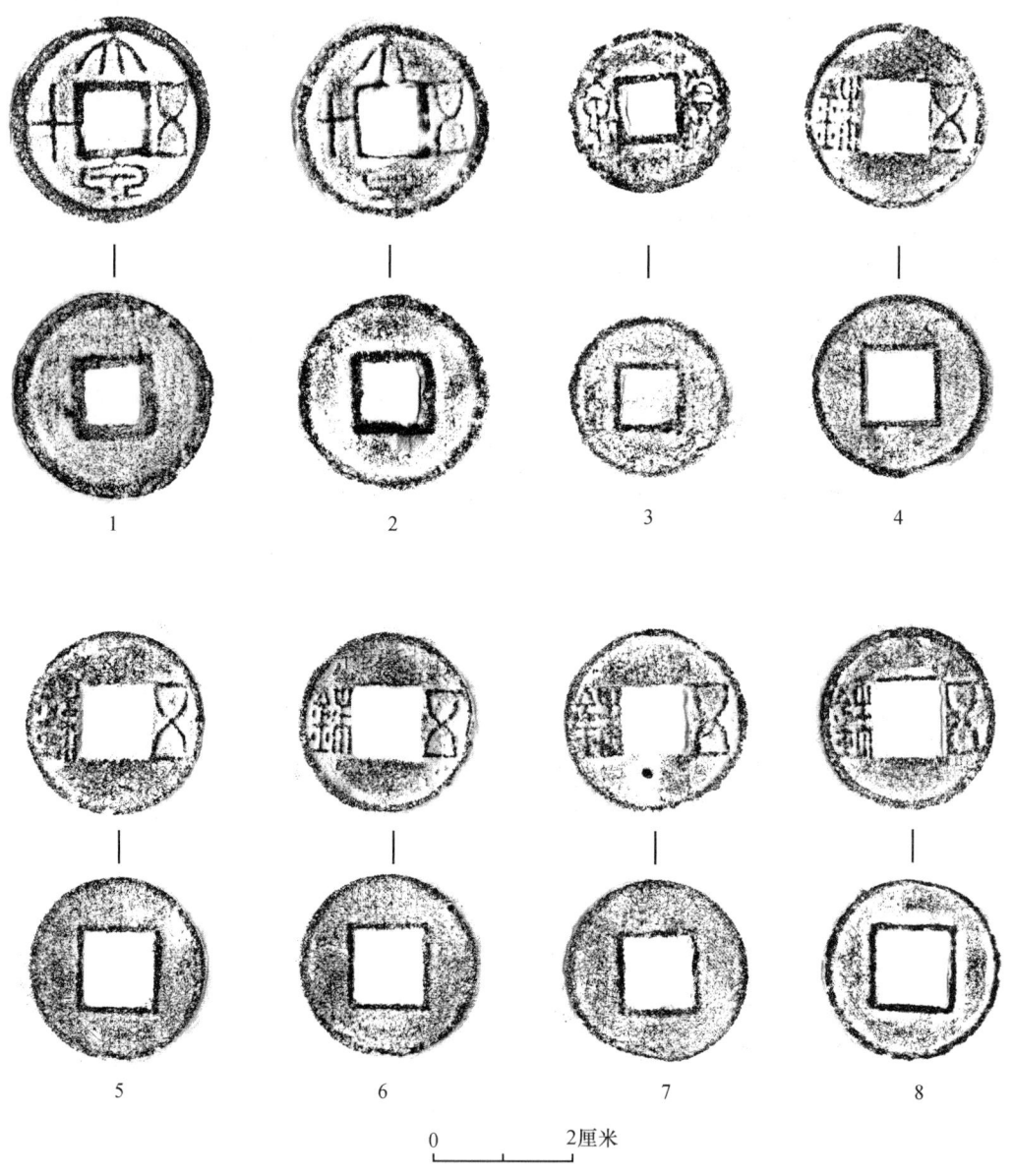

图一五　M1随葬钱币拓片

1、2. 大泉五十（M1：15-1、M1：16-2）　3. 货泉（M1：11-1）　4～8. 五铢（M1：11-2、M1：11-4、M1：11-5、M1：11-6、M1：15-2）

本M1：11-6，"五"字上横左出头，"铢"字"金"旁三角形，"朱"旁上部横笔圆转，下部横笔方折，穿下有一星。直径2.5厘米（图一五，7）。标本M1：15-2，"五"字上、下上横皆右出头，"金"旁镞形，"朱"旁上、下部横笔方折。直径2.5厘米（图一五，8）。

## （二）扰土出土器物

出土于墓葬扰土及周边区域，经修复整理后共57件（含标本），皆为陶器。

缸　2件。泥质灰陶，折肩，腹微鼓向下斜收，平底。M1∶34，敛口，圆唇，肩部以下饰网格纹。口径45.6、底径25.9、高30.5厘米（图一六，4；图版六一，1）。M1∶35，侈口，圆方唇。口径29.4、底径16.1、高25厘米（图一六，1；图版六一，2）。

钵　2件。直口微敛，圆唇，折腹内收，平底，口沿下饰一道凹弦纹。M1∶37，夹砂褐陶，口径13.5、底径5.8、高5.1厘米（图一六，2；图版六一，3）。M1∶38，泥质灰陶，口径15.4、底径7.2、高5.7厘米（图一六，3；图版六一，4）。

瓮　1件。M1∶36，泥质灰陶。敛口，圆方唇，矮领，折肩，斜腹内收，平底内凹。肩部可见有一道凹弦纹。口径16.4、底径14.4、高30.8厘米（图一六，5；图版六一，5）。

房　1件。M1∶39，泥质灰陶。残，歇山顶，房檐可见瓦垄数道，尽头贴塑饼状瓦当。长方形房体，内部中空，侧面可见小窗。宽47.7、高38.5、进深9.1厘米（图一七，1）。

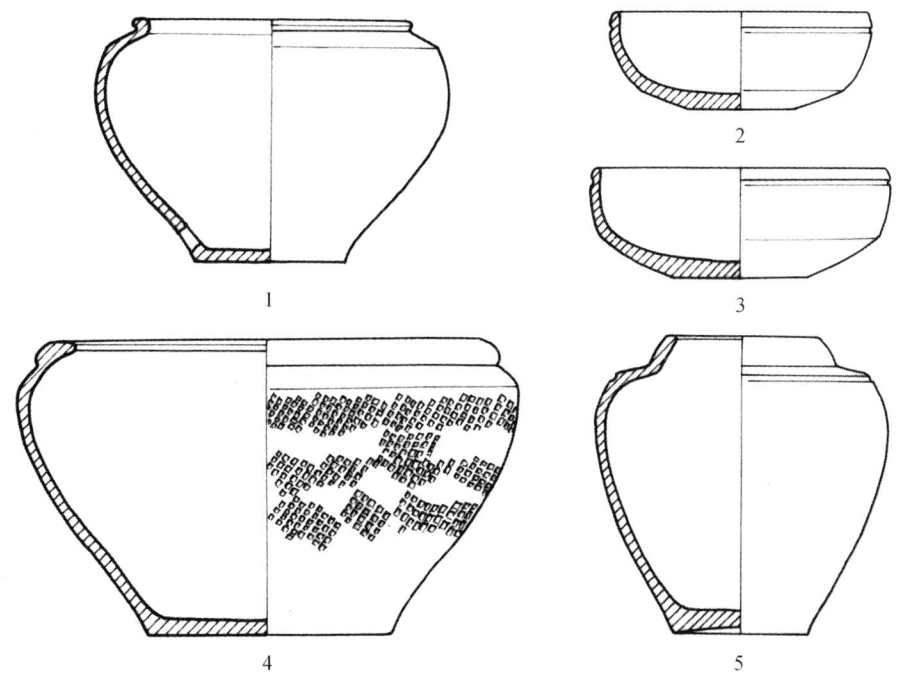

图一六　M1扰土出土陶器
1、4.缸（M1∶35、M1∶34）　2、3.钵（M1∶37、M1∶38）　5.瓮（M1∶36）

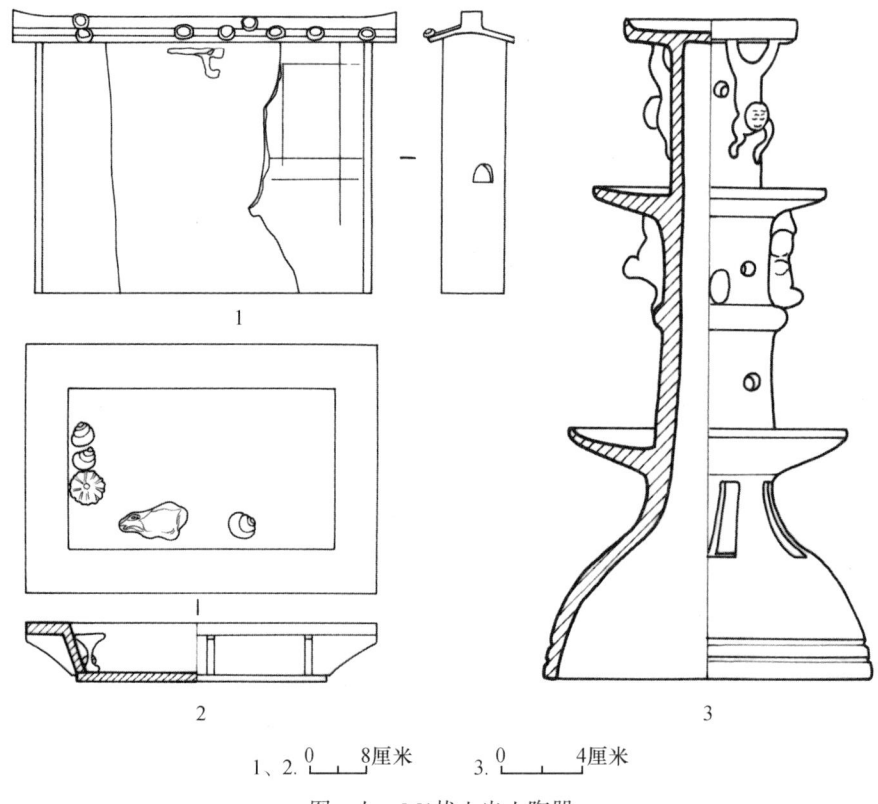

图一七　M1扰土出土陶器
1. 房（M1∶39）　2. 塘（M1∶24）　3. 灯（M1∶33）

塘　1件。M1∶24，泥质灰陶。长方形，沿部外展，塘内贴塑田螺、贝壳、蟾蜍等。长49.7、宽33.9、高7.8厘米（图一七，2；图版六二，1）。

灯　1件。M1∶33，泥质灰陶。内部中空；三层灯盘，最上层为盘口、圆尖唇、平底，其余两层灯盘较浅、斜底；圆柱形灯柱，可见有圆形镂孔和人物装饰；圈足灯座，上有长方形镂孔。上层灯盘直径8.9、底座直径17.1、高33.2厘米（图一七，3；图版六二，2）。

侍俑　3件。泥质灰陶。皆站立，着长衣、长袖垂胡、衣裾及地，双手相抱藏于袖中。M1∶77，女性，头扎巾，着右衽长衣，高鼻，抿嘴。宽6.6、高16.1、侧厚3.4厘米（图一八，1；图版六二，3）。M1∶31，女性，头扎巾，着右衽长衣，面部模糊。宽7.9、高21.4、侧厚5.9厘米（图一八，2；图版六二，4）。M1∶32，男性，头戴介帻，广目，塌鼻，颧骨凸出，下颌饱满。宽8.1、高23.6、侧厚5.7厘米（图一八，3；图版六二，5）。

俑头　2件。下部皆残，女性，梳高髻，系绡头，细眉，广目，高鼻，嘴微张，下颌圆润。M1∶22，泥质灰陶。宽17.1、残高26.3、侧厚13.7厘米（图一八，4；图版

图一八　M1扰土出土陶器
1～3. 侍俑（M1：77、M1：31、M1：32）　4、5. 俑头（M1：22、M1：23）

六三，1）。M1：23，泥质褐陶。宽15.7、残高23.8、侧厚12.2厘米（图一八，5；图版六三，2）。

执殳执盾俑　2件。泥质灰陶。头部皆不存，站立，着右衽长衣，长袖、广口，腰部束带，右手执殳，左手执盾。M1：28，身体微后仰，宽24.9、残高42.8、侧厚14.2厘米（图一九，1）。M1：29，宽27.2、残高46.6、侧厚14.1厘米（图一九，2）。

鸡　2件。泥质灰陶。站立，尖喙，腹部圆润，双翅收拢。M1：27，昂首，尾部上翘。长21.2、宽13.6、高30厘米（图一九，3；图版六三，3）。M1：26，头部略低垂。长26、宽14.7、高28.8厘米（图一九，4；图版六三，4）。

鸭　1件。M1：25，泥质灰陶。站立，扁喙，颈部细长，腹部圆润，双翅收拢。长26.2、宽13.5、高29.1厘米（图一九，5；图版六三，5）。

图一九　M1扰土出土陶器

1、2. 执臿执盾俑（M1:28、M1:29）　3、4. 鸡（M1:27、M1:26）　5. 鸭（M1:25）

## 四、出土石棺画像研究

石棺右侧画像为车马出行，共有三幅画像组成。车前后分别为骑吏和武士，皆戴武弁大冠，《后汉书·舆服下》："武冠，一曰武弁大冠，诸武官冠之"，为汉代武职所常用首服。从车马的形态来看，应为辎车，《后汉书·张敞传》："君母出门，则乘辎軿"，辎车车厢密实，多为妇女所乘坐。在川渝地区的汉代画像中，车马出行是十分常见的题材，在四川郫县、新都、大邑、新津、乐山、泸州、合江等地均有较多发现，但在重庆地区却相对少见，目前仅见于重庆沙坪坝一中石室墓石棺侧面[1]。说明该石棺可能更多地受到了泸州、合江地区的影响。

后端为画像为双阙。在川渝地区的汉代画像中，双阙在很多情况下应为寓意"天门"之所在，如在四川简阳龟头山崖墓画像石棺侧面可见有"天门"题记[2]。在峡江地区，沿长江干流自巫山到丰都的汉代墓葬中均出土有一种圆形的鎏金铜牌饰，普遍有线刻的双阙及西王母形象，在双阙间亦常见有"天门"题记[3]。《神异经·西北荒经》："西北荒中有二金阙，高百丈，金阙银盘，圆五十丈。二阙相去百丈，上有明月珠，径三丈，光照千里。中有金阶，西北入两阙中，名曰天门"，《淮南子·原道训》："经纪山川，蹈腾昆仑，排阊阖，沦天门"，高诱注："阊阖，始升天之门也。天门，上帝所居紫微宫门也。"天门应该是天界的入口。综合以上情况，我们不难发现在该画像石棺中，双阙所寓意的应是"天门"。需要补充的是，在部分画像石棺所表现的双阙之间，常可见有一人，最为清晰者当属四川省郫县新胜1号砖室墓出土石棺前端[4]，双阙间站立者应是主守天门的大司，与《楚辞》中记载的"大司命"有相同之处[5]，大司看守天门的作用自然是阻隔凡人，而在画像中大司被表现得躬身执笏、彬彬有礼，即是表达对墓主的欢迎之意，也就等于墓主已经可以通过天门。在烟墩岗砖室墓出土的画像石棺中，虽未表现出大司，但双阙所表现出的寓意应是相同的。

左侧面画像为一座楼阁建筑，中间大门半开。值得注意的是，在四川省合江5号和6号石棺侧面画像中可见到与之几乎相同的画像[6]，唯一区别在于"半开门"间站立有一人。目前，关于"半开门"画像的寓意主要有以下几种说法：杨孝鸿认为此门可沟通阴阳两界，死者的魂灵通过此门入住墓茔[7]；郑岩则从艺术史的角度解释该类图像只

---

[1] 龚廷万、龚玉、戴嘉陵：《巴蜀汉代画像集》图153，文物出版社，1998年。
[2] 内江市文管所、简阳县文化馆：《四川省简阳县鬼头山东汉崖墓》，《文物》1991年第3期。
[3] 丛德新、罗志宏：《重庆巫山县东汉鎏金铜牌饰的发现与研究》，《考古》1998年第12期。
[4] 李复华、郭子游：《郫县出土东汉画象石棺图象略说》，《文物》1975年第8期。
[5] 赵殿增、袁曙光：《"天门考"兼论四川汉画像砖（石）的组合与主题》，《四川文物》1990年第6期。
[6] 高文：《中国画像石棺全集》，三晋出版社，2011年，第342～345页。
[7] 杨孝鸿：《汉代墓葬画像中"假门"现象之探讨——兼谈墓葬空间的性质问题》，《南京艺术学院学报》2003年第1期。

是一种纯粹的装饰手法①；此外还有献礼说，作者认为该类画像表达的是接受少数民族献礼②；信立祥先生在解读高颐阙的该类画像时，认为该类图像是西王母的使者迎请阙主即高颐夫妇升仙的场面③。罗二虎先生对该画像做了最新的讨论，认同了"半开门"与升仙的密切关系，指出"半开门"画像体现了一种新的升仙程式的构建④。就目前的材料来看，"半开门"其实与西王母的关系十分密切。最为典型的例子为四川省绵阳市观太乡崖墓出土的钱树座，最下部为"半开门"形象，两侧各立执仗人物一名，其上表现的即是西王母及其相关的三足乌、九尾狐、侍女的形象。相近的例子还有两处，只是构图方式不同。其中，南溪县长顺坡3号石棺侧面画像展现的是墓主拜谒西王母的情形，画面正中即是一半开的门，墓主人跨过该门即见到了西王母；荥经县石棺左侧中部亦是掩门图，门的左侧应为墓主夫妇，二人呈亲密状、依依作别，门的另外一侧即为西王母。由此我们可以进一步明确，"半开门"不仅与西王母密切相关，该图像很有可能是墓主见到西王母的最后一个关口。之所以使用"半开门"，或许是以"启门"这种方式以静制动地寓意西王母对墓主人的接纳。

前端画像为伏羲女娲，一般认为汉代画像中的伏羲女娲寓意祖先崇拜、生殖崇拜和阴阳调和等。但如果结合一些画像石棺的例子，如璧山水井湾崖墓1号石棺侧面⑤、璧山棺山坡1号墓石棺侧面的情况⑥，两具石棺画像均是以墓主人拜谒伏羲女娲作为结束。在川渝地区，画像石棺对升天的表现一般以主神的出现为结束，目前最常见的是西王母。西王母之所以得到这一时期人类的追捧，首要原因在于其手握不死之药。《淮南子·览冥训》："羿请不死之药於西王母，姮娥窃以奔月，怅然有丧，无以续之。"在烟墩岗砖室墓画像石棺中，以伏羲女娲为主神，同样是因为其能够再造生命，这或许是这一时期人类所认为的另一种意义上的"长生不死"。如果保守一些，至少可以这么认为：或许为西王母的代表，或许为西王母的替代品，伏羲女娲在此的作用应与西王母相类似，即是寓意墓主人得以拜谒神灵最终完成升天的美好愿望。

如果按照以上顺序进行画像的释读，我们不难发现该石棺的四面画像实际上展现

---

① 郑岩：《民间艺术二题》，《民俗研究》1995年第2期。
② 重庆市文化局、重庆市博物馆：《四川汉代石阙》，文物出版社，1992年，第18页。
③ 信立祥：《汉代画像石综合研究》，文物出版社，2000年，第314页。
④ 罗二虎：《东汉墓"仙人半开门"图像解析》，《考古》2014年第9期。
⑤ 罗二虎：《汉代画像石棺》，巴蜀书社，2002年，第138、139页。该书将水井湾崖墓1号石棺称作"璧山县2号石棺"。
⑥ 重庆市文化遗产研究院、璧山县文管所：《重庆市璧山县棺山坡东汉崖墓群》，《考古》2014年第9期。

的是这一时期人类所认为的升天过程。右侧的出行图所表现的正是墓主升天的开始，即乘车马出行，车马前行的方向指向石棺后端的天门，即预示着墓主正朝向天界入口前进；棺身后端的双阙寓意天门，即是展现天界入口，也可以理解为墓主即将跨过天门进入天界；棺身左侧的半开门所依托的建筑为神灵居所，大门半开即是以一种以静制动的方式表达对墓主的接纳；棺身前端的伏羲女娲是神灵的代表，他们的最终出现，寓意着墓主得以拜见神灵而升天。

## 五、结　　语

该墓出土的画像石棺在渝西长江沿岸属首次发现。画像内容分别为车马出行、双阙、楼阁、伏羲女娲，均属这一时期升天思想的集中反映。与重庆境内出土画像石棺最为集中的璧山地区相比[1]，该墓的画像石棺明显更多地受到了其上游的泸州、合江等地的强烈影响：棺盖柿蒂纹的装饰与四川省泸州地区的大驿坝1号墓、2号墓、杜家街墓、麻柳湾崖墓[2]等出土石棺非常相近，石棺两个侧面分别为楼阁和车马出行的布局同样见于合江五号、六号石棺[3]，其伏羲女娲形象（特别是手中执物）也与合江四号、十七号等石棺[4]者基本相同，应是这一时期川渝地区画像石棺沿江传播的实物反映。

与川渝地区常见的汉至六朝时期砖室墓相比，该墓规模明显偏大，墓室中部搭建拱门的做法非常少见，筑墓使用的墓砖规格及砌筑方式也极具个性。巧合的是，四川省大邑县马王坟M1[5]（建安元年铭文砖，196年）不仅在形制与结构上与之基本相同，而且墓砖的规格（38厘米×27厘米×7厘米）与砌筑方式上亦较为一致。从随葬品看，该墓所见罐、钵、瓮、缸等均属川渝地区东汉中晚期墓葬中的常见组合；釉陶罐（M1：7）重心上移、口径底径相近，符合峡江地区东汉晚期同类器物的特征[6]；部分陶俑体型较大、制作精致，在风格上趋向于丰都县林口M2[7]、忠县涂井M5[8]，二者时

---

[1] 戴克学：《璧山出土汉代石棺》，《四川文物》1993年第1期。
[2] 罗二虎：《汉代画像石棺》，巴蜀书社，2002年，第116～123页。
[3] 高文：《中国画像石棺全集》，三晋出版社，2011年，第342～345页。
[4] 合江汉代画像石棺编委会：《合江汉代画像石棺》，中国戏剧出版社，2010年，第64、16页。
[5] 丁祖春：《四川大邑县马王坟汉墓》，《考古》1980年第3期。
[6] 蒋晓春：《三峡地区秦汉墓研究》，巴蜀书社，2010年，第49页。
[7] 重庆市文化遗产研究院、丰都县文物管理所：《重庆丰都县火地湾、林口墓地发掘简报》，《江汉考古》2013年第3期。
[8] 四川省文物管理委员会：《四川忠县涂井蜀汉崖墓》，《文物》1985年第7期。

代分别被定在东汉晚期和蜀汉时期。从画像石棺来看,画像题材围绕升天主题展开,主旨清晰、表现流畅,属川渝地区画像石棺成熟期的产物,特别是其棺盖的柿蒂纹、两端的伏羲女娲和天门的组合,皆为东汉晚期画像石棺的特征①。综合以上情况,该墓的时代大致在东汉晚期至蜀汉时期,但我们更加倾向于前者。

钱纹砖虽在四川地区有较多的发现②,但在渝西地区尚属首次。该墓所使用的钱纹砖在纹饰上亦相对简单,而与湖北郧县砖瓦厂M3③者相近。此外,该墓在钱纹砖的使用量上虽不多,但均是成行分布,显然是经过了精心布局,其寓意应与同时期串钱纹、连璧纹有异曲同工之效,即以一种连续性的构图形式从视觉上造成钱币数量的延展效果,一方面是为了彰显墓主财富,表达对财富的渴求④;另一方面也应该有辟邪、厌胜、祥瑞之意⑤。

附记:本次发掘得到了江津区文物管理所、白沙镇政府的大力支持,在此一并致谢!该墓的资料曾在《四川文物》2014年第4期中部分刊布,本报告在原文基础之上增加了部分线图和相关认识。

领　队:邹后曦　李大地
发　掘:李大地　范　鹏　董小陈　李双厚　张廷良
修　复:李双厚　王新柱　彭锦秀　秦绍华
拓　片:李双厚
绘　图:曾先龙　师孝明　陈芙蓉　朱雪莲
摄　影:董小陈　陈晓鹏
执　笔:范　鹏　李大地　邹后曦

（原载于《四川文物》2014年第4期,有改动）

---

① 罗二虎:《汉代画像石棺研究》,《考古学报》2000年第1期。
② 高文:《汉代钱纹砖浅析》,《中国钱币》1993年第2期;张德全:《四川汉代钱币图纹砖考略》,《四川文物》1999年第1期。
③ 湖北省博物馆:《湖北郧县砖瓦厂的两座东汉墓》,《江汉考古》1986年第2期。
④ 牛天伟:《四川长宁"七个洞"崖墓画像考辨》,《考古》2010年第11期。
⑤ 贺云翱、冯慧、李洁:《东亚地区出土早期钱纹陶瓷器的研究》,《考古与文物》2008年第2期。

# 永川区石坝屋基、伏岩寺墓群发掘简报

重庆市文化遗产研究院
永川区文物管理所

2011年6月，重庆市文物考古所（重庆市文化遗产研究院前身，下同）派员开展重庆三环高速公路永川双石至江津塘河段（以下简称永江高速公路）建设征地区的专项文物调查时，在永川区双竹镇小竹溪村发现并确认了石坝屋基墓群和伏岩寺墓群，两处墓群直线距离约300米（图一）。2012年3～4月，重庆市文物考古所对上述两处墓群进行了抢救性考古发掘工作，清理了一批崖墓，现将本次工作的收获作一简要介绍。

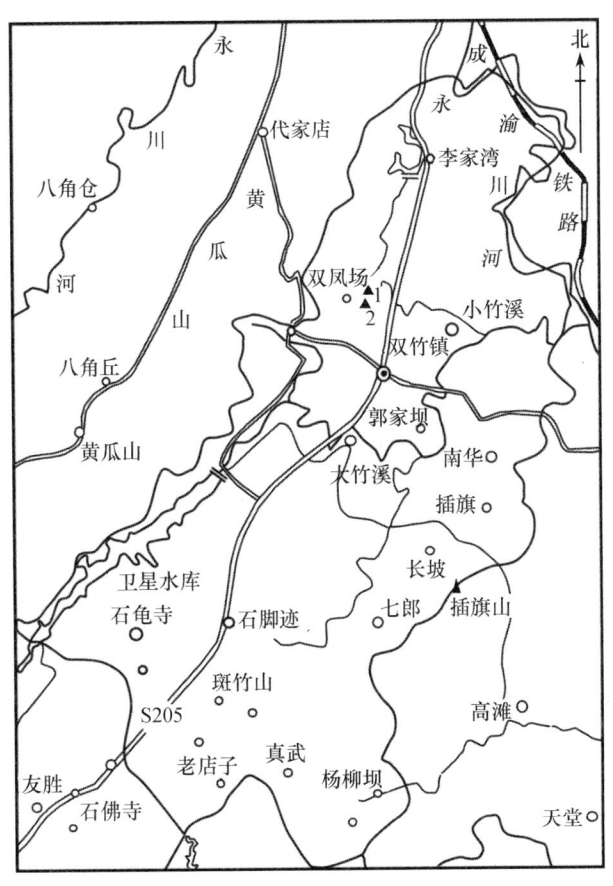

图一 石坝屋基、伏岩寺墓群位置示意图
1.石坝屋基墓群 2.伏岩寺墓群

# 一、石坝屋基墓群

位于永川区双竹镇小竹溪村六社，中心地理坐标为北纬29°05′59.7″、东经105°54′33.7″，高程306米（图一）。墓群背依缓坡，前为断坎，分布面积约600平方米。

本次工作共清理崖墓6座（图二），均为凸字形单室墓，由墓道、甬道、墓室组成，由于M6与M5形制接近，且残损严重，以下仅对M1~M5进行介绍。

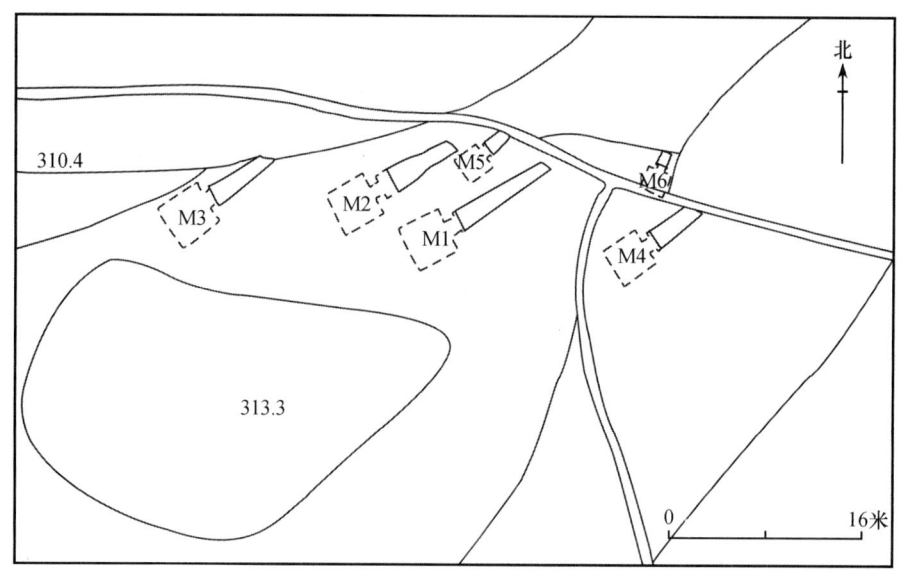

图二　石坝屋基墓群墓葬分布图

## （一）M1

位于墓群中部。方向60°。墓葬总长13~13.1米，墓底略向外倾，前后高差0.4米。墓道平面近梯形，弧壁，长8.01~8.21、宽1.04~1.78米，墓道口高约1.72米。墓门有单门框，门框高1.63、宽1.77、进深0.1米，门洞高1.35、宽1.25米，封门不存。甬道顶部和底部略向外倾斜，长1.04、宽1.23~1.32、高1.34~1.38米。墓室平面近圆角方形，墓室长3.85、宽3.87、高1.41~1.96米；墓顶为四面坡，中心有直径约0.25、深约0.04米的圆形凹槽，有四道屋脊状凹槽与墓室四角相连；墓室前端左角设有一长方形灶台，长0.82、宽0.7、高0.4米，锅底状灶坑，口径0.38、底径0.11、高0.2米，灶门呈拱形，高0.09~0.13、宽0.16米（图三）。

因盗扰严重，未发现人骨、葬具和随葬品。

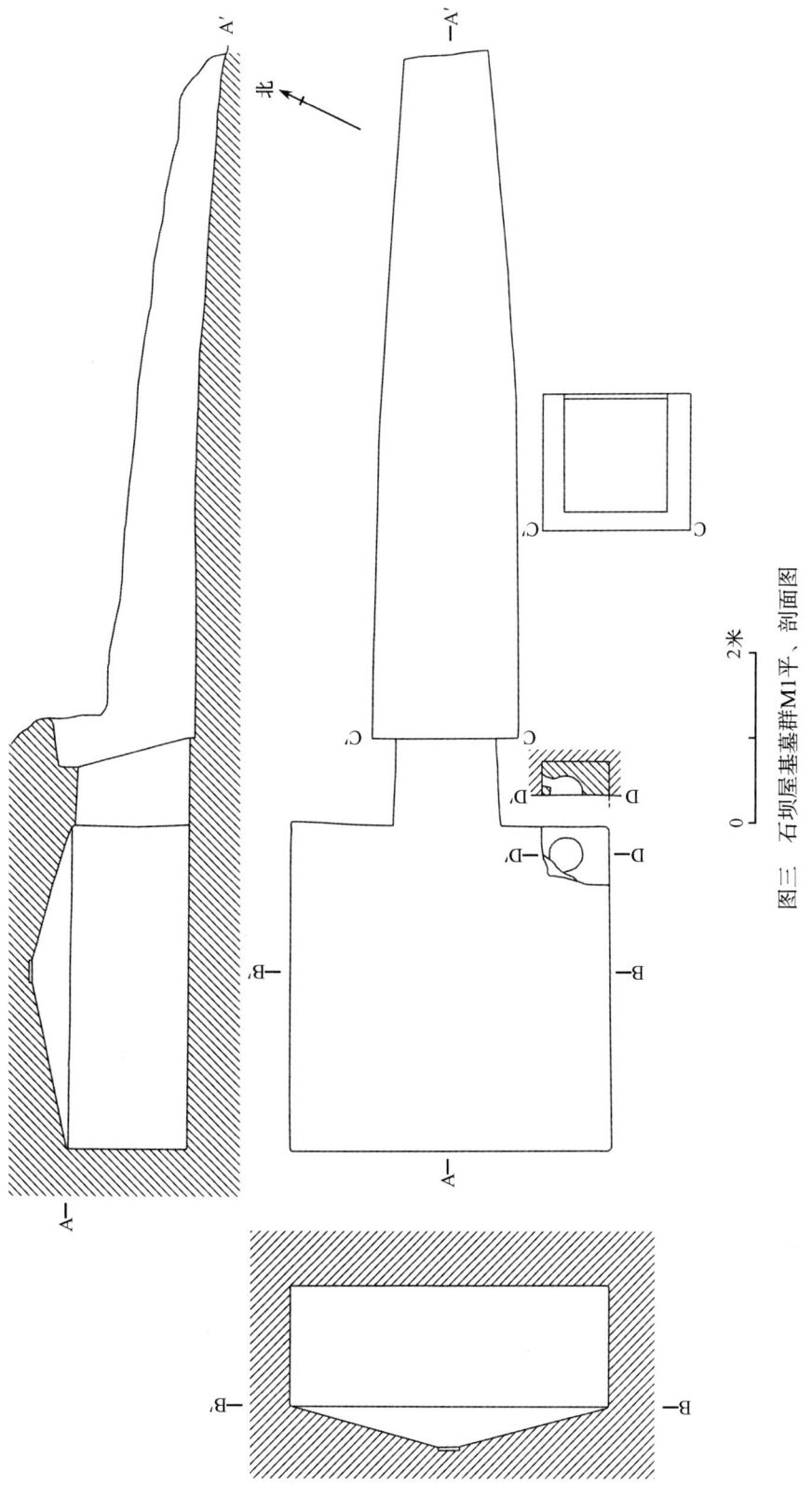

图三 石坝屋基墓群M1平、剖面图

## （二）M2

### 1. 墓葬形制

位于墓群中部。方向60°。墓葬总长12.6～14.04米，墓底略向外倾，前后高差0.48米。墓道平面近梯形，弧壁，长7.99～9.38、宽1.34～2.1米，墓道口高约1.84米；墓道前后端有明显高差，近墓室部分较高，中部有一宽0.14～0.22米的排水沟。墓门为双重门楣，门框高1.82、宽2.11、进深1.02米，门洞高1.35、宽1.15米，封门不存。甬道横长约1.22、纵宽0.8、高约1.31米。墓室平面近方形，横长约3.82、纵宽3.8～3.82米，高1.22～2.2米；墓顶为四面坡，中心为圆形凹槽，外侧嵌套两个依次递浅的方形凹槽，外侧凹槽四角有四道屋脊状凹槽通往墓壁四角；墓室左、右侧及后部有高于墓底0.18米的"凹"字形棺床，左右棺床宽0.86、后部棺床宽1.46米。墓室前端左角设有一近方形灶台，边长0.86、高0.4米，锅底状灶坑，口径0.41、底径0.24、高0.27米；灶门呈拱形，高0.11～0.14、宽0.15～0.19米（图四；图版六四，1）。

因盗扰严重，未发现人骨和葬具，仅发现2件陶俑头残片。

### 2. 出土物

陶俑　共2件。均仅存头部。标本M2∶2，泥质红陶。头戴平顶方冠，面部轮廓清晰，残高7.8厘米（图六，3）。

## （三）M3

### 1. 墓葬形制

位于墓群西部。方向55°。墓葬总长9.4～10.5米。封门被破坏，单门楣，门框高1.95、宽1.93、进深0.25米，门洞高1.39、宽1.16米。墓道平面近梯形，略呈斜弧壁口小底大，长5～5.6、宽1.3～1.92米，墓道口高约2.08米。甬道横长1.14～1.22、纵宽约0.6、高约1.4米。墓室平面近方形，横长约3.8、纵宽3.72～3.8米，高2.14米，弧形顶，顶部凿刻有一圆形凹槽，直径0.24、深0.04米；横向起弧，两侧略低，中部较高。墓室左、右侧及后部各有一高于墓底0.14米的棺床，左侧棺床宽0.8米，右侧棺床宽0.9米，后部棺床宽1.5米。墓室右后方有一崖棺，长2.06、宽0.76、残高0.32米（均为内空）。崖棺石壁厚度不等，厚0.12～0.2米；墓室前部左角有一近梯形灶台，长0.9、宽0.8～0.9、高0.2米，锅底状灶坑，口径0.28、底径0.2、高0.15米，灶门呈拱形，高0.08～0.13、宽0.13～0.15米（图五；图版六四，2）。

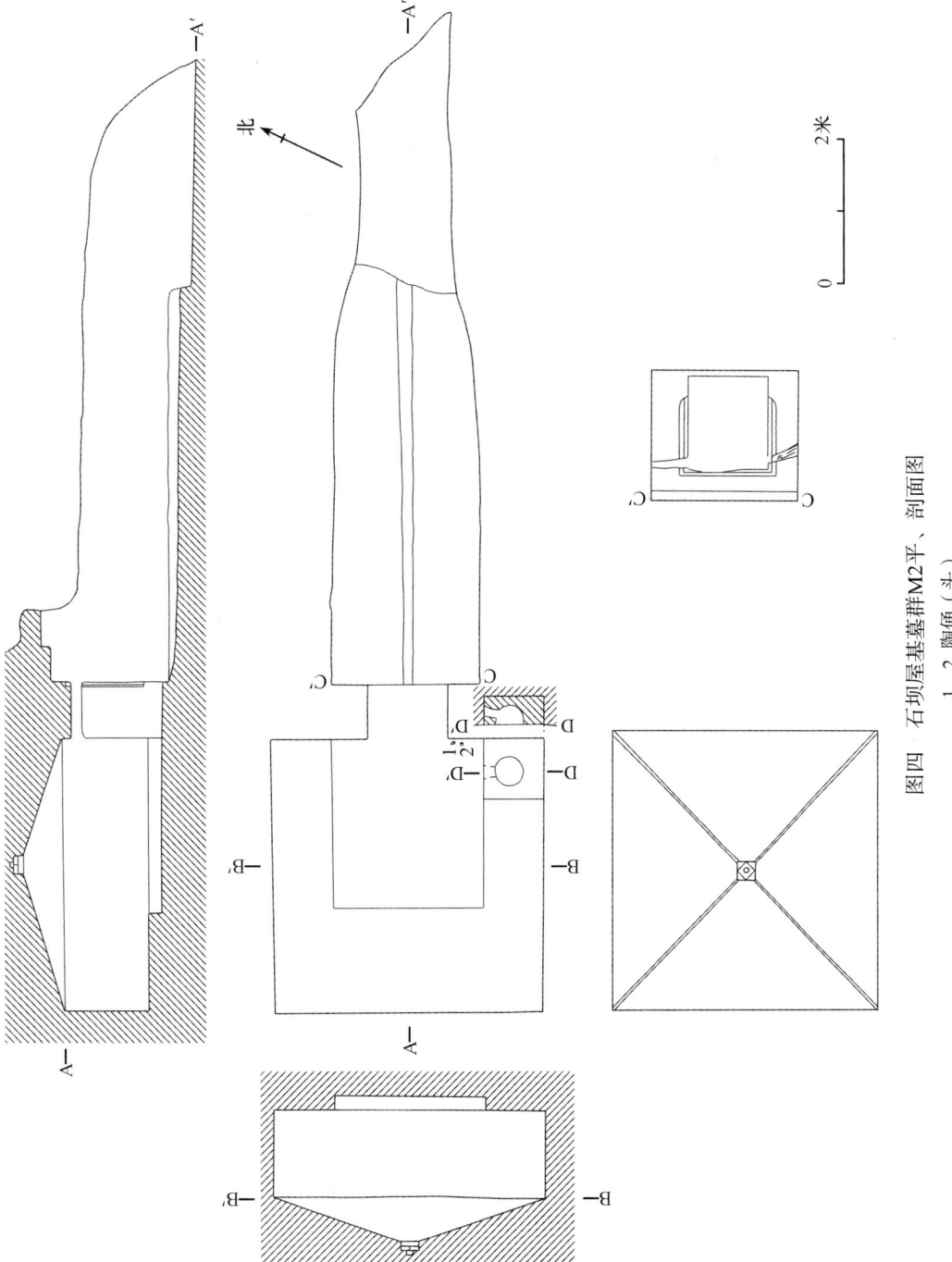

图四 石坝屋基墓群M2平、剖面图
1、2. 陶俑（头）

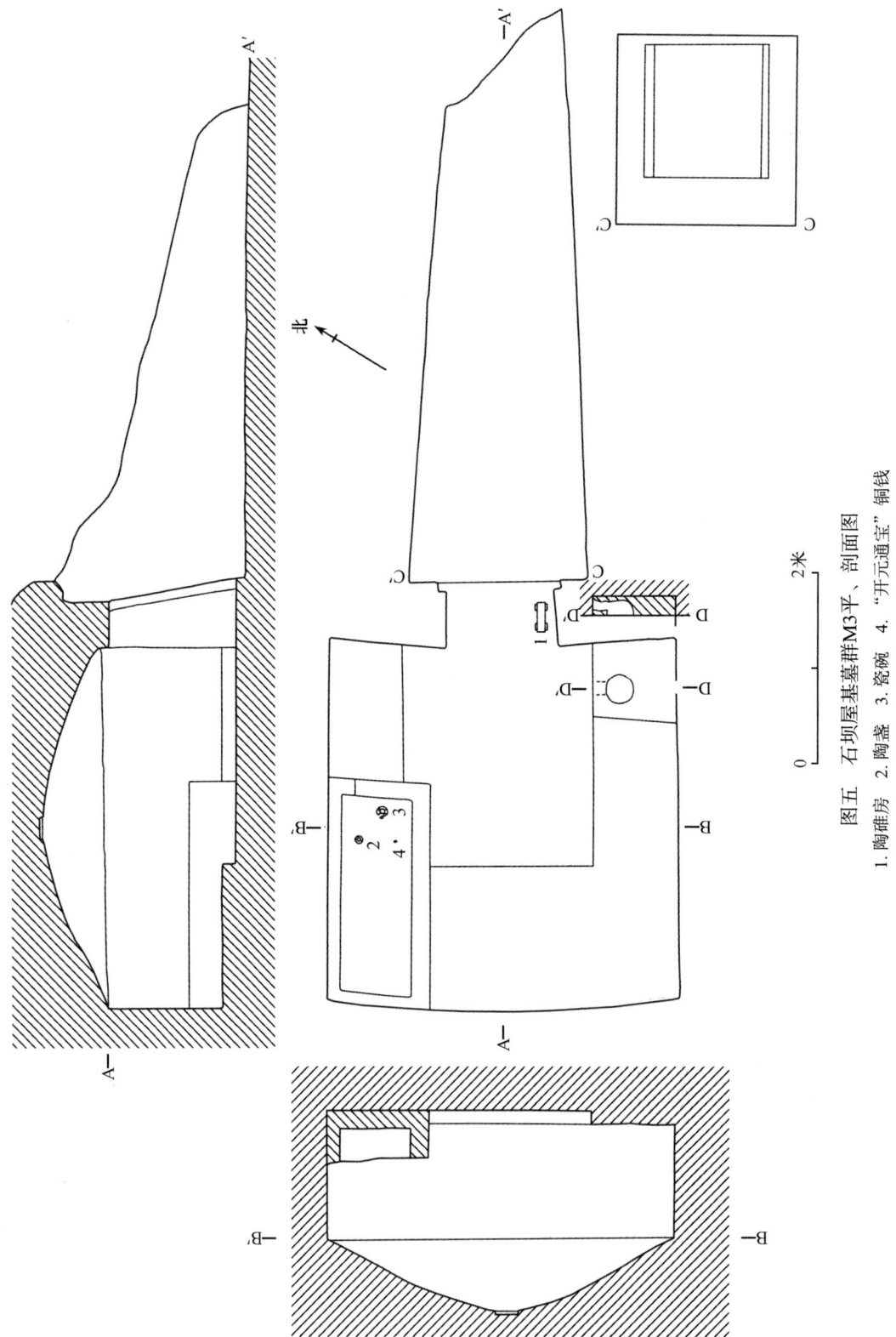

图五 石坝屋基墓群M3平、剖面图
1. 陶碓房 2. 陶盏 3. 瓷碗 4. "开元通宝"铜钱

因盗扰严重，未发现人骨，葬具仅发现一具崖棺；随葬品可分为甲、乙两组。甲组位于墓室内淤土中，为少量陶罐、钵、俑、碓房残片；乙组位于崖棺底部，有陶钵、瓷碗各1件和数枚"开元通宝"铜钱。

**2. 出土物**

甲组随葬品

陶碓房　1件。M3:1，泥质灰陶。顶平，四兽形足，足底平，略残。长30.6、宽8.6、高14厘米（图六，4）。

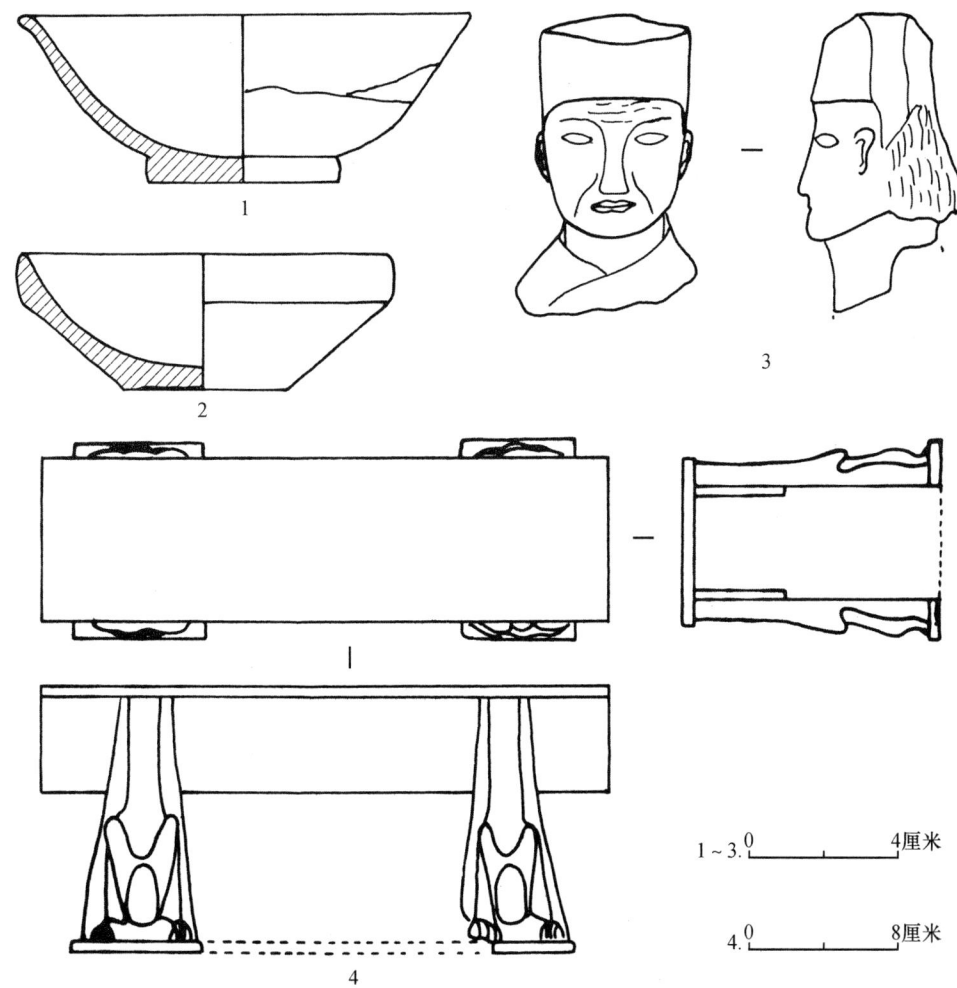

图六　石坝屋基墓群M2、M3出土文物
1. 瓷碗（M3:3）　2. 陶盏（M3:2）　3. 陶俑（M2:2）　4. 陶碓房（M3:1）

乙组随葬品

瓷碗　1件。M3：3，灰褐胎。敞口、圆唇、弧腹，饼状足。酱黄釉，外壁釉不及底。口径12.2、底径5.2、高4.4厘米（图六，1）。

陶盏　1件。M3：2，泥质灰陶。侈口、圆唇、弧腹，平底微内凹。口径10、底径4.4、高3.6厘米（图六，2）。

开元通宝　较量较多。标本M3：4-1，钱径2.4、穿径0.7、郭径0.2厘米，重2.4克。"元"字首划为一短横，次划长横左挑；"通"字走部前三笔各不相连，略呈三撇状；"寶"字"貝"部内为两短横，不与左右两竖笔连接。面背均有肉好周郭，轮郭规整，前文清晰规范（图七，1）。标本M3：4-2，钱径2.3、穿径0.7、郭径0.18～0.22厘米，重2克。"開"字字形宽扁；"元"字首横较长，次划长横左挑；"通"字字体瘦长，走部前几笔成连续拐折状；"寶"字"貝"部内两横较长，与左右两竖笔连接。钱文较为模糊，背面穿郭的形状极不规整。背面穿之上加铸有文字，文字不可辨识，可能为州名或钱监名（图七，2）。标本M3：4-3，钱径2.34、穿径0.7、郭径0.22厘米，重2.3克。"元"字首横较长，次划长横左挑；"通"字走部前几笔似连非连；"寶"字"貝"部内两横较长，与左右两竖笔接近。钱文较为清晰，背面穿郭的形状极不规整。背面穿之上加铸星纹（图七，3）。标本M3：4-4，钱径2.45、穿径0.65、郭径0.23～0.27厘米，重2.2克。"元"字首横较长，次划长横左右均挑；"通"字字体瘦长，走部前几笔成连续拐折状；"寶"字"貝"部内两横较长，与左右两竖笔连

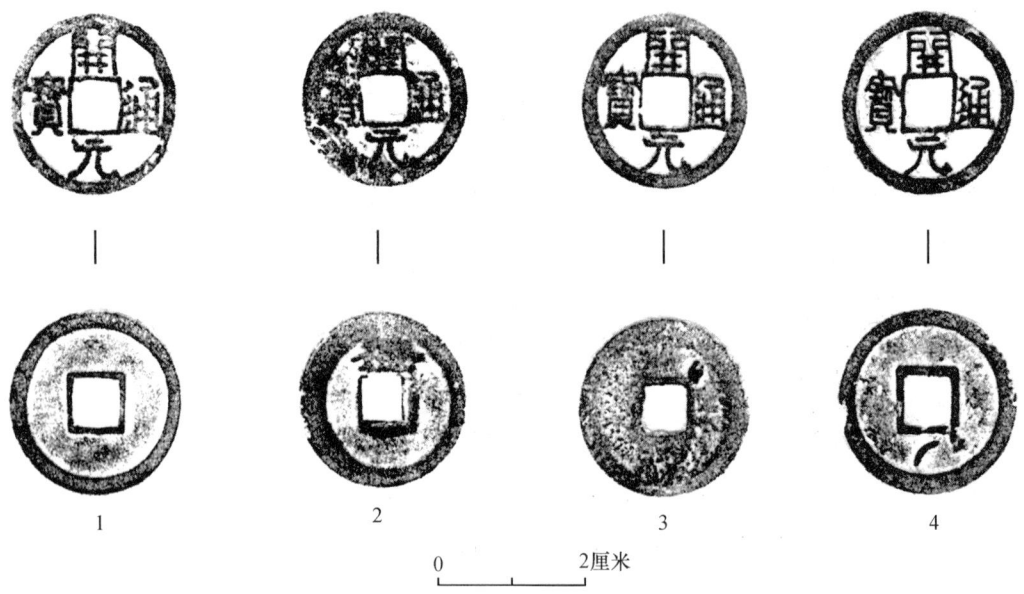

图七　石坝屋基墓群M3出土"开元通宝"拓片
1. M3：4-1　2. M3：4-2　3. M3：4-3　4. M3：4-4

接。钱文较为纤细清秀，背面穿郭的形状规整。背面穿之下加铸有指甲状掐纹（图七，4）。

## （四）M4

### 1. 墓葬形制

位于墓群东部。方向45°。墓葬总长8.2～8.6米。封门被破坏，单门楣，门框高1.47、宽1.91、进深0.45米，门洞高1.13、宽1.12米。墓道为长条形，略呈斜弧壁口小底大，长4.2～4.6、宽1.62～1.9米，墓道口高约1.44米。甬道位于墓道南侧，横长约1.16、纵宽约0.8、高约1.14米。墓室平面近方形，横长约3.24、纵宽约3.2米，高1～1.74米，弧形顶，横向起弧，两侧略低，中部较高，墓室左、右侧及后部有高于墓底0.14米的"凹"字形棺床，左右宽0.72、后部宽1.2米。在墓室右后部发现一石质棺盖（图八）。

墓葬盗扰严重，不见人骨，依据发现石质棺盖分析，其葬具应为石棺，随葬品仅发现陶俑残片1件。

### 2. 出土物

陶俑　1件。M4：1，残。泥质灰陶。个体小、制作简单，面部轮廓不清，可能为其他陶器上的贴塑构件。残高8.9厘米（图一三，2）。

棺盖　M4：2，一端残缺，长约214、宽68～72厘米，棺沿宽5～6厘米，截面呈弧形，高22厘米，中空厚10厘米，盖面浅浮雕刻有柿蒂形图案（图九、图一〇，1；图版六五，1）。

石棺棺体　于20世纪70年代末从M3中移出，位于墓葬东北约5米的垮塌民房内，编号为采：1。石棺现存一侧面和残损端面，残长192.1、宽70、高73.1厘米（图九，2）。侧面画像除残损少部分外，基本完整。画像上部装饰图案分三格，中为联璧纹，左为柿蒂纹，右为缠绕绶带纹，其下为卷云纹、波折纹和锯齿纹；画像主体左为一人吹箫，次为一人用剑顶一球，一人双手托盘，一人做空翻动作，一人飞身向右侧圆环跃去（冲狭），一人双手执圆环，一人飞三剑，一人跳五球（图一〇，2；图版六五，2）。端面画像残损较为严重，为单重檐双阙（图一一；图版六五，3）。

· 146 ·　重庆汉代画像考古报告集

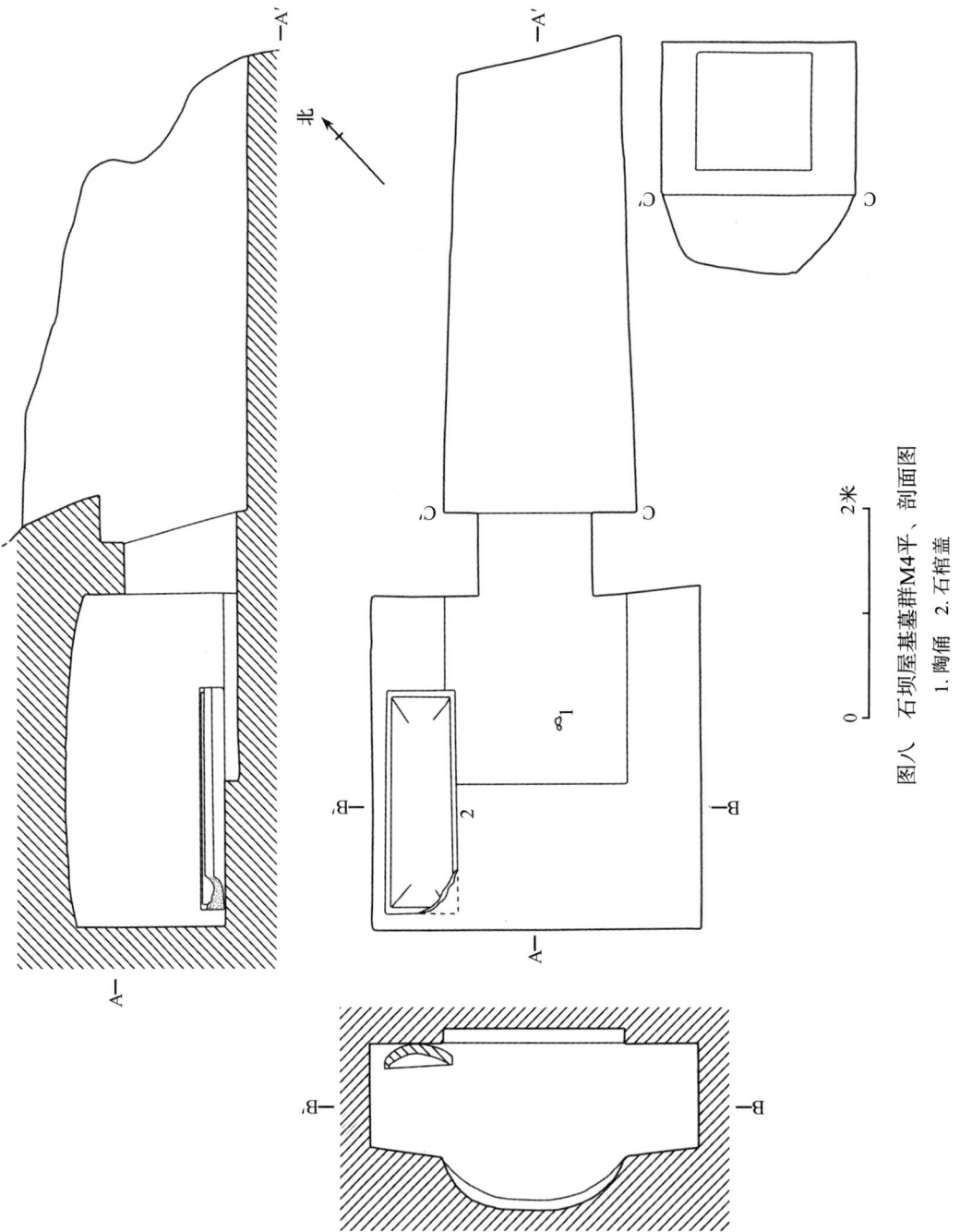

图八　石坝屋基墓群M4平、剖面图
1. 陶俑　2. 石棺盖

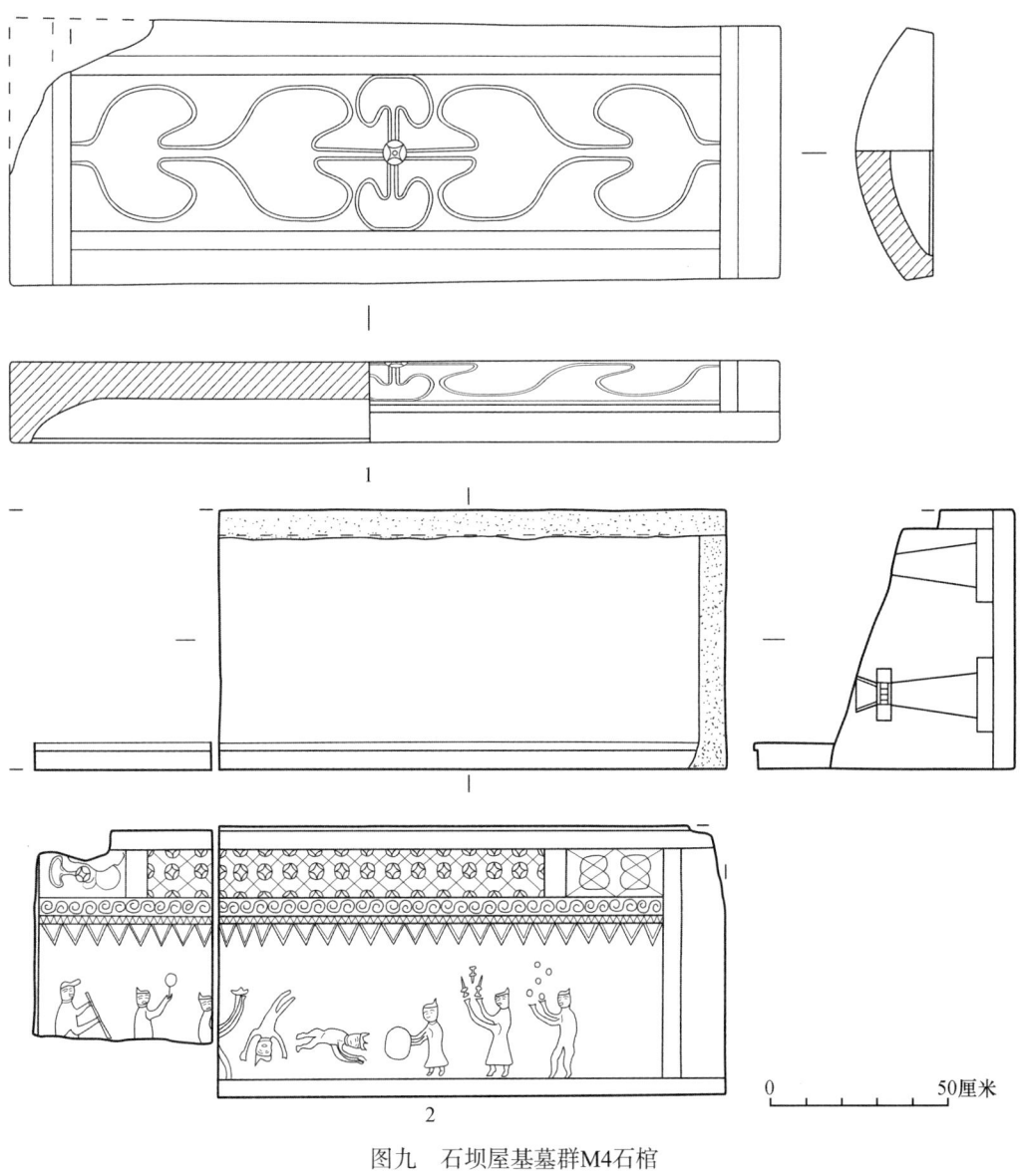

**图九 石坝屋基墓群M4石棺**
1. 棺盖（M4：2） 2. 棺体（采：1）

## （五）M5

### 1. 墓葬形制

位于墓群中部。方向50°。墓葬总长5~5.1米。封门被破坏，单门楣。墓道平面为长条形，口部较窄，近墓门处略宽，长2.16~2.26、宽0.98~1.2米，墓道口高约1.6米。甬道横长约0.8、纵宽约0.54、高1.08~1.10米。墓室平面近方形，横长约2.4、纵宽约2.3、高1.08~1.46米，穹隆顶，两侧略低，中部较高，墓室左侧及后部有高于墓底

图一〇　石坝屋基墓群M4石棺拓片
1. "柿蒂纹"（M4∶2）　2. "百戏纹"（采∶1）

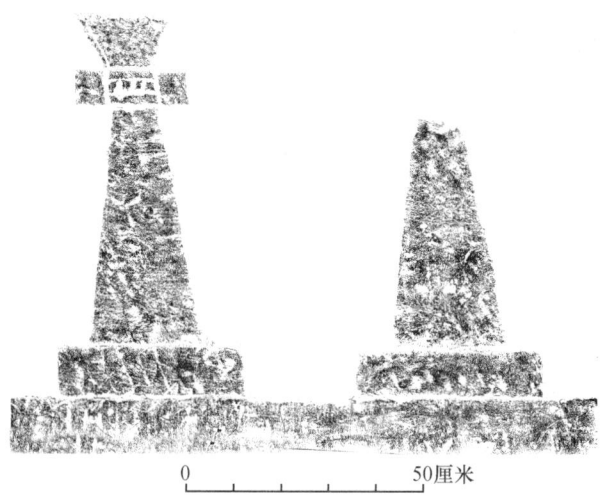

图一一　石坝屋基墓群采∶1端面双阙拓片

0.14~0.2米的棺床，左右宽0.66、后部宽0.7米（图一二）。

墓葬盗扰严重，不见人骨、葬具，墓道淤土中发现较多陶罐、陶俑残片，随葬品仅见瓷碗、瓷壶、铁鐎斗、铜饰各1件，瓷碗扣置于铁鐎斗之上（图版六六，1）。

**2. 出土物**

瓷碗　1件。M5：1，敞口、圆唇、弧腹、饼状足、平底。酱黄釉，外壁釉不及底。口径14、底径5.8、高4厘米（图一三，3；图版六六，2）。

瓷壶　1件。M5：4，口部残。腹部微鼓、下腹斜收、平底微内凹，肩部与腹部残存有少许把，残存少许圆形流。底径8.2、残高16.2厘米（图一三，4）。

铁鐎斗　1件。M5：2，敞口、方唇、折腹、圜底。口径16.4、腹径11.6、通高10.4、足高7.6、柄长16.5、柄厚0.5~1.8厘米（图一三，1；图版六六，3）。

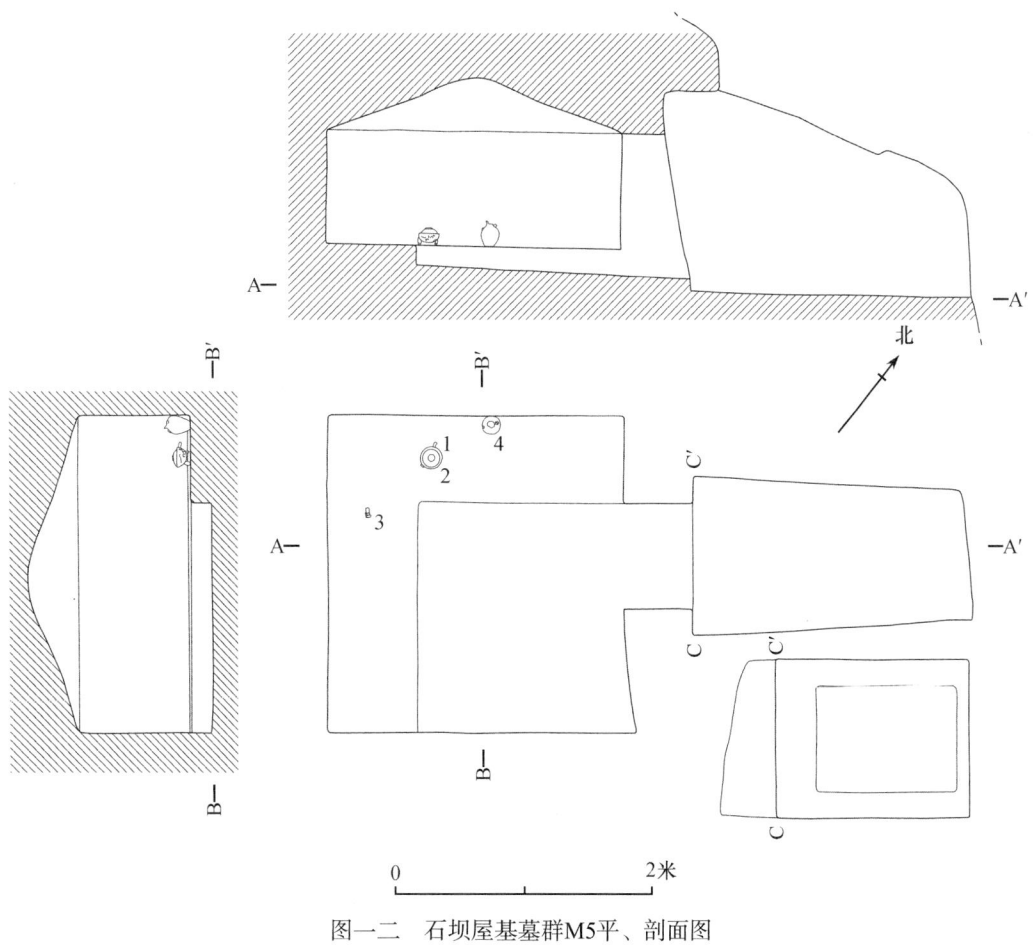

图一二　石坝屋基墓群M5平、剖面图
1. 瓷碗　2. 铁鐎斗　3. 铜饰　4. 瓷壶

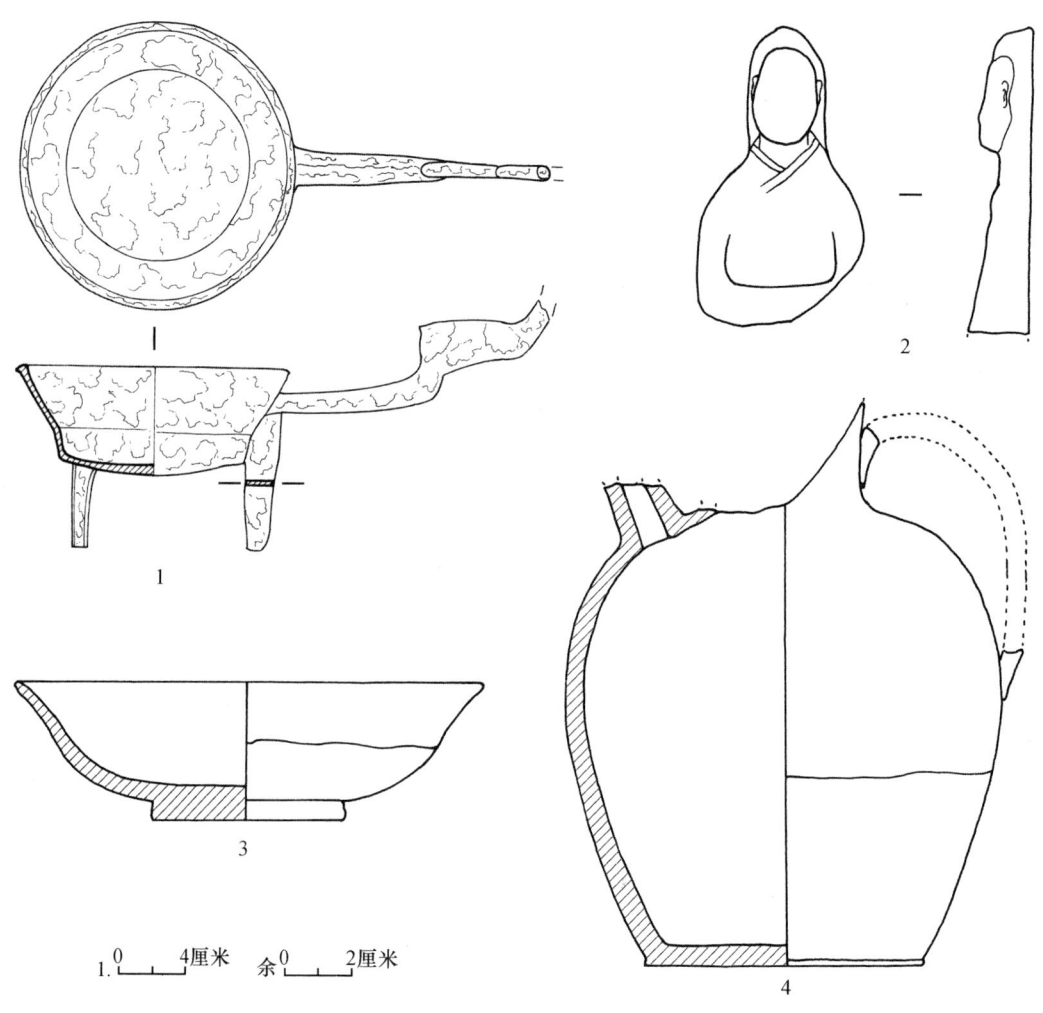

图一三　石坝屋基墓群M4、M5出土文物
1.铁鐎斗（M5∶2）　2.陶俑（M4∶1）　3.瓷碗（M5∶1）　4.瓷壶（M5∶4）

## 二、伏岩寺墓群

位于永川区双竹镇小竹溪村四社，中心地理坐标为北纬29°05′35.2″、东经105°54′28.9″，高程299米。墓群背依山坡，前为农田，左邻民宅。墓地分布面积约800平方米。

本次抢救性考古发掘共清理墓葬8座，均为短墓道凸字形单室崖墓，由墓道、甬道、墓室组成。除M1外均有崖棺，墓葬可分为两组：M1~M6为甲组、M7~M8为乙组，甲组可分为大致平行的两排，M4~M6比M1~M3高1.7~2.5米（图一四；图版六七，1）。由于部分墓葬形制相似，这里仅选择M3、M6、M7进行介绍。

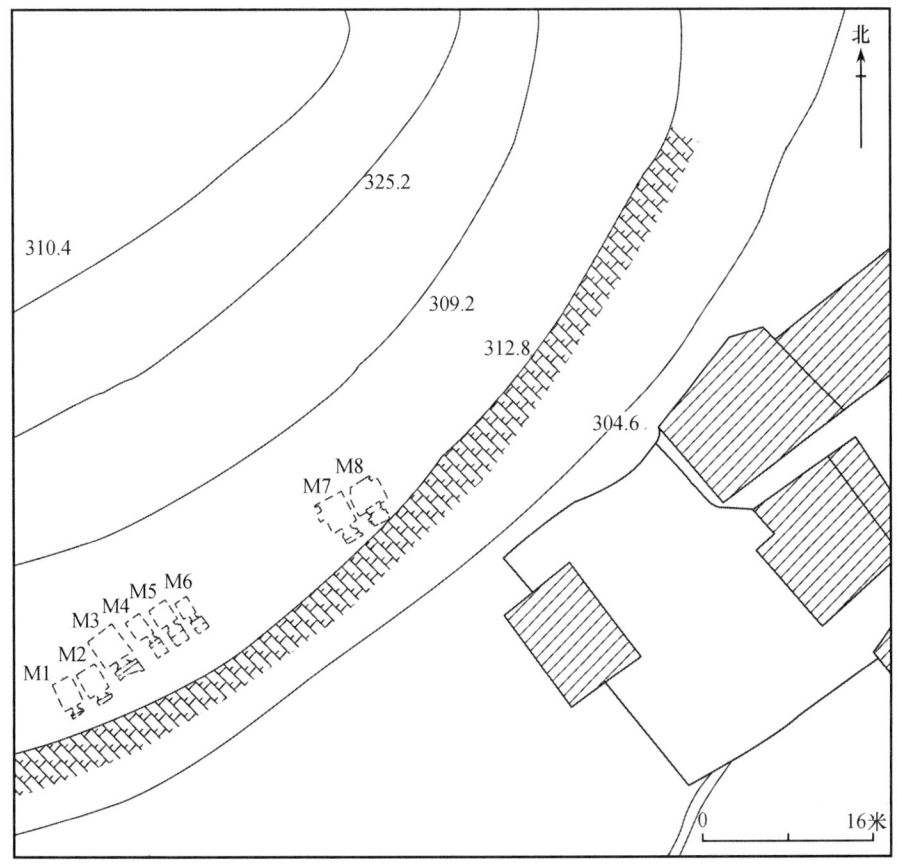

图一四 伏岩寺墓群墓葬分布图

## （一）M3

北靠山体，东临M4，西邻M2，墓室底部高于M2约0.5米，南为崖边。方向140°。墓葬总长4.9～5.44米。墓道平面为宽长形，右侧部分残缺，横长约2.42、纵宽0.9～1.44、墓道口高1.66～1.68米。封门被破坏，三重门楣。甬道横长约0.84厘米、纵宽约0.36、高1.08～1.1米，底部由北向南倾斜。墓室平面呈长方形，长3.3～3.34、宽约2.88、高1.3～1.7米，弧形顶，横向起弧。墓室右壁被破坏。墓室后壁发现线刻人像，呈坐姿，双手捧物，通高0.35米（图一六；图版六八，2）。

墓葬盗扰严重，未发现人骨和随葬品，葬式不详；葬具应为两具崖棺，在墓室左右壁及前后壁上可见崖棺残损后遗痕，两具崖棺形制相同，由其残留痕迹判断崖棺长3.3～3.34、宽约0.61、高约0.69米（图一五；图版六八，1）。

## （二）M6

北、东靠山体，西邻M5，南为崖边。方向145°。墓葬总长约3.6米。墓道平面

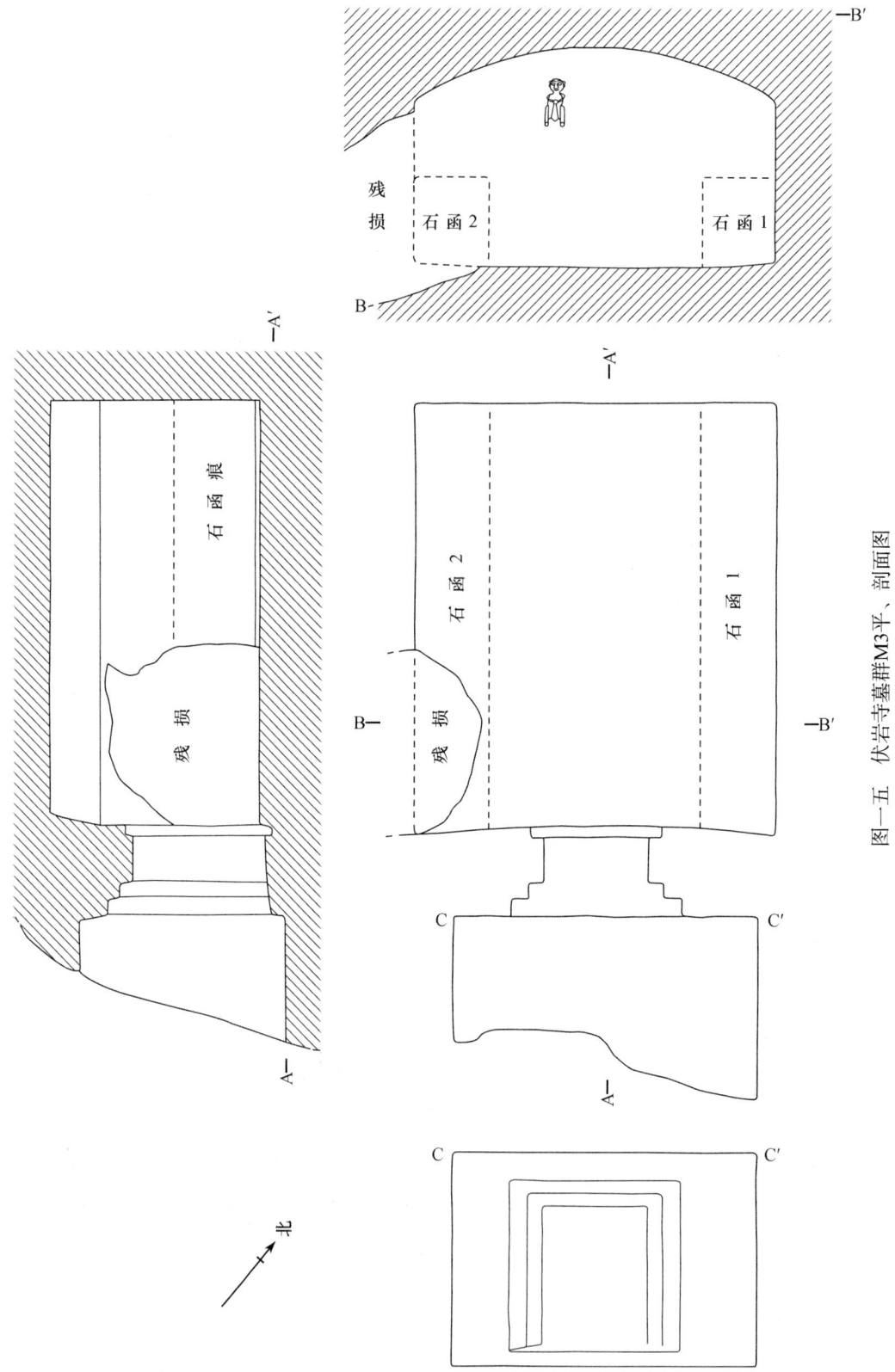

图一五 伏岩寺墓群M3平、剖面图

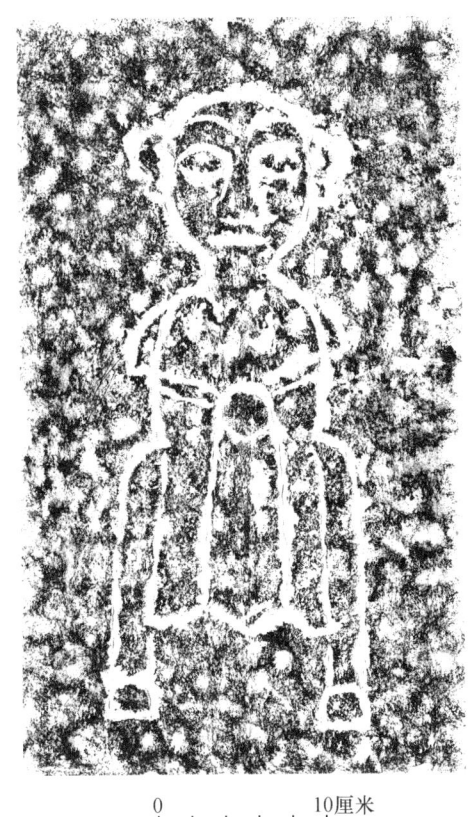

图一六 伏岩寺墓群M3后壁人物拓片

为长方形，横长约1.64、纵宽约1.21米，墓道口高1.34～1.38米。封门被破坏，双重门楣，门框宽0.82、高1.1、进深0.08～0.1米。甬道横长约0.54、纵宽约0.4、高约0.94米。墓室平面呈长方形，长约1.9、宽约1.44、高0.94～1.2米，弧形顶，横向起弧，墓室右侧凿有崖棺1具，底部凿有简易排水槽。后壁处略高便于排水（图一七）。

墓葬盗扰严重，不见人骨和随葬品，葬具为1具崖棺。崖棺右侧东部偏北略有残损，其侧面底高0.1米，长1.88、宽0.6、高0.7～72米，棺沿略破坏，内空长1.64、宽约0.44、深0.26～0.28米。崖棺一侧浅浮雕刻有百戏图案：左为一人作舞蹈状；次为一人飞三剑；次为一人右手执蛇状物，左手执圆环；次为一人正完成冲狭动作；次为一人执便面；最右面为一人端坐（图一八；图版六七，2）。

（三）M7

西、北靠山体，东临M8，南为崖边。方向153°。墓葬总长4.56～4.6米。墓道为宽长条状，横长1.64、纵宽0.94～1.01米，墓道口高1.57～1.62米，口部右上侧风化严重，部分残缺。封门被破坏，三重门楣。甬道位于墓道北侧，横长0.76、纵宽0.5、

· 154 · 重庆汉代画像考古报告集

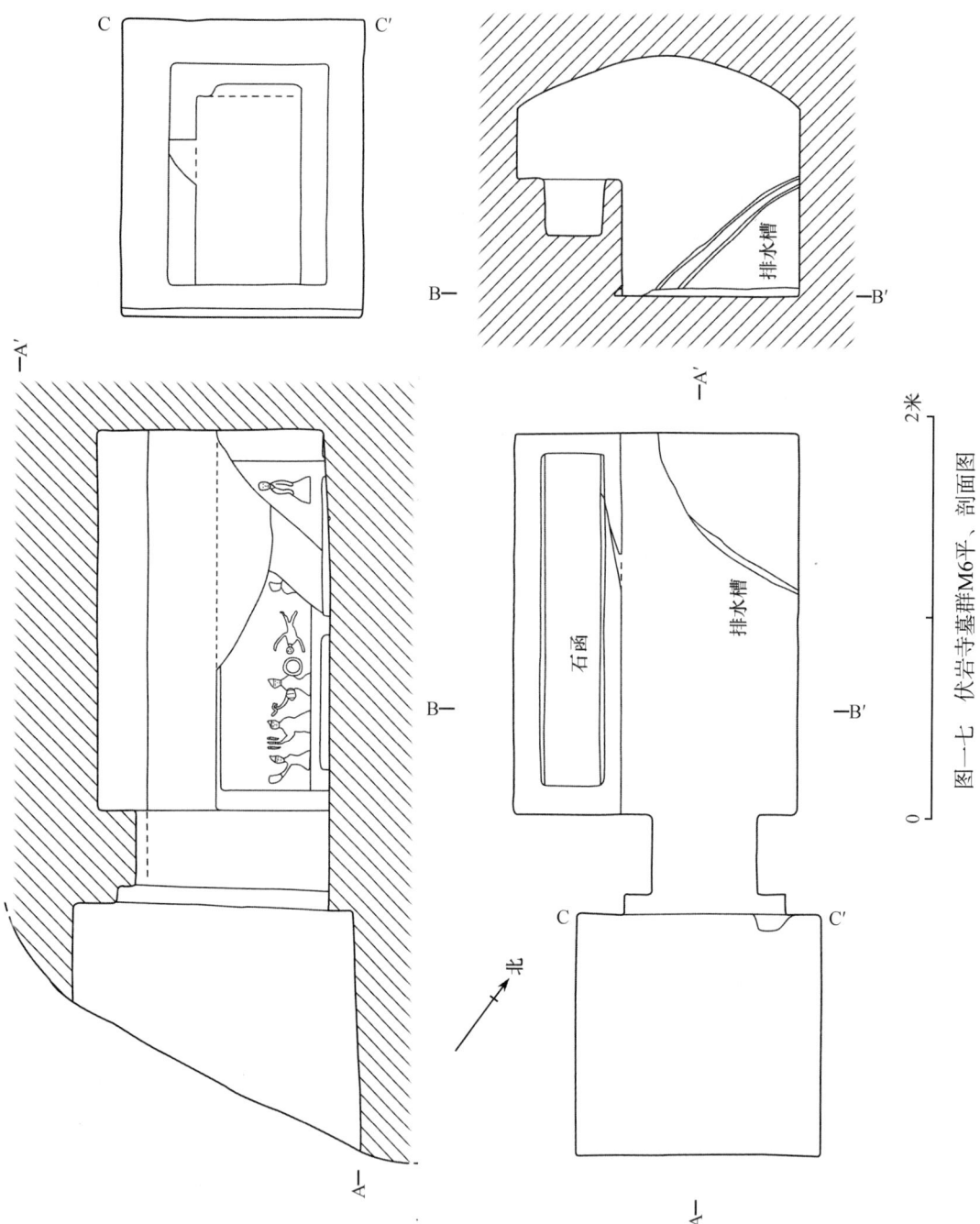

图一七 伏岩寺墓群M6平、剖面图

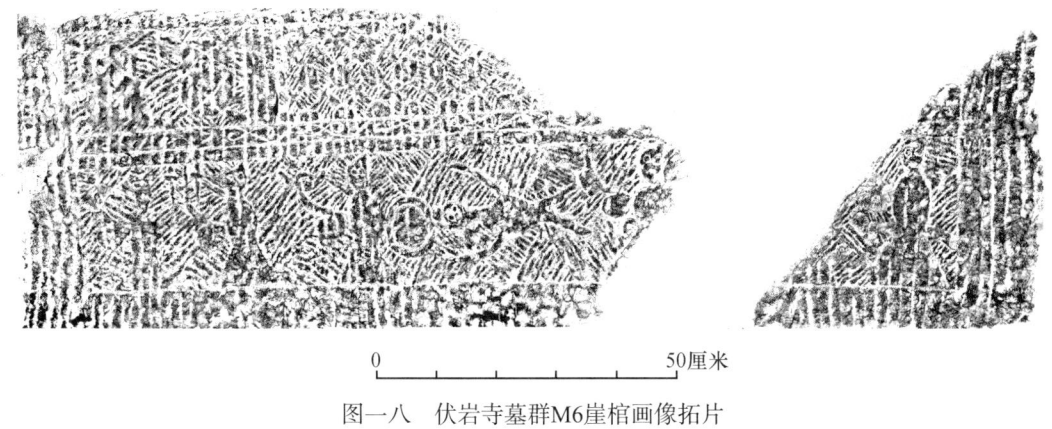

图一八 伏岩寺墓群M6崖棺画像拓片

高0.98~1.02米。墓室平面呈长方形，长2.9、宽2.4、高1.2~1.7米，弧形顶，横向起弧。墓室左右壁被破坏，右侧与M8贯通。后壁雕刻有装饰性图案，大部分已风化（图一九、图二〇）。

墓葬盗扰严重，不见人骨和随葬品，在墓室后壁、墓室左侧均发现崖棺残痕，推测葬具应为崖棺，后壁崖棺长2.4、高0.51米，左侧崖棺长2.13、高0.54米。

## 三、结　　语

通过本次抢救性考古发掘工作，我们主要获得了以下几点粗浅的认识：

### （一）墓葬年代

本次发掘共清理崖墓14座，仅石坝屋基墓群M2~M5共4座墓葬出土少量随葬品，其中M2出土陶俑2件、M4出土陶俑1件，陶俑个体较小、制作粗疏，体现出东汉向六朝过渡的形制；M3、M5在甬道和墓道内发现少量罐、钵、碓房残片（甲组），应属于东汉晚期；M3崖棺底部出土的"开元通宝"、瓷碗、陶钵与M5墓室出土的铁镰斗、瓷碗、瓷壶（乙组）体现出唐代中晚期特点。其余墓葬可以从墓葬形制对其修建时代进行分析。石坝屋基墓群墓室平面近方形，多有凹字形棺床，灶位于侧壁前端，葬具为崖棺和石棺，石棺画像内容为百戏图和双阙，有学者认为其应属于东汉晚期[①]。伏岩寺墓群M1墓室为方形，与罗文Ⅰ7式接近，时代应为东汉晚期；其余墓葬墓室平面均为长方形，在墓室一侧、两侧或后壁有崖棺，与罗文Ⅰ4式接近，M4、M8后壁有简单画像，属于东汉中期偏晚阶段。

---

① 罗二虎：《四川崖墓的初步研究》，《考古学报》1988年第2期。

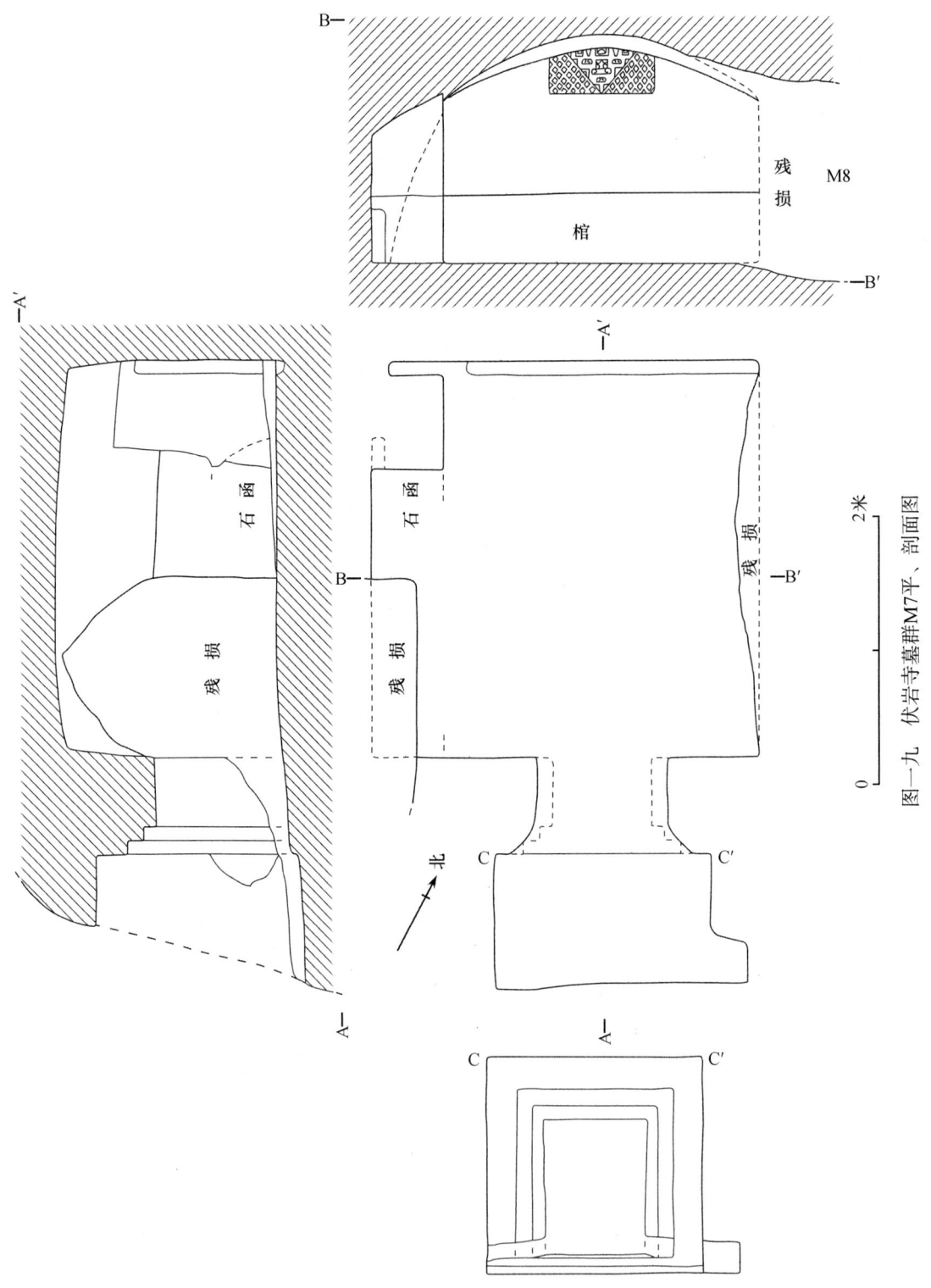

图一九 伏岩寺墓群M7平、剖面图

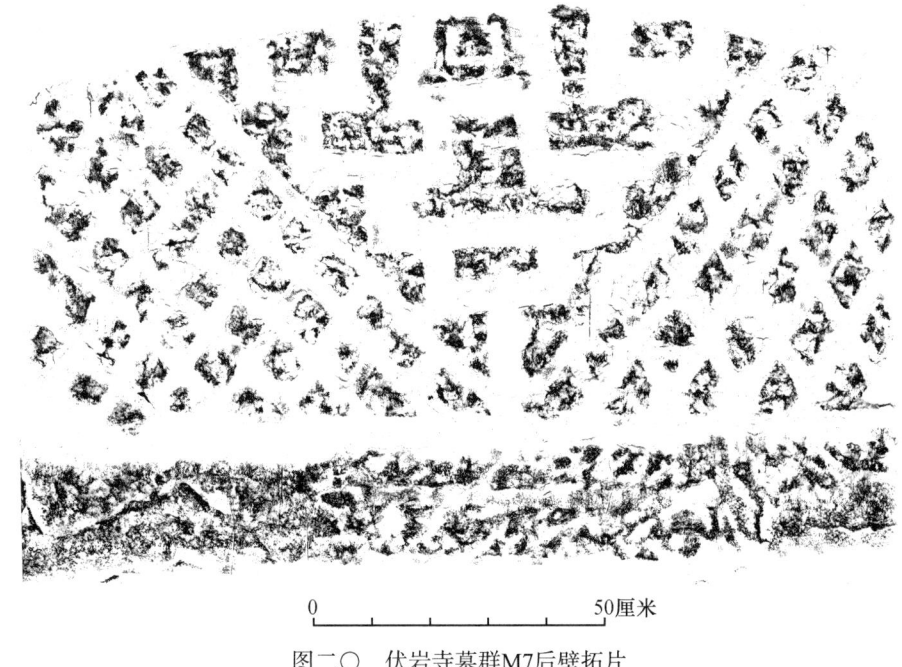

图二〇　伏岩寺墓群M7后壁拓片

（二）画像题材

石坝屋基墓群M4石棺棺体以及伏岩寺墓群M6崖棺百戏（杂耍）题材的画像，与永川区文物管理所征集的石棺①相似，璧山画像石棺也有类似题材，表达了墓主企盼死后继续享受现实生活中的乐舞百戏，以及富足、愉悦的生活方式的强烈愿望；同时，在崖棺上发现类似画像在重庆地区尚属首次。

伏岩寺墓群M3后壁人物雕刻，线条简练抽象，可能表现的是一半蹲手捧男根的内容，男根形象夸张，可能与生殖崇拜、期望子嗣兴旺有关；伏岩寺墓群M3、M7后壁均有画像，是研究其时崖墓的装饰风格和空间布局的重要补充。

（三）腾室换主与借室埋葬

石坝屋基墓群M3出土文物可分为甲、乙两组，甲组多破碎，散见于墓道、甬道与墓室淤土中，可辨器形有碓房、陶罐、陶钵等，时代应在东汉晚期；乙组为保存较好，仅见于崖棺底部，有陶钵、瓷碗和"开元通宝"铜钱，时代应属唐代中晚期。产生上述现象的原因可能是唐代中晚期进行埋葬活动时将东汉晚期墓主人的随葬品清理了出去，即所谓的腾室换主。石坝屋基墓群M5也存在类似情况，出土文物也可分为

---

① 资料现存于永川区文物管理所。

甲、乙两组，甲组为破碎的陶罐、陶俑残片，散见于墓道、甬道及墓室淤土中，时代应属东汉晚期；乙组为墓室底部铁鐎斗、瓷碗、瓷壶、铜饰，时代应在唐代中晚期。

这种埋葬现象很可能与三峡地区唐宋时期使用汉晋时期墓室进行埋葬的"借室埋葬"[①]相似。

### （四）多人葬与单人葬

伏岩寺墓群共发现8座崖墓，7座崖墓都发现用崖棺作为葬具，且从墓葬形制及空间分析，崖棺尺寸很窄，仅可容身；墓葬使用其他葬具埋葬的可能性较小，是探讨汉至六朝时期多人葬与单人葬问题的理想材料。M4~M6均只有1具崖棺，这组墓葬距地表高度较同墓群其他墓葬为高，应为单人葬；M2、M3、M7发现2具崖棺，M8发现3具崖棺，应为有规划的多人葬，死者之间的关系或为家庭成员。为什么同一墓群中同一时期既有人选择单人葬也有人选择多人葬，单人葬者是否具有特殊身份等问题值得进一步探索。

领　　队：白九江
发　　掘：代玉彪　王道新　文华平　王贵平
绘　　图：文华平　王贵平
拓　　片：王道新
照　　相：代玉彪　董小陈
执　　笔：代玉彪　白九江

（原载于《四川文物》2017年第1期，有改动）

---

① 王宏：《重庆忠县翠屏山崖墓所见葬俗辨析》，《"早期中国的文化交流与互动：以长江三峡库区为中心"学术研讨会论文集》，科学出版社，2012年。

# 璧山区插旗山崖墓群M1发掘报告

重庆市文化遗产研究院
璧山区文物管理所

　　插旗山崖墓群位于重庆市璧山区丁家镇铜瓦村八社（图一）。插旗山顶海拔362米，南、北坡地势陡峭，东、西坡则相对平缓。自山顶沿东坡山脊一线分布有较多的崖墓，海拔较低者即为棺山坡崖墓群，邻近山顶者为插旗山崖墓群，二者直线距离约160米。插旗山崖墓群北距五里冲水库约400米。地理坐标北纬29°22′51.8″、东经106°5′58.8″，海拔351米。

　　墓群共包含墓葬4座，编号分别为2009BDCM1～2009BDCM4（以下简称为M1～M4），其中，2009代表发掘年度，BDC分别为璧山区、丁家镇、插旗山三处地

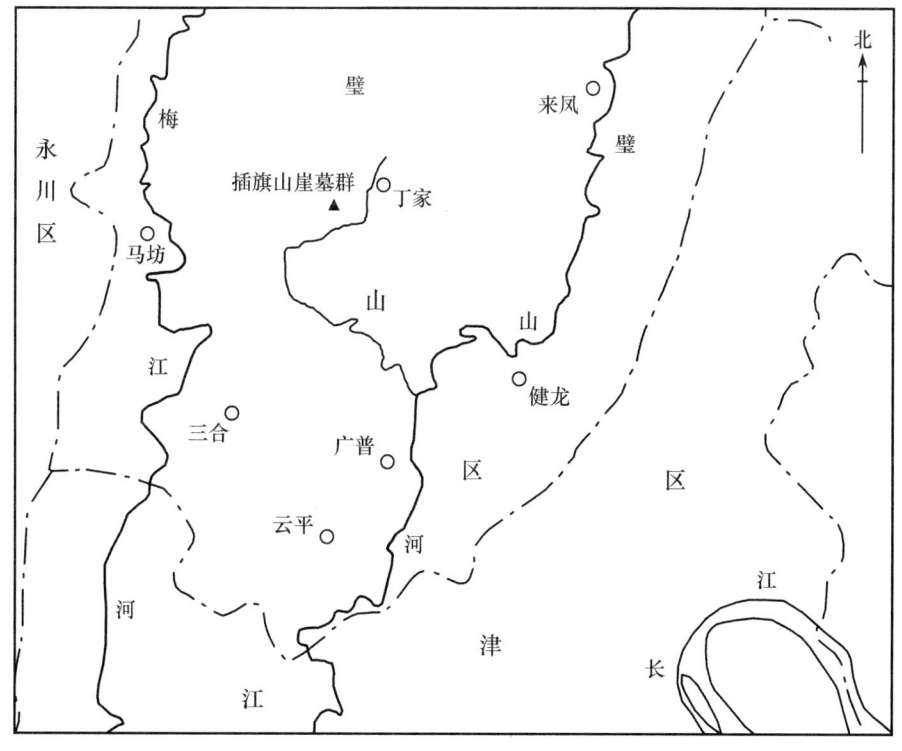

图一　插旗山崖墓群位置示意图

名拼音首字母缩写，M代表墓葬。在分布上，4座墓葬两两分组，西部为M1和M2，墓向为南向；东部为M3和M4，墓向东南（图二）。M1位于墓群的最西端，地处插旗山南坡的一处岩壁之上，山村小路从墓门外经过，小路外侧即为陡崖。所在区域遍布竹林，周边缓坡地带多种植草皮。2009年12月，重庆市文化遗产研究院与璧山县文物管理所（现为璧山区文物管理所）对M1进行了抢救性的清理，发现了较为丰富的崖墓崖棺、墓室画像及相关材料。

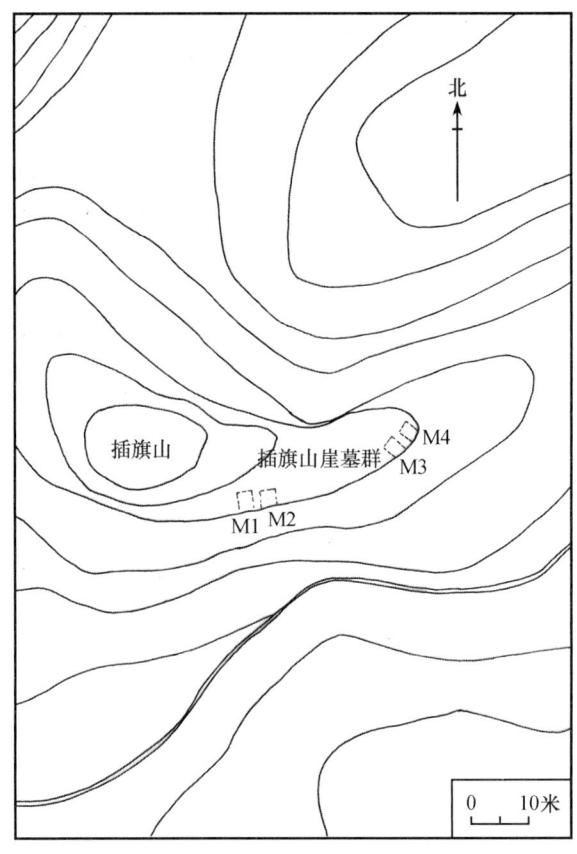

图二　插旗山崖墓群墓葬分布示意图

# 一、墓葬形制

方向85°，由墓道、墓门、甬道和墓室四部分组成，系利用岩体直接向下、向内开凿而成。墓葬总长约4.73米（图三）。

墓道　平面呈长方形，左右基本对称，中轴线与墓门垂直，两壁竖直，底部由墓门至墓道口逐渐下倾，倾角约3.3°，长0.79、宽1.32、深0~1.42米。

墓门　左侧有局部的坍塌，立面竖直、双重门框，外门框为近方形，宽1.32、高

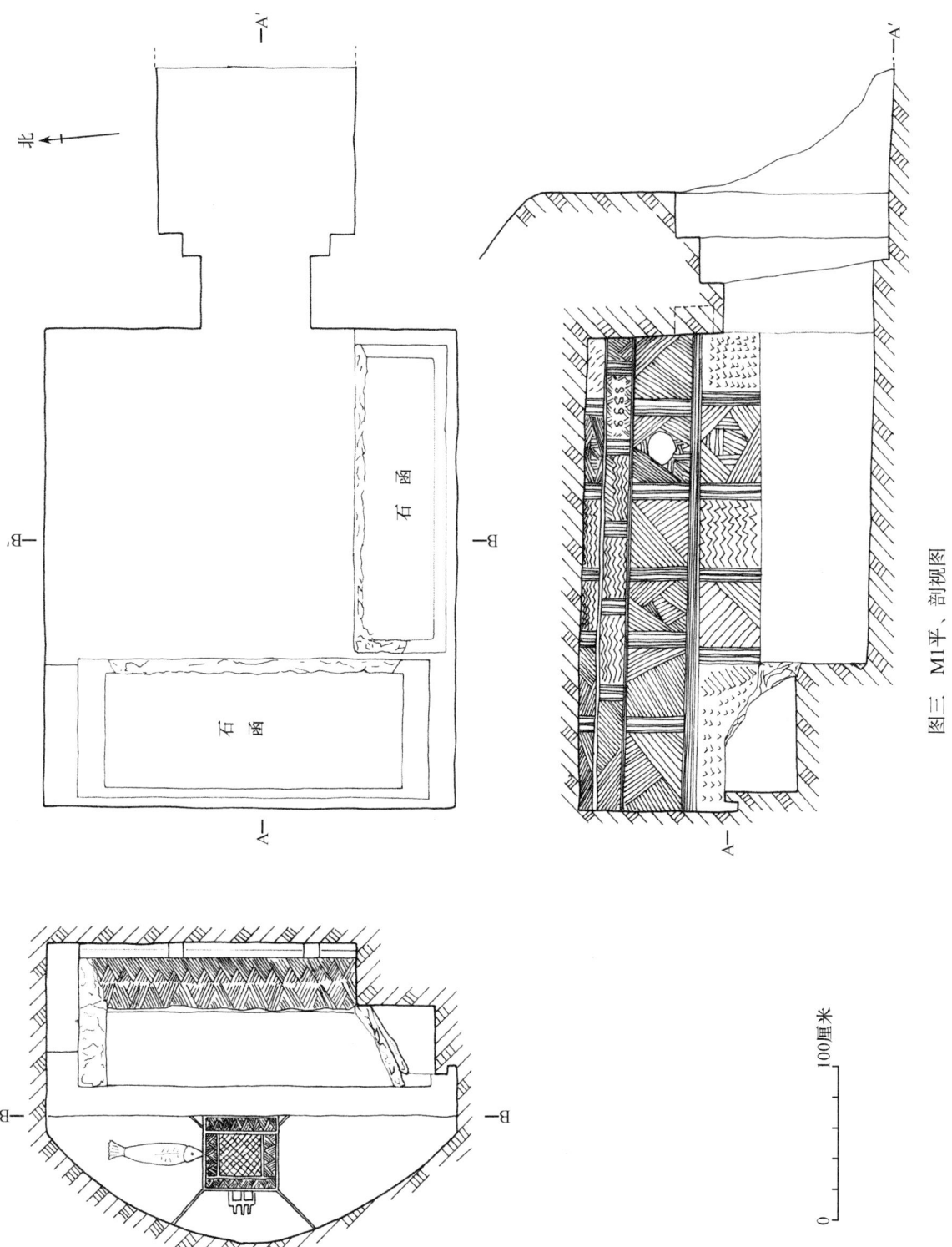

图三 M1平、剖视图

1.42、进深0.28米；内门框为近方形，宽0.98、高1.25、进深0.29米。墓门底部基本水平与墓道底部相连（图版六九，1）。未发现封门。

甬道　平面呈长方形，平顶，宽0.73、高0.98、进深0.31～0.45米。底部较平，高于内门框约0.1米。

墓室　平面为近方形，拱形顶，底部后高前低，坡度约2.1°，宽2.71、高1.21～1.92、进深3.03米。墓室前壁左侧可见有长方形小龛1处，宽0.42、高0.25、进深0.17米。在墓室右侧壁及后壁处各发现有崖棺一具。崖棺系利用原墓室内的岩体打造而成，底部及一侧与墓室岩体相连而无法移动。

## 二、墓葬錾痕及画像

墓道开凿较为粗糙，以斜向和竖向长錾痕居多，布局较为混乱。墓门相对精致，但风化剥蚀较为严重，仅在墓门内、外门框右侧可看到相互平行的规整细錾痕。

墓室四壁可见到大量规整的錾痕及画像。前壁表面多已剥蚀脱落，局部可见有不规则的凹坑状和条状錾痕。

后壁打制精致，所有錾痕及画像均集中于后壁崖棺与墓顶之间的半圆形区域内，下方以3条水平粗錾痕凹槽相隔，由左至右横贯墓室后壁（图版六九，2）。正中为一正方形图案，边长48厘米，其图案可分为内、外两部分，外部图案为三角形錾痕组合，内部为直錾痕垂直交叉形成的方形图案。正方形图案顶部正中可见有一幅"凸"字形状的图案，两侧各有45°斜向直线，分别向左、右两侧发散。正方形图案的右侧为一鱼的画像，长62厘米，面左，吻部与正方形图案相连，以阴刻线条勾勒出眼、头、身、尾、鳞、鳍等形象（图版六九，2），部分线条槽内可见有残存的暗红色痕迹，或为颜料。

左侧壁被横向的凹槽组合分割为上、下两层。其中，上层共有5个分格，最左侧位于后壁崖棺左端上部，呈横长方形，方格内多为"∨"形纹饰；左侧第2幅为两组平行细錾痕相互垂直组成的图案；第3幅图案由8条平行波浪形纹饰组成；第4幅为9组平行细錾痕形成的菱形图案；第5分格内多为"∨"形纹饰。下层因风化严重，其表面图案多已难以辨认，仅可见有大量不规则的凿痕（图版七〇，1）。

右侧壁多被右壁崖棺所占据，崖棺上部与拱顶之间尚留有小部分区域，表面錾痕较为混乱，上部多为凹坑状或点状錾痕，下部与崖棺相接处多为斜向长錾痕。

顶部表面通体以錾痕及图案装饰（图四）。墓顶正中以7条粗錾痕凹槽由前至后贯穿，将墓顶图案等分为左、右两部分（图版七〇，2）。左侧图案共由三层共18个分格

图四　M1墓顶錾痕及图案示意图

组成，每层分格之间错缝布局。其中，最上层包含6个基本等大的分格，后端两个分格内的图案均为平行细錾痕相互垂直构成；中段两个分格内则为波浪形纹饰组合；后起第5分格内为9组平行细錾痕形成的菱形图案；第6分格内则为点状的錾痕。中层亦由6个分格组成，最后侧的分格为横长方形，图案以平行细錾痕相互垂直构成（图版七〇，3）；后起第2、3分格内为波浪形纹饰组合；后起第4分格内图案较为复杂，正中为4幅"S"形纹饰横列，四周则以平行细錾痕组成的三角形图案为装饰；最前侧分格宽度约为中段4分格的一半，以平行细錾痕装饰。上层由6个分格组成，皆为方形，分格内的图案总体风格基本趋同，多为平行细錾痕相互组合而成，其中后起第5幅分格内的正中可见有线刻圆环状图案（图版七〇，4）。右侧图案亦分为上、中、下三层，其中最上层由5个分格组成，最后端方格为长方形，图案为平行细錾痕相互组合而成；后起第2、3方格内图案基本一致，均为9组平行细錾痕形成的菱形图案；第4方格内四角星与"X"形纹饰所构成的复合图像;第5方格内亦是由平行细錾痕相互组合而成的图案。中层包含7个分格,中段5个分格为方形,两端的2个分格宽度均只有其一半,后起第1方格内为平行细錾痕;第2、5、6、7方格内均为9组平行细錾痕形成的菱形图案;第3、4方格内则为横向水波纹组成的图案。下层右6个规格相近的方格组成,图案亦基本一致,皆为两组平行细錾痕相互垂直形成的图案。

## 三、崖墓崖棺

共发现崖棺2具,分别位于墓室右侧壁及后壁处。崖棺系利用原墓室内的岩体打造而成,底部及一侧与墓室岩体相连而无法移动。

右侧崖棺与墓室右侧壁相连,位于墓室前壁与后侧崖棺之间,长1.95、宽0.59、内部高0.46米;外侧棺壁已不存,其余三面棺壁厚约8厘米;棺底厚约0.45米,外侧有较为规整的錾痕为装饰,因风化剥蚀皆已不清(图版七一,1)。

后侧崖棺紧邻墓室后壁,长2.3、宽0.88、内部高0.51米;外侧棺壁已遭损毁,内侧棺壁厚8、两端棺壁厚17.6厘米;棺底厚约0.45厘米,外侧錾痕较为规整,以8~10条由长至短的錾痕平行组成的三角形图案为基本单位,共4列两两相错组成;棺底下部尚可见有两处方形凸出,似为仿木结构,或许与同时期较为普遍的葬具下垫砖、木、石的葬俗有关(图版七一,2)。

## 四、随 葬 品

墓葬经多次盗扰,发掘时未见任何人工遗物。

## 五、结 语

M1为带墓道、多重门框的单室崖墓,相同类型的墓葬在渝西地区有着广泛的分布,一般其时代被普遍认为东汉至六朝时期。墓室内大量分格的现象,风格与相邻的棺山坡崖墓群M5相近[1],符合东汉晚期崖墓的总体特征[2]。因此,我们认为M1的时代

---

① 重庆市文化遗产研究院、璧山县文物管理所:《重庆璧山县棺山坡东汉崖墓群》,《考古》2014年第9期。

② 罗二虎:《四川崖墓的初步研究》,《考古学报》1988年第2期。

应在东汉晚期。

墓室后壁内可见有鱼的画像，在渝西地区这一时期的崖墓遗存中较为常见，特别以江津区石坎崖墓群中最为集中。鱼一直是汉代画像中的常见题材，在南阳王庄汉画像石墓①、邹城画像石椁②、徐州洪楼村汉墓③等地均可见有鱼车出行的形象，有学者称之为"河伯出行"④，也有学者认为其是昆仑山升仙信仰的一种表现⑤。在川渝地区，鱼的形象多与鸟、龙、龟、天禄等动物共同出现，其中最值得注意的是鸟啄（追）鱼的形象，如四川三台郪江金钟山Ⅱ区M2出土石棺⑥、内江白马关升店崖墓石棺左侧⑦、泸州11号石棺右侧⑧等，其中尤其以重庆璧山棺山坡M3石棺后端画像⑨最能说明问题，三幅图像是利用视觉差分别表现门、门外与门内的情形，掩门图的门楣处则刻画出"胜"纹，《山海经·西山经》："西王母其状如人，豹尾虎齿而擅啸，蓬发戴胜"，一般认为，"胜"即是西王母及其仙界的象征符号；门内为西王母端坐于龙虎座之上；门外则是鸟啄鱼，《山海经·西山经》："又西三百五十里，曰玉山，是西王母所居也。……有鸟焉，其状如翟而赤，名曰胜遇，是食鱼"，其表现的正是西王母所在仙境的景象。因此，在插旗山M1中，我们不排除鱼是西王母仙境的一种符号化的表现的可能性。

除了象征升天外，鱼在汉代画像中还具有子孙繁盛的寓意。若从写实的角度来看，鱼的画像也体现出其在这一时期人类生产生活中的重要性。

除了墓室画像以外，M1墓室内可见有两具与墓室相连的崖棺，其下部可见有仿垫棺枋，与四川省长宁县七个洞崖墓群M6的情况类似⑩，但崖棺的分布位置不尽相同。在渝西地区的璧山、大足、铜梁、渝北、永川、綦江等区县都有崖棺这类遗存的发

---

① 南阳市博物馆：《南阳市王庄汉画像石墓》，《中原文物》1985年第3期。
② 胡新立：《邹城汉画像石》，文物出版社，2008年，第175页。
③ 王德庆：《江苏铜山东汉墓清理简报》，《考古通讯》1957年第4期。
④ 李陈广：《南阳汉画像河伯图试析》，《中原文物》1986年第1期。
⑤ 王煜：《也论汉代壁画和画像中的鱼车出行》，《考古与文物》2013年第3期。
⑥ 四川省文物考古研究院、绵阳市博物馆、三台县文物管理所：《三台郪江崖墓》，文物出版社，2007年，第40页。
⑦ 雷建金：《内江市关升店东汉崖墓石棺》，《四川文物》1992年第3期。
⑧ 罗二虎：《汉代画像石棺》，巴蜀书社，2002年，第127页。
⑨ 重庆市文化遗产研究院、璧山县文物管理所：《重庆市璧山县棺山坡东汉崖墓群》，《考古》2014年第9期。
⑩ 四川大学考古专业七八级实习队：《四川长宁"七个洞"东汉纪年画像崖墓》，《考古与文物》1985年第5期。

现，但多制作粗糙，且鲜有画像者①。本次对插旗山M1的发掘，进一步丰富了相关资料，有助于推进川渝地区的崖墓及相关研究。

附记：本次发掘工作得到了璧山区文广新局、璧山区文物管理所、丁家镇政府、铜瓦村村委的大力支持，在此深表谢意。

领　　队：邹后曦　李大地
发　　掘：曾先龙　范　鹏　董小陈　张守华　陈安乐
绘　　图：曾先龙　张守华
摄　　影：李应东　董小陈
拓　　片：别廷芬　秦　彬
执　　笔：范　鹏　李大地　邹后曦

---

① 崖棺上有画像者以四川长宁七个洞M6、M7为代表，在重庆地区仅发现两处，分别为铜梁马鞍山M10和永川伏岩寺M6。

# 渝北区窑子坪墓地M1发掘简报

重庆市文化遗产研究院
渝北区文物管理所

## 一、概　　述

2008年4月~2008年6月，重庆市文物考古所（现为重庆市文化遗产研究院）、湖北省长阳博物馆联合对老锅厂墓群所属的窑子坪墓地进行了考古发掘。老锅厂墓群位于重庆市渝北区洛碛镇上坝村，地处长江左岸，由六个土包组成，自东向西依次为院子丘、文家湾、窑子坪、白家嘴、庙包、观音阁（图一、图二）。

窑子坪墓地位于重庆市渝北区洛碛镇上坝村八社，地处长江左岸一级台地，南北两面邻冲沟、东临长江、西面为坡地农田，地表为蔬菜、粮食等作物。中心地理坐标

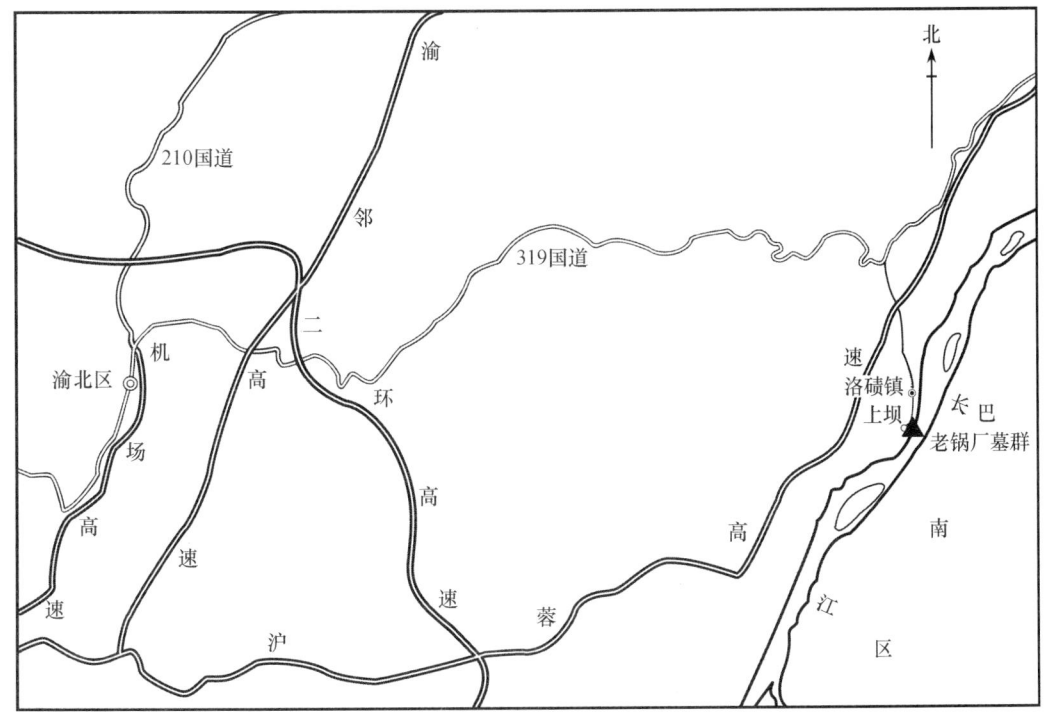

图一　老锅厂墓群位置示意图

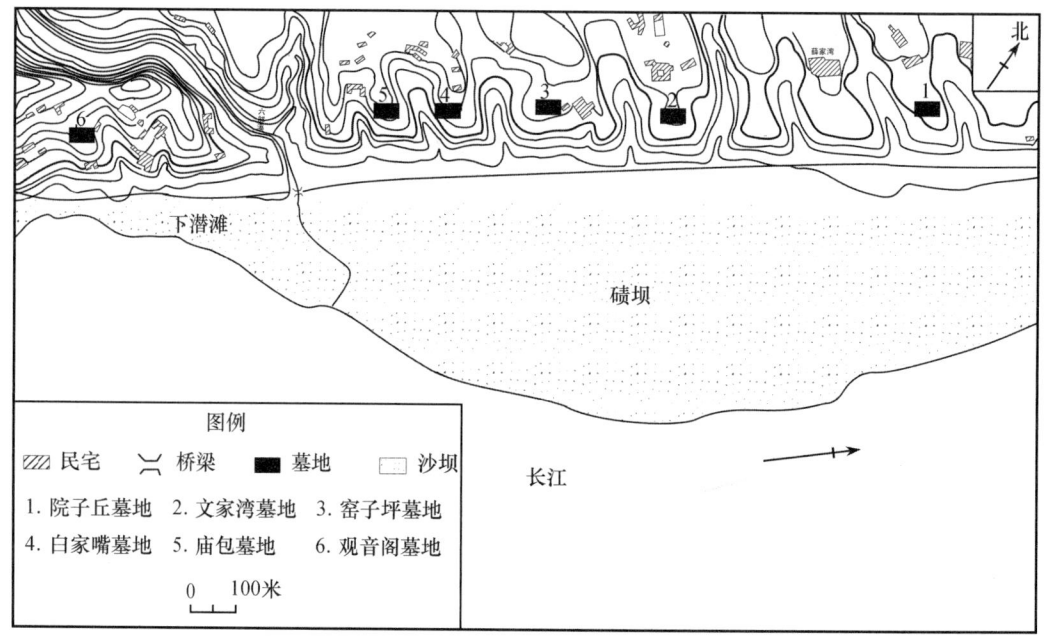

图二　老锅厂墓群墓地分布图

为北纬29°42′1.11″、东经106°55′12.24″，海拔208米。东西长30、南北宽40米，分布面积1200平方米。

窑子坪墓地发掘面积700平方米，布设10米×10米探方7个，布方方向330°（图三）。发掘区分为两部分：T1发掘区位于墓地东南缘，西北与T2～T7发掘区相距约160米。T1清理发掘石室墓1座（M1）、砖室墓1座（M2），T2～T7清理发掘瓮棺葬1座（M3）、灰坑1个（H1）、灰沟1条（G1）、祭祀遗迹1处。

M1发现画像石2方，系六朝石室墓，在老锅厂墓群为孤例，本报告对该墓葬报告如下。

## 二、形 制 结 构

M1位于T1西部，叠压于第2层下，打破生土。开口距地表深45～50厘米。

M1为竖穴土圹石室墓，刀形，墓向140°（图四；图版七二，1）。墓葬开口长542、墓室土圹宽290、甬道土圹宽218厘米，墓底内长456、墓室内宽242、甬道内宽171厘米，墓底距开口90～92厘米。

M1由墓道、封门、甬道、墓室组成。

墓道　位于墓葬南部，残留两级台阶。平面呈长方形，底为台阶状。墓道残长

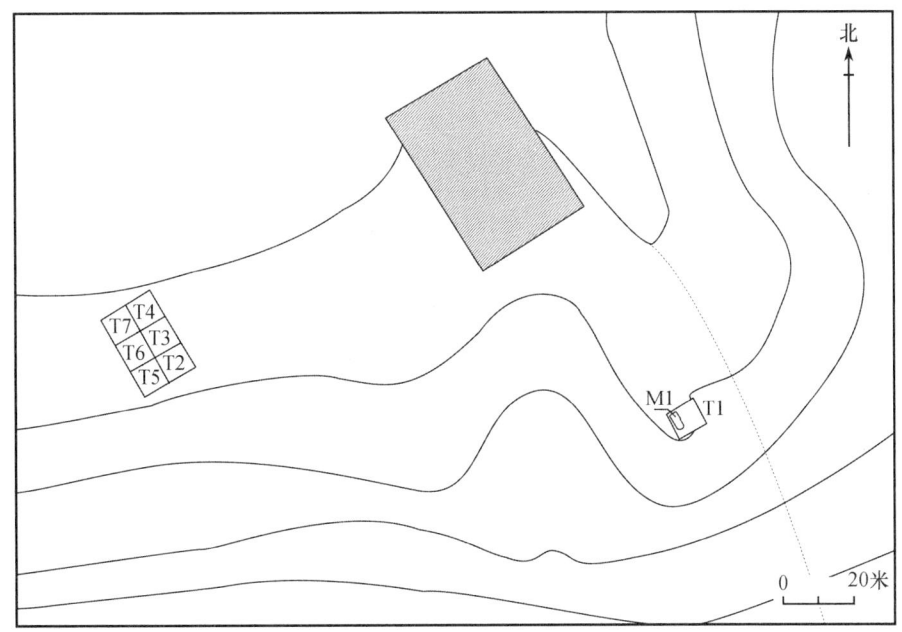

图三　窑子坪墓地M1分布位置图

42、宽186～199厘米。一级台阶宽约19、高63、高22厘米。

封门　位于墓道与甬道之间。系红褐色砂岩短条石错缝平砌而成，北部受挤压向内凹。封门残存条石4层，残高92厘米，其中底部门槛石高31厘米。条石人工凿制较规整，宽20、高23、长8～76厘米。

甬道　长207、宽171、残高68～91厘米。甬道壁系长条形青石错缝平砌而成，凿制较封门石规整，凿痕可见竖凿和斜凿。条石宽20～23、高23、长38～78厘米。甬道两壁残存条石3～4层，东部残存4层，其中残存券顶起券石一层。甬道东壁中部一条石面浮雕"鱼"纹图案，长32厘米。底部系不规则形板石镶嵌，部分缝隙用青砖塞缝，板石厚4～5厘米。东部铺底石遭受扰乱残佚。

墓室　长248、宽242、残高53～68厘米。墓室壁系长条形青石错缝平砌而成，条石规格与甬道条石相同。墓壁残存条石3层，墓室北壁底层条石略高于其他。墓室券顶石不存。墓底系不规则形板石镶嵌平铺。墓室东北壁仅甬道处，一条石面浅浮雕"蛇"形图案，长56厘米。墓室填土出土券顶石一块，截面呈拱形，长70、高23厘米。

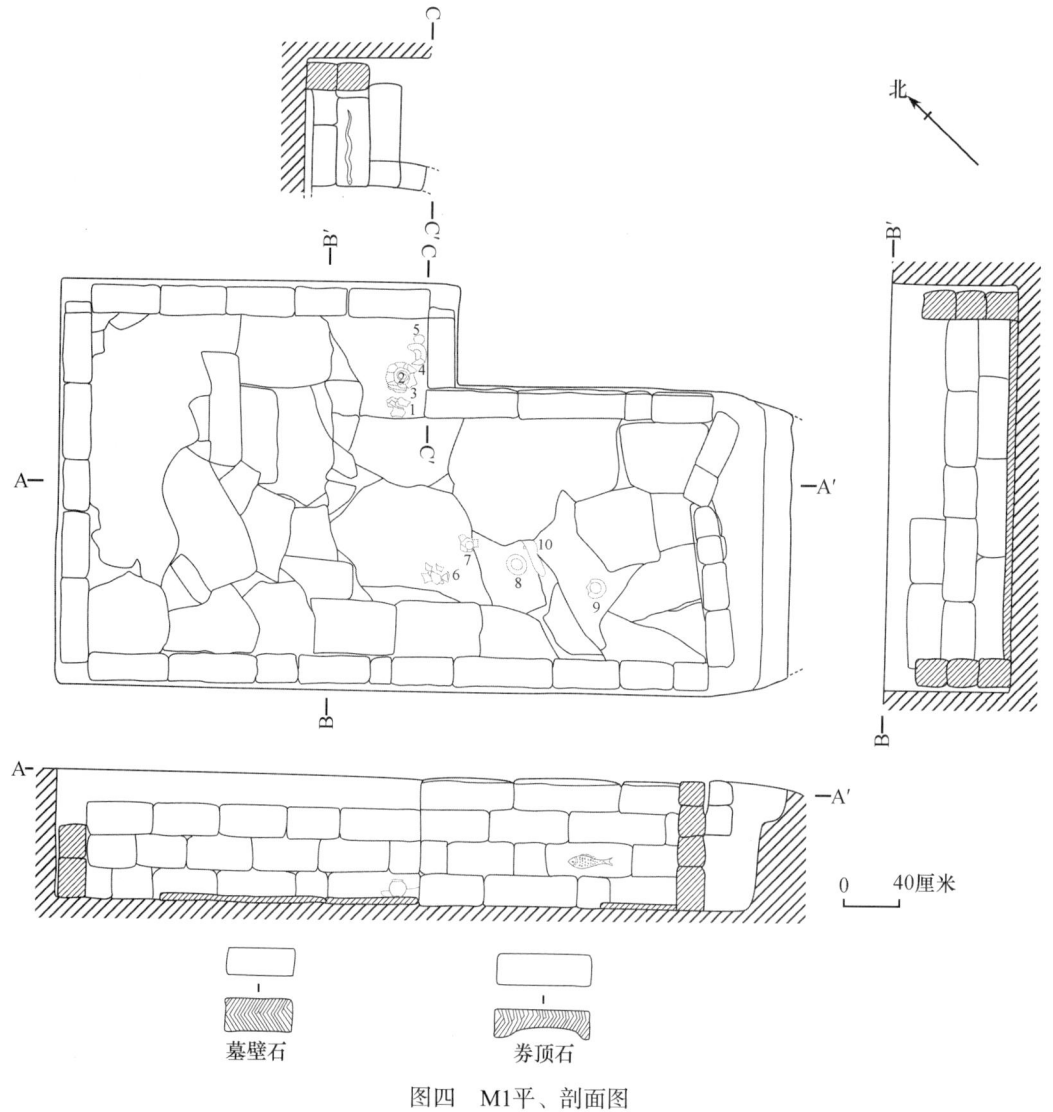

图四　M1平、剖面图
1、4~9.青瓷碗　2.青瓷六系罐　3.陶釜　10.金指环

## 三、出土器物

M1出土器物15件,包括墓底随葬品10件、填土出土器物5件。墓底随葬品位于甬道和墓室东部近甬道处,包括陶器1件、青瓷器8件、金器1件。填土出土器物包括陶器1件、青瓷器3件、石器1件。另有画像石2方,在此一并叙述。

（一）陶器

2件,为釜、罐。

釜　1件。M1∶3，红陶。侈口，尖唇，束颈，鼓腹，圜底。腹饰纵向绳纹。口沿23、高15.4厘米（图五，4）。

罐　1件。M1∶01，红褐陶。敛口，圆唇，矮领，鼓腹微折，底略内凹。口径8.5、底径10、高9.7厘米（图五，3）。

（二）青瓷器

青瓷器11件，器形见碗、盘口壶、六系罐、残器底。青瓷器为灰白胎。

**1. 碗**

7件，以器底与口径比例大小分为大底碗、小底碗。

大底碗　5件。M1∶1，敞口，圆唇，弧腹，饼足内凹。口径12.9、底径5.8、高6.1厘米（图五，7）。M1∶8，施青釉不及底。敞口，尖圆唇，下腹微鼓，饼足内凹，内底见支钉痕。口径14.5、底径8.9、高7.3厘米（图五，12）。M1∶4，敞口仅直，圆唇，弧腹，饼足外撇，内略凹。口径14.5、底径9、高7厘米（图五，13）。M1∶9，敞口，尖圆唇，弧腹，饼足。施青釉内外不及底。口径14.8、足径9.5、高6.9厘米（图五，11）。M1∶5，敞口近直，方圆唇，沿面内斜，弧腹、饼足平底。口径8.3、底5.1、高4.5厘米（图五，10）。

小底碗　2件。M1∶6，直口，腹略鼓，饼足略外撇，底内凹。施青釉不及底。口径7.5、底径3.1、高4.2厘米（图五，9）。M1∶7，敞口，尖唇，弧腹，饼足，平底。口径11.4、底径3.8、高6.3厘米（图五，8）。

**2. 盘口壶**

2件。M1∶02，灰白胎，施青釉不及底。盘口方圆唇，束颈，圆肩，弧腹，底略内凹。肩部附接对称桥形四系，横置。口径11.2、底径11.2、高20厘米（图五，6）。M1∶03，灰白胎，施青釉脱落。盘口残，束颈，溜肩，鼓腹，底略内凹。肩部附接对称桥形六系，横置，系残。底径11.5、残高17厘米（图五，5）。

**3. 六系罐**

1件。M1∶2，灰白胎，施青釉不及底。直口圆唇，溜肩，鼓腹，底略内凹。肩部附接桥形六系，横置。肩腹相接处施凸棱纹，其下印莲花瓣纹饰。口径12.3、底径12.1、高18.8厘米（图五，1）。

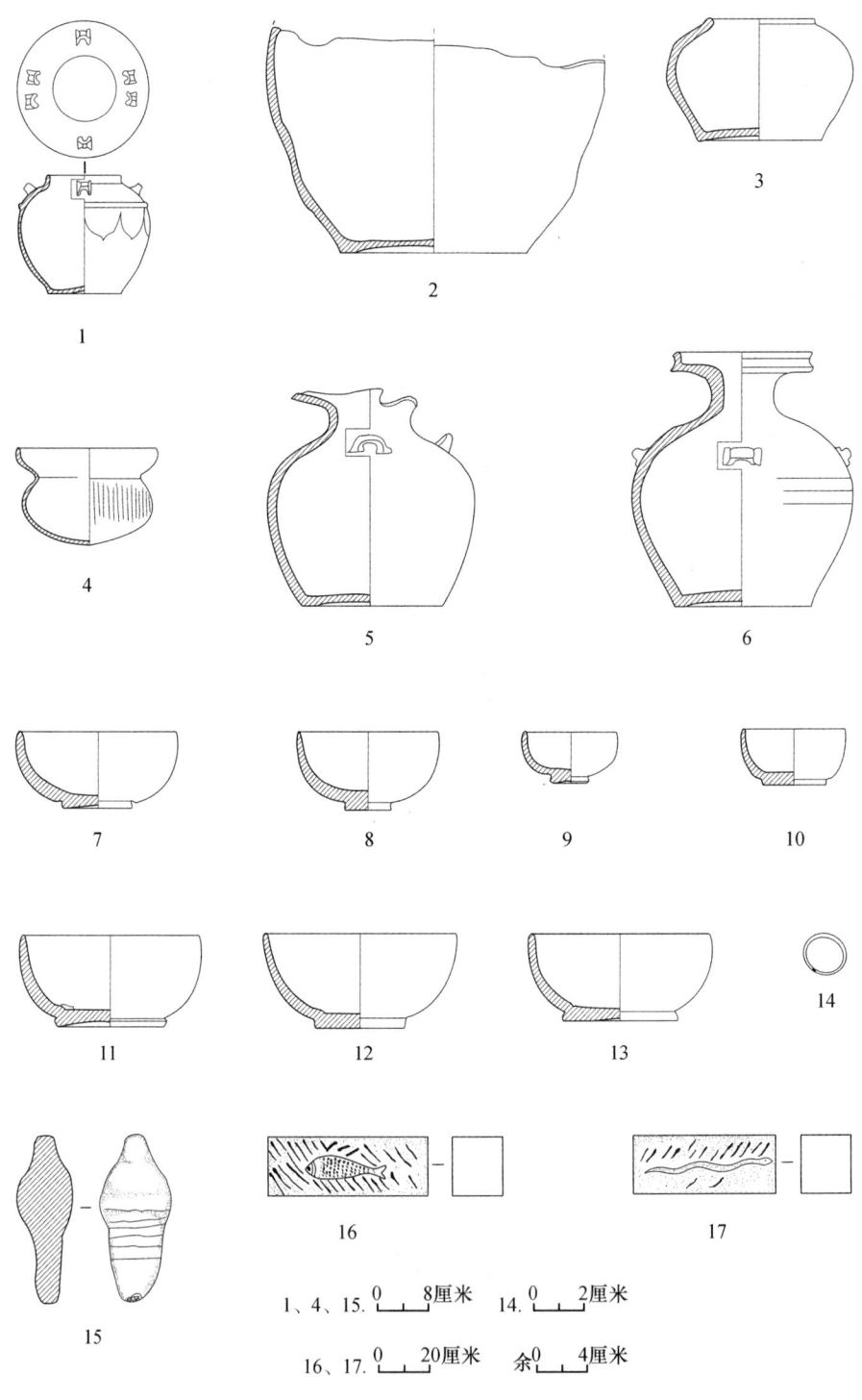

图五 M1出土器物及画像石

1. 青瓷六系罐（M1:2） 2. 青瓷器底（M1:04） 3. 陶罐（M1:01） 4. 陶釜（M1:3）
5、6. 青瓷盘口壶（M1:03、M1:02） 7、10~13. 青瓷大底碗（M1:1、M1:5、M1:9、M1:8、M1:4）
8、9. 青瓷小底碗（M1:7、M1:6） 14. 金指环（M1:10） 15. 石锤（M1:05） 16. 鱼画像石 17. 蛇画像石

**4. 器底**

1件。M1：04，残，弧腹，下腹外曲，底内凹。灰白胎，施青釉不及底。底径15.6、残高17.6厘米（图五，2）。

（三）金器

1件，为金指环。M1：10，圆环形，环截面半圆。直径1.6～1.7厘米（图五，14）。

（四）石器

1件，为石锤。M1：05，天然卵石，中段鼓凸，两端收细。下端有六道自然纹线，底部有锤击痕迹。高26.4、宽12、厚9厘米（图五，15）。

（五）画像石

2方，分别为鱼、蛇浮雕图案（图版七二，2）。鱼画像石，黄砂岩，雕凿于长方形条石内壁，位于墓室甬道东壁。正面中部浅浮雕鱼图案，游鱼状，鱼鳞以凿点表现，身长33厘米。四周为斜向凿痕（图五，16；图版七三，1）。蛇画像石，黄砂岩，雕凿于长方形条石内壁，位于墓室东北壁，近甬道。料岩部分风化、脱落。正面中部浮雕蛇图案，游行状，身长52厘米。四周为斜向凿痕（图五，17；图版七三，2）。

# 四、结　语

窑子坪墓地M1扰乱严重，墓葬券顶不存，随葬品组合不全，从存留的墓葬及出土器物，有如下认识：

（1）墓葬形制上，窑子坪墓地M1为刀形石室墓，主要用青灰色条石构筑，是对汉以来刀形砖室墓的仿制。刀形墓葬也是六朝时期主要的墓葬形制之一，而在已刊布的墓葬材料中，三峡库区上游的忠县以上区域，鲜有东汉至六朝时期石室墓发现，从这方面而言，M1具有重要意义。

（2）关于随葬品。M1随葬品不丰，应为遭受扰乱所致。六朝时期主流仍是厚葬，从公布的材料看，不少大中型墓葬，出土金银器是较为普遍的现象。M1存留随葬品中仍可见装金指环一枚，可见一斑。

（3）墓葬年代。M1出土器物有青瓷器、陶器，以青瓷器较多，青瓷器以碗较多，器身较高的盘口壶次之，陶器仅见炊器陶釜1件，此类器物组合见于忠县大坟坝M2、M3[①]。从器物形态上，M1的小底碗M1：7（图五，8）与忠县大坟坝M1：5相同。M1碗的形态以承袭汉代弧腹陶钵的大底碗，到后南朝晚期饼足小底碗的变化趋势，填土中出土的盘口壶肩部较高，不见南朝后期腹部下垂的形态。综述，M1时代为南朝中晚期应是没有问题的。

（4）M1的画像石。M1于甬道、墓室同层条石内壁分置鱼、蛇浮雕图案一幅，构图简练，形象写实较为生动，可见鱼与蛇在同层上相对而置，但位置上均应朝向墓葬棺床所在方向。鱼、蛇一方面为现实生活中常见的动物，窑子坪墓地邻长江，在农业社会，沿江先民打鱼应是常见的谋生手段，鱼即为先民重要的食物，窑子坪一带地貌被一条条冲沟分列成众多山丘土包，加之区域内长江沿岸气候湿润，蛇为常见的动物伴于先民生活中。另一方面，鱼、蛇图案可能表达了一种象征意义。汉以来，造人的伏羲女娲作为当时人们世界观里的神，在汉画像中常以人首蛇身形象出现，也是先民生殖崇拜的体现，M1的蛇图案即可能是这个意义的简化，与鱼相对而置，象征对子孙兴旺、繁衍昌盛的祝愿。

附记：本次考古发掘工作得到了渝北区文物管理所的大力支持，在此表示衷心的感谢。

领　　队：白九江
发　　掘：龚玉龙　王道新　张守华　文朝安
修　　复：王海阔
绘　　图：文朝安　王贵平
整　　理：龚玉龙　陈　东　邓兆旭
执　　笔：陈　东　龚玉龙　白九江

---

① 北京大学考古文博学院：《重庆忠县大坟坝六朝墓葬》，《东南文化》2006年第1期。

# 涪陵区古坟堡墓地发掘报告

重庆市文化遗产研究院
涪陵区博物馆

## 一、墓地概况

涪陵区位于重庆市及三峡库区腹地、重庆市中部，东邻丰都县，南接南川区、武隆区，西连巴南区，北靠长寿区、垫江县，乌江、长江在此交汇，历来有渝东南门户之称。古坟堡墓地位于涪陵区南沱镇睦和村一组，地处长江右岸的二级台地上，西距长江约600米。中心地理坐标北纬29°51′60″、东经107°27′16.8″，海拔185米（图一）。

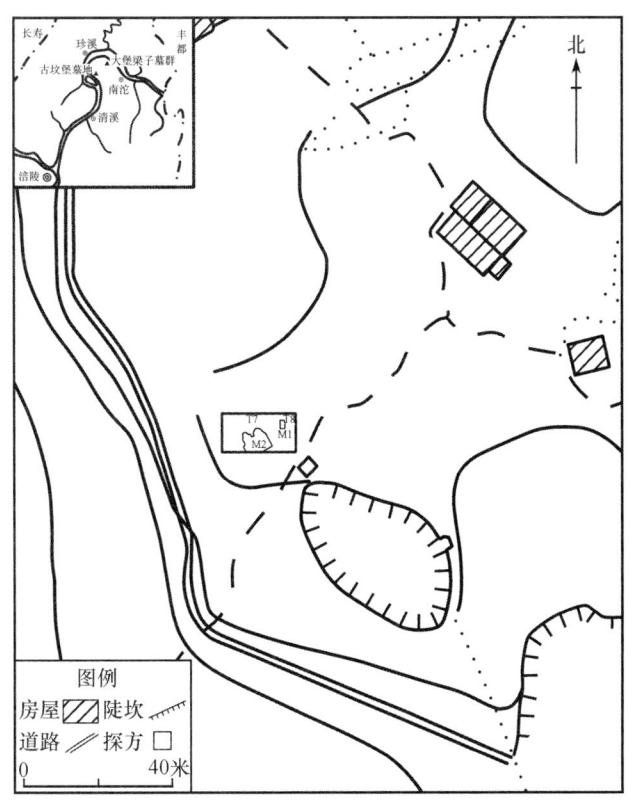

图一　古坟堡墓地位置图

2015年7月，重庆市文化遗产研究院在进行三峡水库消落区文物保护工作中发现该墓地，已被盗掘。2015年7~9月，重庆市文化遗产研究院联合涪陵区博物馆对该墓地进行了考古发掘，共布10米×10米探方2个，发掘面积200平方米，共清理墓葬2座，其中东汉砖石混筑墓1座，宋代土坑墓1座。下面将该墓地的东汉墓葬报告如下。

# 二、墓葬介绍

## （一）墓葬结构

### 1. 封土

墓地所在地表四周地势较为平坦，唯墓葬处为圆形土包，土包顶部有一直径约3米的圆形盗洞，M2叠压于第1、2层下，打破第3层，即起建于该层，上覆封土4层。目前封土呈覆盆形，底部直径17~20米，残存4层，残高1.7米。根据T7、T8南壁介绍地层堆积如下（图二）。

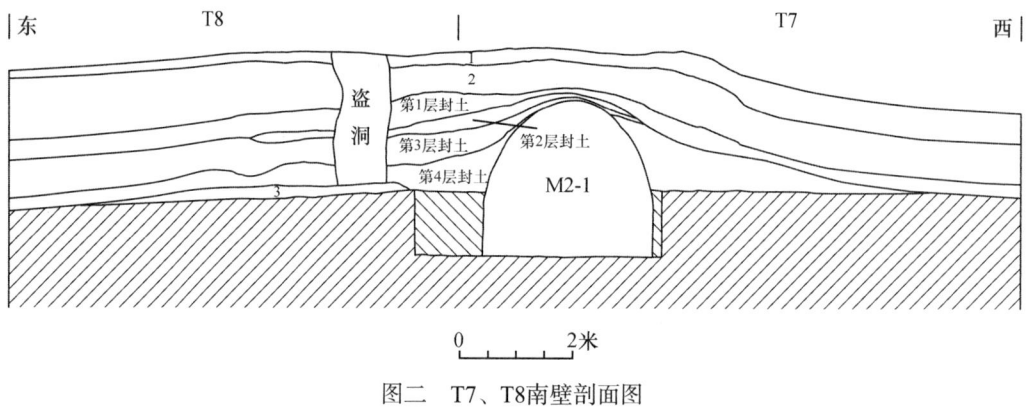

图二　T7、T8南壁剖面图

第1层：灰褐色黏土，土质较疏松，含少量的植物根茎、近现代生活垃圾。无器物出土。除T7、T8东北部外全探方分布，呈中部高两端低的斜坡状堆积，厚18~54厘米。

第2层：黄褐色黏土，土质较致密，含少量缸胎残片。除T8东北部被现代坑完全破坏外，全探方分布，呈中部高两端低的斜坡状堆积。距地表深18~54、厚43~109厘米。

第1层封土：灰褐色黏土，土质较致密，含少量的炭粒。全探方分布，呈中部高两端低的斜坡状堆积。距地表深60~122、厚10~50厘米。

第2层封土：红褐色黏土，土质致密，含少量的炭粒。分布于M2除西南部外的大部分区域，呈中部高两端低的斜坡状堆积。距地表深75～145、厚0～28厘米。

第3层封土：黄褐夹青灰色黏土，土质致密，在该层南部、M2两墓室中部本层下有若干碎石片，应为修筑时开凿堆积而成。分布于M2除西南部外的大部分区域，呈中部高两端低的斜坡状堆积。距地表深80～156、厚0～65厘米。

第4层封土：浅黄褐色黏土，土质致密，含少量的炭粒。在该层南部、M2两墓室中部本层下有若干碎石片，应为修筑时开凿石块堆积而成。分布于M2除西南部外的大部分区域，呈中部高两端低的斜坡状堆积。距地表深110～220、厚0～110厘米。M2墓室叠压于本层下。

第3层：灰褐色黏土，土质较致密，含少量炭粒，无器物出土。分布于探方东部，该层被M2打破，呈水平状堆积。距地表深226～237、厚0～25厘米。

第3层下为红褐色生土。

## 2. 墓穴

M2为竖穴土圹砖石混筑墓，墓圹长6.5、宽7.02米。由墓道、墓门、甬道及由通道相连的两座刀把形墓室组成，方向331°（图三、图四；图版七四）。

M2-1墓道为梯形斜坡墓道，壁较直，底略弧，长1.2、宽1.22～1.52、深0～0.2米。M2-2墓道为梯形斜坡墓道，壁较直，底略弧，长0.64、宽1.2～1.7、深0～0.24米。

墓道与甬道间均用长方形条石平砌封门，仅残存墓门下部。M2-1墓门宽0.9、进深0.18米，封门石长0.34～0.84、宽0.13～0.28米，残存二层，高0.43米。M2-2墓门宽0.91、进深0.18米，封门石长0.35～0.86、宽0.07～0.18米，残存三层，高0.64米。右侧门枋西侧有浅浮雕阙，单出，悬山顶，其下为楼部、枋子层及阙身，宽0.14、高0.62米（图五；图版七七，1）。

甬道位于墓室北部，底部四周用长方形条石平铺一周，略外斜，中以长方形砖横向通缝平铺，纹饰均朝向墓门。甬道壁用长方形条石错缝平砌，在第4层处用长方形条石纵向错缝砌筑券顶（图版七六，1）。其中，M2-1甬道壁及甬道券顶保存完好，券顶共15排。M2-1甬道内长2、宽1.4、高1.7米。M2-2甬道东壁已不存，西壁尚存4层，券顶已不存。M2-2甬道内长2、宽1.6、残高0～0.92米。

墓底紧靠墓壁处铺一周条石，略外斜，其余用长方形砖通缝平铺，纹饰均朝向墓门。墓室壁用长方形条石错缝平砌，在第5层处用长方形条石纵向错缝砌筑券顶（图版七五；图版七六，2）。其中，M2-1墓室壁及券顶大部分保存完好，墓室后壁略残，上部有一长方形龛，长0.42、宽0.3、进深0.2米，券顶共20排。M2-1墓室内长2.84、宽2.18、高2.3米。M2-2墓室壁残存3～5层，券顶已不存。M2-2墓室内长2.9、宽2.4、残

· 178 ·　重庆汉代画像考古报告集

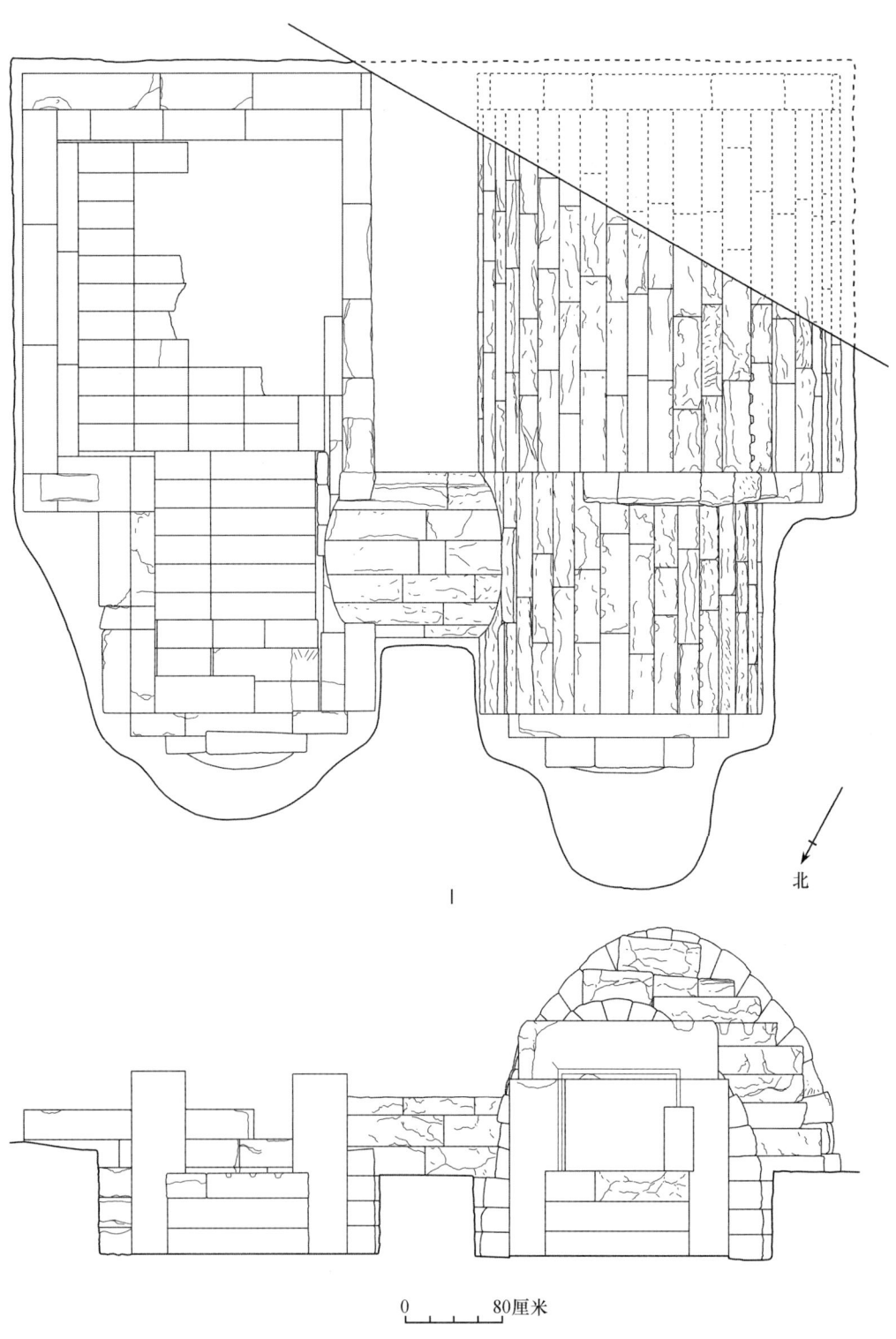

图三　M2顶视、正视图

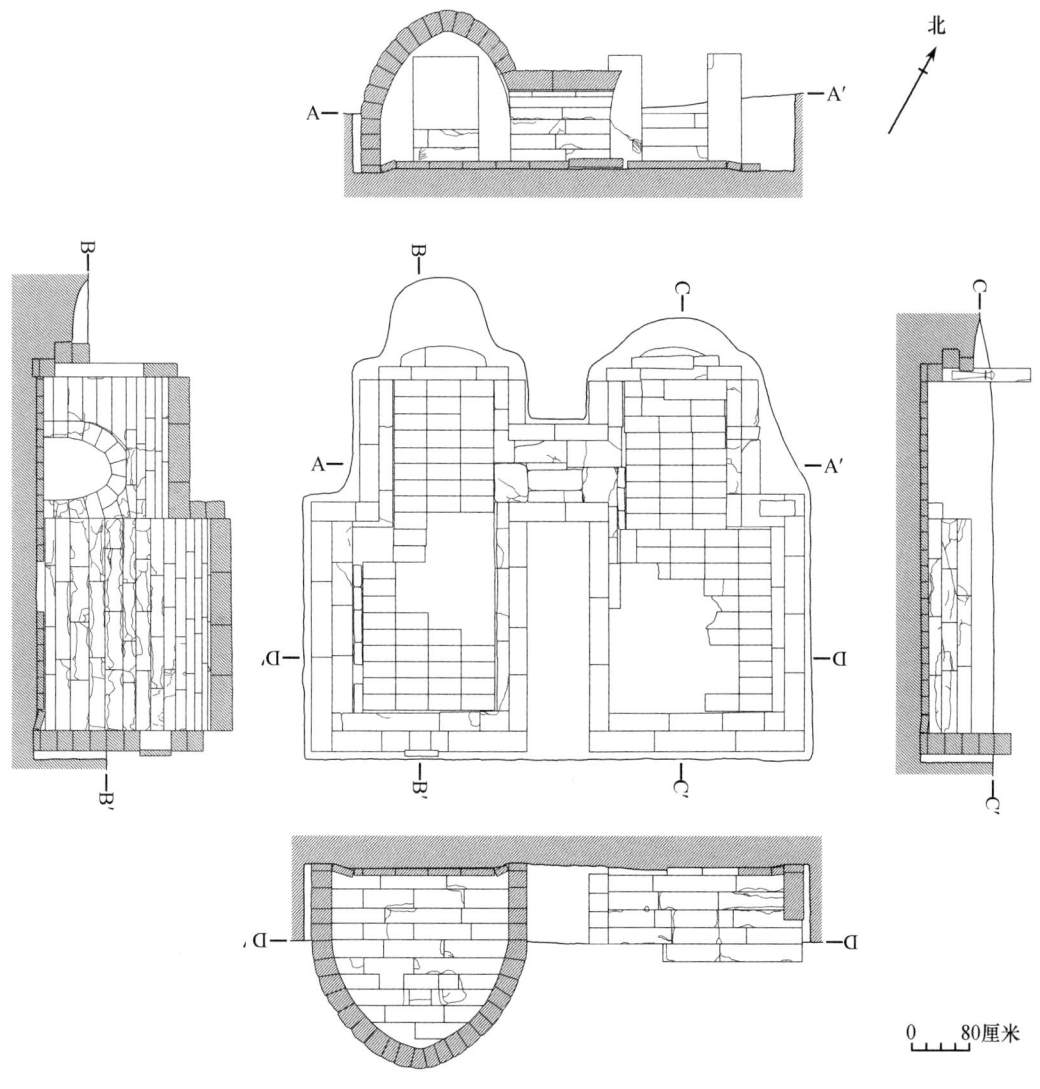

图四　M2平、剖面图

高0.6~1.16米。

M2两甬道中部以通道相连，通道底部用长方形石板错缝平铺，壁用长方形条石错缝平砌，在第2层处用长方形条石错缝砌筑券顶，券顶保存完好。通道内长0.84、宽0.72、高0.94米（图版七七，2）。

墓砖仅有长方形砖一种，长47、宽22、厚9厘米；墓砖朝墓门面饰有网格纹、车轮纹、铜钱纹等（图六）。

M2经多次盗扰，随葬器物均已不存，均出土于填土中。墓内未发现葬具及人骨。

墓葬构筑过程：首先对当时地面进行简单的平整加工，并挖掘带墓道的凸字形墓

图五 M2-2墓门单阙拓片

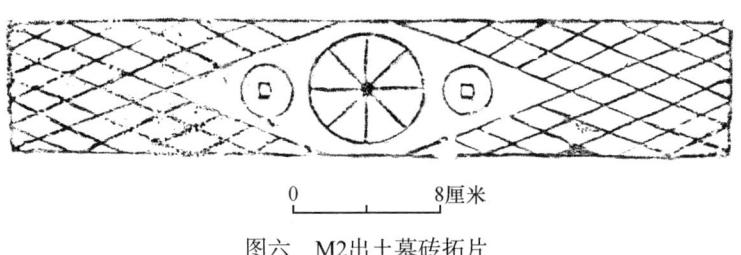

图六 M2出土墓砖拓片

圹，在墓圹内用条石垒砌甬道、墓室、通道的两壁及底部四周，再用墓砖平铺墓底。在开始起券时，将墓葬周围填土至起券处，并在此地面上（即第4层的底部）对起券的条石进行加工修整，这样就在两墓室中部形成了一层由碎石片组成的堆积，随着起券高度的增加，再将周围垫高后（即第4层）修整条石，在此地面上（即第4层的表面）对起券的条石进行加工修整，这样又在两墓室中部形成一层碎石片堆积。之后再经历两次填土（即第2层、第1层）后将券顶完成。其中，M2-1墓室券顶第6、7排条石外侧可见加工痕迹（图七）。最后，对墓道进行回填。

条石加工：构筑墓葬主体的石材为砂岩，筑墓条石外部凿制粗糙，表面凹凸不平，朝向墓室内一面加工平整，加工凿痕主要分为斜向、竖向、席纹、人字形等（图八）。其中M2-1后壁条石痕迹分布有规律，为席纹与斜线纹交错分布，M2-2后壁条石痕迹分布为上部为三角形，最底部为斜向。

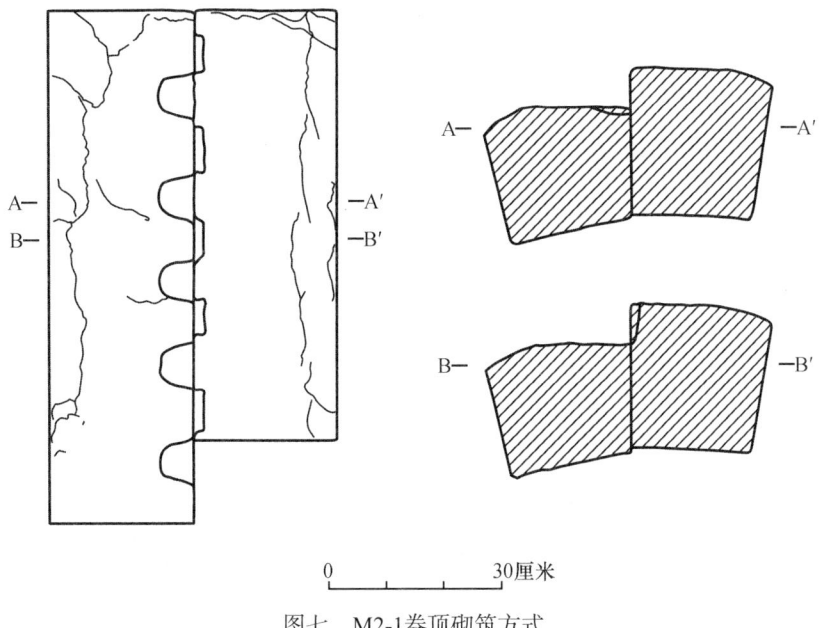

图七　M2-1券顶砌筑方式

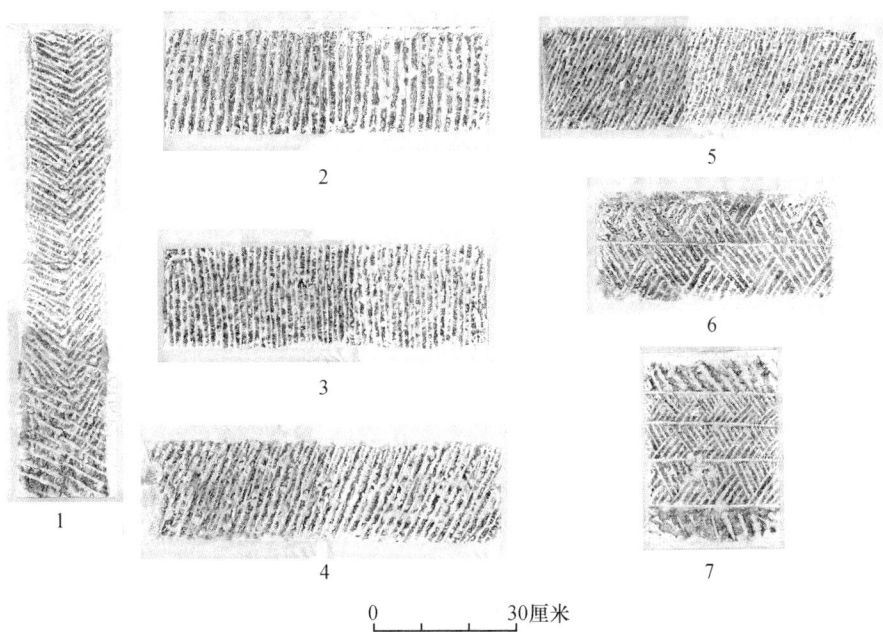

图八　M2条石加工痕迹拓片
1. 人字纹（M2-1墓门右侧门枋左壁）　2. 粗竖线纹（M2-1墓室后壁）　3. 细竖线纹（M2-1墓室左壁）　4. 粗斜线纹（M2-1墓室后壁）　5. 细斜线纹（M2-1墓室左壁）　6. 席纹（M2-1后壁）　7. 斜线纹-席纹（M2-1后龛）

## （二）出土器物

M2经过多次盗扰，随葬器物大部分已不存，仅在扰土中及M2-2甬道残存少量随葬器物，有陶器、铜器两类，可修复器4件、标本4件。

### 1. 陶器

钵　2件。M2-1：03，泥质灰陶。敛口，方唇，弧腹，平底。口径14.4、底径8.6、高5厘米（图九，3；图版七八，1）。M2-1：3，泥质灰陶。仅存口部、上腹部，侈口，圆唇，斜直腹。残宽4.3、残高2.9、壁厚0.5厘米（图九，1）。

釜　1件。M2-1：01，泥质红陶胎，器表施黄釉，部分剥落。口部残缺，束颈，圆折肩，垂腹，圜底。肩部饰有二周凹弦纹，弦纹间饰有两对称实耳，腹部近底处饰有一道凹弦纹。内底可见轮制痕迹。最大腹径15、残高9厘米（图九，4；图版七八，2）。

盆　1件。M2-2：2，泥质灰陶。仅存口部、上腹部。敛口，平折沿，弧腹。腹部饰有二周戳印纹。残宽10.4、残高6.4、壁厚0.6厘米（图九，2）。

俑　1件。M2-1：2，泥质红陶。仅存足部。残高10.5厘米（图九，6）。

狗　1件。M2-1：1，泥质红陶。仅存足部。残高7.5厘米（图九，5）。

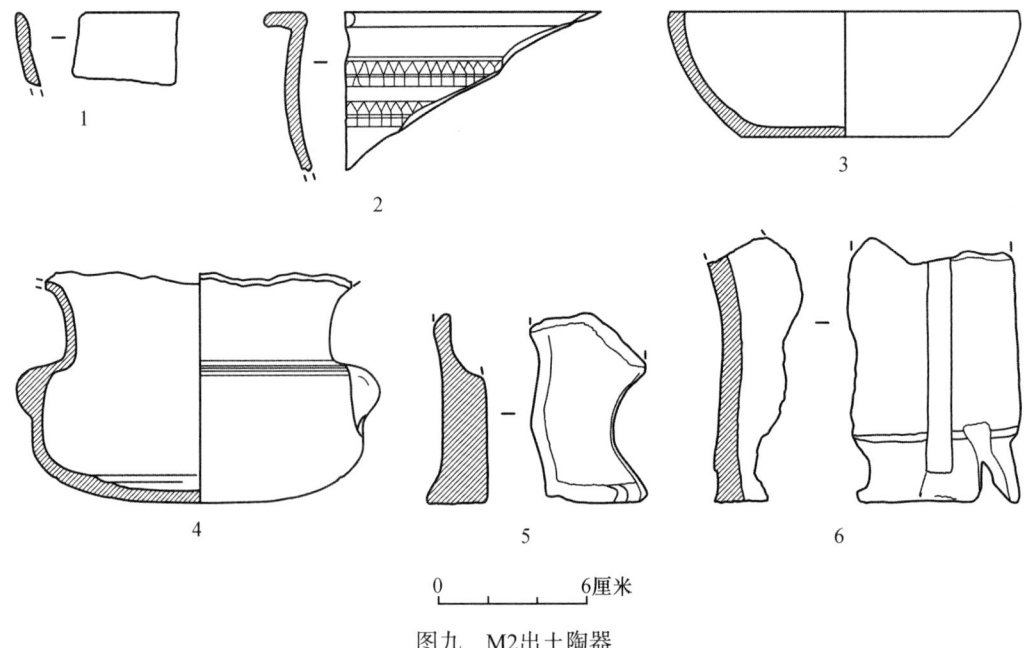

图九　M2出土陶器

1、3.钵（M2-1：3、M2-1：03）　2.盆（M2-2：2）　4.釜（M2-1：01）　5.狗（M2-1：1）　6.俑（M2-1：2）

**2. 铜器**

印　1件。M2-1：02，印面方形，阴文篆刻"军假侯印"，无边框，上有鼻纽。边长2.4、台高1.2、纽高1.1、通高2.3厘米，重72克（图一〇；图版七八，3、4）。

钱币　1方。M2-2：1，圆形方穿。面背均无内外郭。钱文较模糊，仅可见一"五"字，交笔较曲。钱径2.2、穿径0.85厘米。

# 三、结　　语

本次发现的东汉墓（M2）与大堡梁子墓群均分布在涪陵区南沱镇长江右岸的台地上，与后者同属汉代大一统局面的产物，表明汉文化在西南地区与本地原有文化因素的碰撞、吸收和融合。该墓是目前涪陵地区规模最大的汉至六朝墓葬之一，墓室结构保存较完整，有助于丰富涪陵乃至三峡地区这一时期的墓葬形制、特点以及墓地选择、营建的认识。

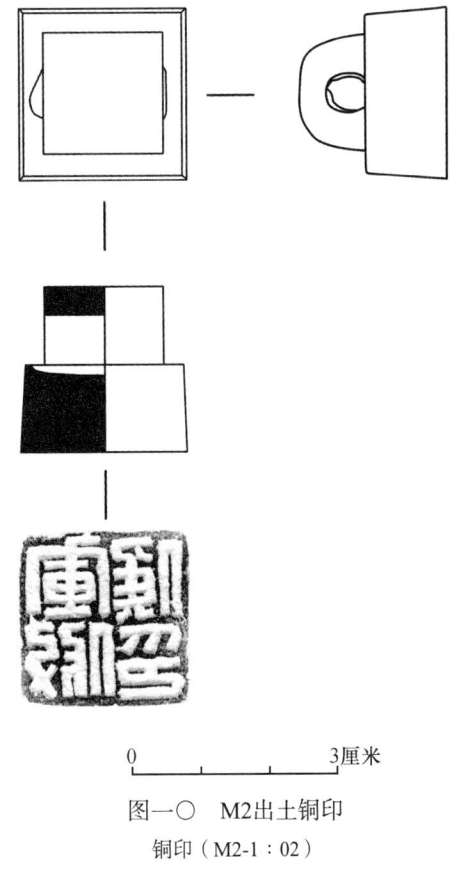

图一〇　M2出土铜印
铜印（M2-1：02）

关于墓葬年代的问题，M2中出土的釉陶釜与万州大地嘴墓地东汉晚期M14出土的ＡⅠ式陶盉相似[1]，M2中出土的陶钵与丰都镇江墓群沙包墓地蜀汉时期M28出土的Bb型Ⅱ式陶钵几乎一致[2]。M2所用的车轮对钱网格纹墓砖与万州松岭包M7所用墓砖一致，后者年代为东汉中晚期，也有学者认为其可能晚至六朝时期[3]。结合M2的墓葬形制，其年代应在东汉晚期前后，下限可达六朝时期。

---

[1] 青海省考古研究所等：《万州大地嘴墓地发掘报告》，《重庆库区考古报告集·1999卷》，科学出版社，2006年，第363页，图二〇A，41。

[2] 重庆市文物局、重庆市移民局：《丰都镇江汉至六朝墓群》，科学出版社，2013年，第265页，图二二九，3。

[3] 青海省文物考古研究所三峡工作队等：《万州松岭包墓地发掘报告》，《重庆库区考古报告集·1997卷》，科学出版社，2003年，第447页，图八，5；郑君雷：《峡江地区汉晋南朝花纹砖上的车轮纹饰》，《江汉考古》2006年第3期。

M2墓室双室并列，中以过道连接，显示出墓主间的亲密关系，可能为夫妻关系，是汉代合葬丧葬习俗的典型实物载体。这种左右两室并列，中以过道相同的墓葬形式最早出现在西汉中期，西汉中晚期至东汉时期较为流行，特别是东汉时期在长江流域以南地区有较广分布，如广州汉墓M5080[①]。此外，类似这种两墓室连通的结构在重庆地区也有发现，例如彭水县山谷公园墓群M1、M3[②]。但是，彭水山谷公园发现的此类墓葬，墓室间的通道低矮、狭小，并不是真正供人相通，而古坟堡M2两墓室间的通道高度较高，虽然都是表现两墓互通的象征意义，但这种形制上的差别究竟是时代、地域的不同还是有更深一层的含义有待更多的考古材料来证明。

阙是汉代墓葬中常见的内容，多以崖墓、壁画墓、画像石墓、画像砖墓、石棺上的图像以及墓上实体阙的形式出现。《释名》载："阙，缺也，在门两旁，中央阙然为道也。"[③]表明"阙"的产生，即是从缺口通道两侧的标志而来，与门有着紧密联系。西南地区汉晋时期的阙发现较多，例如重庆璧山发现一系列画像石棺，石棺两端多有双阙等图案[④]，乐山、彭山地区的崖墓中墓门两侧或后室墓门两侧也有双阙或单阙图案[⑤]，此外，忠县乌杨阙被认为是属于严氏家族墓地中太守严颜的墓阙[⑥]。

关于汉代墓葬中"阙"的象征意义，传统认为在汉代，官阶至二千石以上者，墓前方可立阙，此是象征墓主人的官阶和地位的表征之一[⑦]，但随着更多的考古材料揭露，更多学者认为墓门门阙应象征的是庭院门阙，而画像石棺前档的阙则是祈求死者升仙有路而设的标志——"天门"[⑧]；也有学者认为巴蜀地区石棺前挡双阙图应是墓地的标志，这种简单的双阙，可看作某些大幅车马送葬行列和迎接图的简缩版[⑨]。近年

---

① 广州市文物管理委员会等：《广州汉墓》，文物出版社，1981年，第373~375页，图二二九。

② 重庆市文化遗产研究院等：《重庆彭水县山谷公园墓群发掘报告》，《南方民族考古》第十一辑，科学出版社，2015年。

③ 刘熙：《释名》，中华书局，1985年，第88、89页。

④ 范鹏、邹后曦、李大地：《重庆市璧山县汉代石棺的发现与研究》，《四川文物》2012年第6期。

⑤ 唐长寿：《汉代墓葬门阙考辨》，《中原文物》1991年第3期。

⑥ 李大地、邹后曦、曾艳：《重庆市忠县乌杨阙的初步认识》，《四川文物》2012年第4期。

⑦ 冯汉骥：《四川的画像砖墓及画像砖》，《文物》1961年第1期。

⑧ 同⑤。

⑨ 巫鸿：《四川石棺画像的象征结构》，《礼仪中的美术——巫鸿中国古代美术史文编》（上卷），生活·读书·新知三联书店，2005年，第171、172页。

来，有学者提出图像中的阙主要是作为入口的象征，而在图像中具体是象征冥界、现实世界还是仙界的入口，则由画面的主题内容、题刻铭文或整个墓葬内图像组合配置决定[①]。

M2仅在右侧门枋发现一单出阙，与其对应的墓门一侧并未发现门阙，其造型较简单，与重庆璧山、沙坪坝等地石棺等上发现的阙相比结构显得较简陋，似乎表示墓葬修建得较仓促。结合该阙所在位置，笔者认为不能排除其代表墓主升天经过的"天门"的可能性。

"军假侯印"在西南地区曾多次发现，如四川昭觉县四开乡发现3方"军假侯印"，同时发现的还有"军司马印""军假司马"共14方，有学者认为"印为军屯败战后废墟内遗留下来的军物"[②]。四川达县平昌发现45方铜印，其中有"军假侯印"23方，其余还有"别部司马""军假司马""立义行事"，学者认为"这些铜官印在东汉均与征伐平叛时使用有关"[③]。此外，重庆云阳县旧县坪遗址曾发现"军假侯印""军曲侯印"，表明这里是文化与行政中心所在[④]。M2出土一方"军假侯印"，在西南地区尚属首次在墓葬中出土。结合铜印和墓葬形制，为研究汉代职官制度等问题提供了珍贵的实物材料。

《后汉书·百官志》载："大将军营五部……部下有曲，曲有军侯一人，曲下有屯，屯长一人，比二百石。其不置校尉部，但军司马一人。又有军假司马，假侯，皆为副贰。其别营领属为别部司马，其兵多少各随时宜。门有门候。其余将军、置以征伐，无员职，亦有部曲、司马、军候以领兵。"[⑤]"侯"为武职官员，"假"指副职。表明"军假侯印"属武职官印，同属大将军管辖，属于较低级别武官。M2结构稳定，构筑对称，但墓葬规模不大，仍属中小型墓葬，符合其墓主中下层军官的身份。

涪陵在汉至六朝时期先后置枳县、枳城郡，为三峡地区较重要的经济、文化中心。M2所在的南沱镇分布有数量较多的汉至六朝时期墓葬，距离古坟堡墓地仅几千米处既是重庆市市级文物保护单位——大堡梁子墓群。南沱镇地处长江"几"字形弯道处，地势较平坦，具有天然的地理优势条件。南沱地区汉至六朝时期经济发达，人口

---

① 李亚利：《汉代画像中的建筑图像研究》，吉林大学考古学及博物馆学专业2015年博士学位论文，第164页。
② 俄解放：《昭觉县四开乡出土十七方铜印》，《四川文物》1990年第1期。
③ 马幸辛、覃友刚：《平昌泥龙乡出土汉代铜印考析》，《四川文物》1991年第1期。
④ 贺世伟：《汉六朝时期三峡地区的聚落及相关问题研究》，武汉大学历史学专业2011年博士学位论文，第23页。
⑤ 《后汉书》志第二十四《百官一》，中华书局，1965年，第3563、3564页。

密集，因此有众多同时期的墓葬发现。当时的政治势力出于控制长江及陆路交通军事要道的目的，可能在此驻扎军队。M2及军假侯印的发现即可能与此有关。此外，涪陵地区蜀汉时期，邓芝两次入涪陵（今彭水）平定大姓叛乱，沿途必须经过涪水（乌江）及枳县（今涪陵）[①]。"军假侯印"及其所属墓葬，不排除与东汉晚期至蜀汉时期当地特定政治、军事形势有关的可能。

附记：参加本次考古发掘的工作人员有林必忠、白九江、肖碧瑞、上官林全、章小强、李潇等。发掘工作得到涪陵区博物馆的大力支持，并此致谢！

领　队：林必忠
发　掘：白九江　肖碧瑞　李　潇　上官林全
　　　　章小强　黄　海　周　虹　秦　彬
绘　图：李　潇　章小强　肖碧瑞
修　复：上官林全
摄　影：肖碧瑞
拓　片：章小强　上官林全
执　笔：肖碧瑞　白九江

---

① 《三国志》卷四十五《蜀书·邓芝传》，中华书局，1965年，第1072页。

# 忠县花灯坟墓群乌杨阙发掘报告

重庆市文化遗产研究院

忠县文物局

花灯坟墓群位于忠县乌杨镇将军村，距忠县县城约10千米，地处长江右岸的山梁上，由沿江的枞树包、瓦厂包、王家包等墓地组成。中心地理坐标东经108°00′02″、北纬30°12′27″，海拔160~180米。枞树包墓地是花灯坟墓群的重要组成部分，北临长江与塘土坝（江心岛）相望，东隔一冲沟与瓦厂包墓地相邻，西南隔忠县至乌杨公路紧邻乌杨旧镇，该墓地墓葬集中分布在长约250、宽100米，面积约25 000平方米的山梁周围，所在区域现为水田、旱地（图一）。

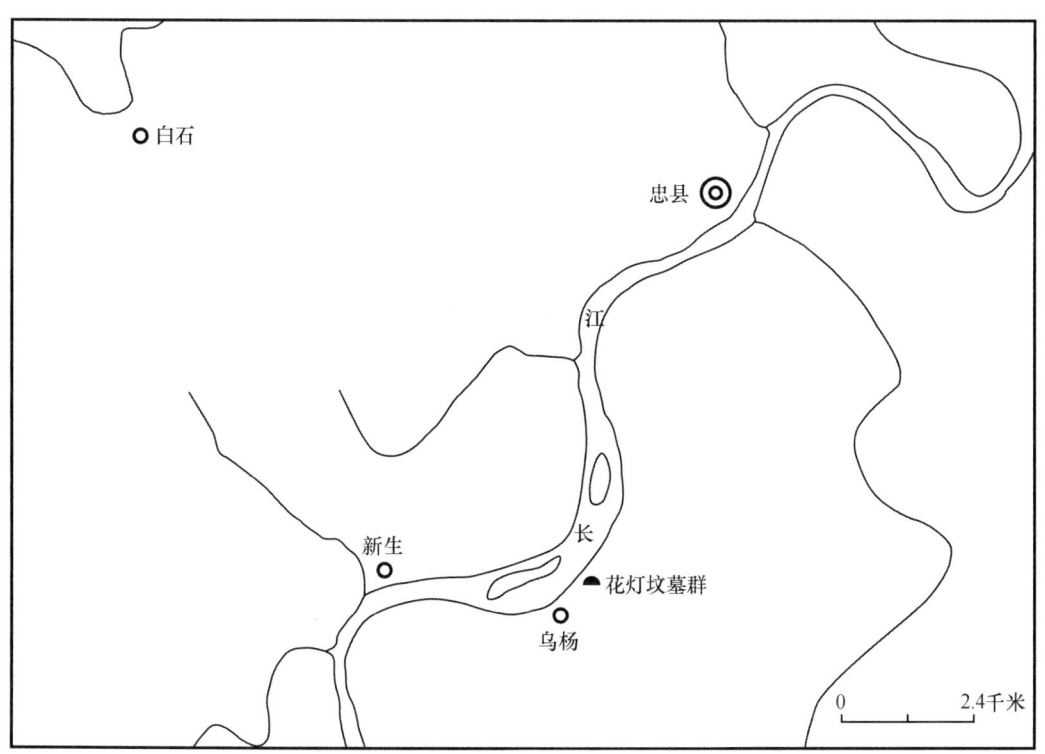

图一 花灯坟墓群位置示意图

# 一、既往及本次工作概况

枞树包墓地发现时间较早，1978年该处建家具厂施工中发现十余座汉代砖室墓，由忠县文管所清理；1991年该墓群作为三峡水库淹没区地下文物二类遗址上报；1994年3～4月北京大学考古系在此发掘西汉土坑墓1座、东汉砖室墓2座，出土各类文物50余件，并对该墓地做了初步调查勘探工作，在墓区内发现4座大型土冢，从地形、地貌观察土冢应为人工堆筑的大型汉墓的封土[①]。

2001年夏，因长江洪水的冲刷，枞树包墓地临江面的长江河滩上暴露出部分石阙构件（以下简称乌杨阙；图版七九）。2001年6月至2002年7月，重庆市文物考古所（现为重庆市文化遗产研究院，下同）受重庆市文物局委托，在忠县文物管理所的协助下，组织实施了对乌杨阙的清理发掘工作。

考古工作分为两个大的阶段：第一阶段（2001年6月至12月）主要是对乌杨阙构件的清理、发掘及包装，发掘区选择在枞树包墓地临江面，东西长80、南北宽50米的长江河滩地（图版八〇）；第二阶段（2002年4月至5月）主要开展乌杨阙阙基址的清理发掘工作，发掘区选择在枞树包墓地中心区与阙体构件散落中心区的中轴线北端，地势相对平缓开阔、靠近断崖的地带（图版八一，1）。两个阶段的发掘工作依地形共布探沟（方）35条（个），编号2002ZWQT1～2002ZWQT35，发掘面积4000平方米（图二）。清理出阙基址2处、神道1段，发现石构件18件。现将清理、发掘情况报告如下。

# 二、遗迹与遗物

## （一）遗迹

在乌杨阙构件散落处南部的断崖上，整体揭露出约408平方米的基岩（图版八一，2），基岩面较平整，微向长江方向倾斜，前缘曾有过下沉断裂（图版八二，1）。基岩上覆盖3～5米厚的地层，均为明清以后滑坡形成的次生堆积（图版八二，2；图版八三，1）。

在岩面上，先后清理出三处遗迹（图版八三，2）。中部基岩表面有一条人工局部

---

① 国务院三峡工程建设委员会办公室、国家文物局：《长江三峡工程淹没及迁建区文物古迹保护规划报告·重庆卷》，中国三峡出版社，2010年，第510页。

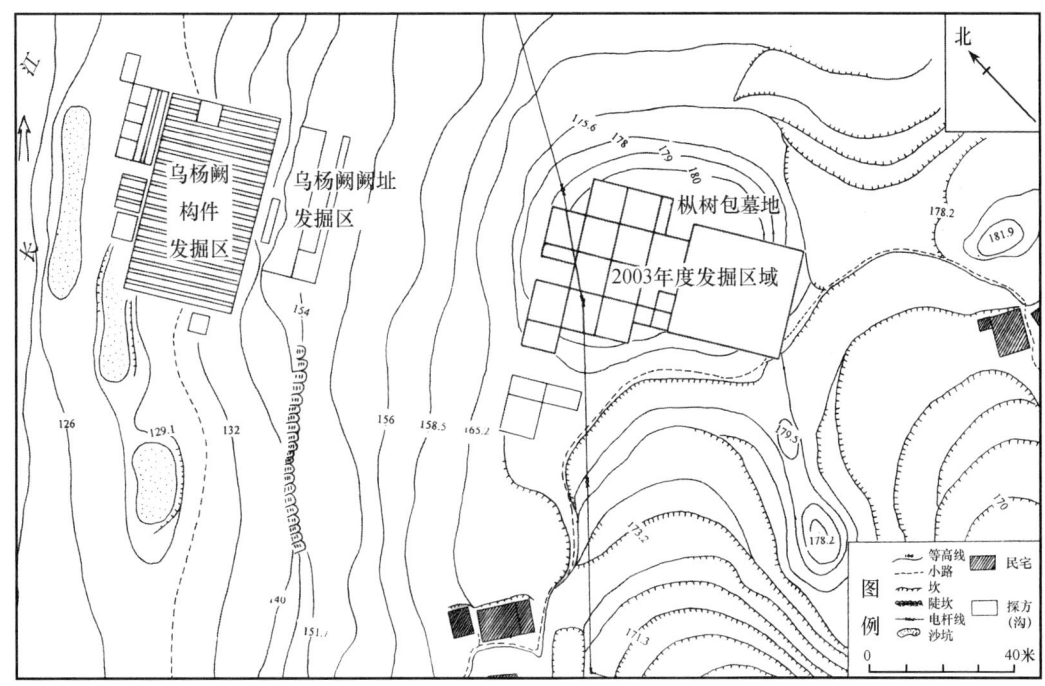

图二 花灯坟墓群发掘区位置示意图

修整而成的低平地带，宽4～6米、低于地面5～6厘米，已暴露长度8米，并向坡顶（枞树包墓地）方向延伸。在这个条状的低平地带的两侧，各有一边长约3米的方形平台，平台中心间距约13米。东侧平台表面发现2条人工錾凿的直线，呈直角相交，每条直线长1.5米，据此可以复原出一个与右阙基轮廓基本相同的长方形框（图版八四，1）。西侧平台已局部垮塌（图版八四，2），框内岩面非常平整，清晰地保存着重物滑动时对岩面形成的擦痕（图版八五，1）。根据这一重要现象以及阙构件散落位置判断：东部平台就是右阙原址，西部平台就是左阙原址；位于二者之中，宽4～6米并向墓地延伸的低平地带就是供墓地出入的神道。

（二）遗物

本次发掘出土（含采集）遗物均为石构件，共18件（图三），编号2002ZWQ：1～2002ZWQ：18（以下简称为Q：1～Q：18）。需要说明的是，在T17内出土的2件石构件（Q：13、Q：14）在发掘后经确认为清代石室墓前部的牌楼构件，与本报告主题无关，故在此不作介绍。

石阙构件经发掘出土共有主阙基、阙身、枋子层、扁石、阙顶、脊饰及子阙身、顶等15件。从出土位置来看，除了1件阙基（Q：6）位于发掘区中部外，其他构件均在发掘区的东、西两个区域各自相对集中的分布，每个片区未出现重复的阙构件。这些

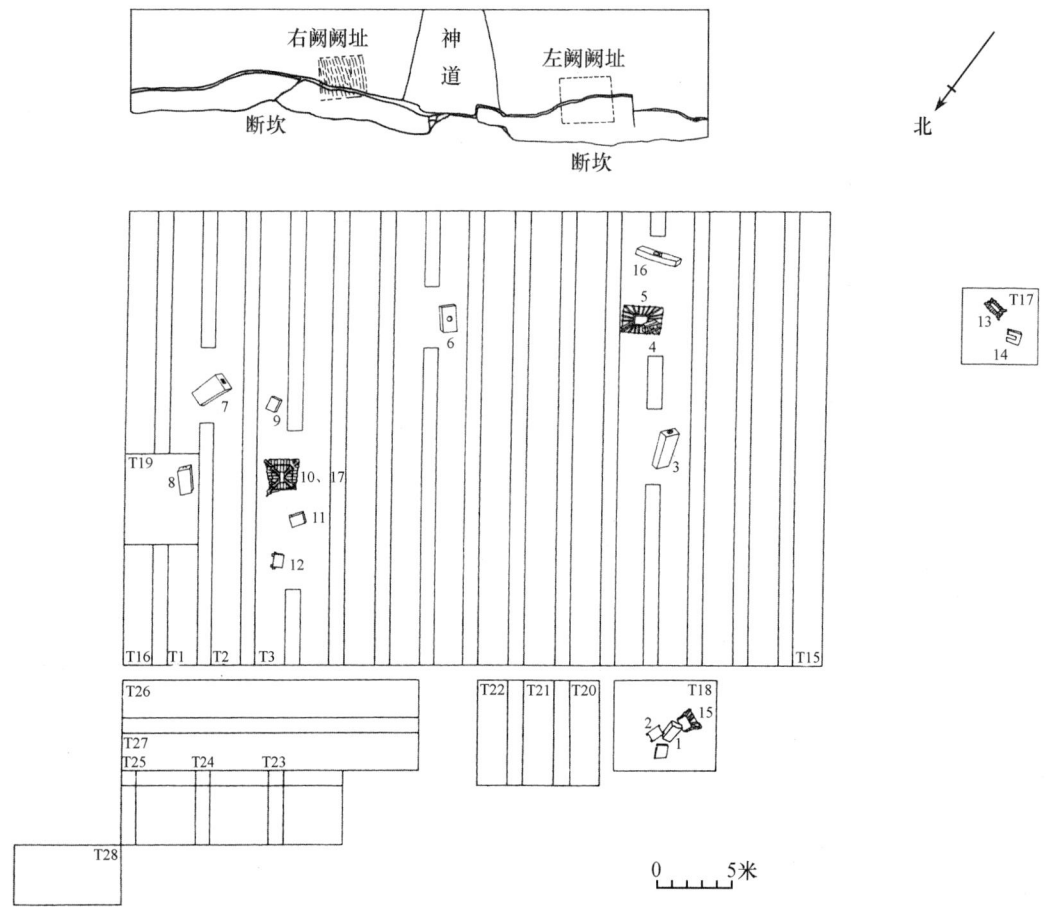

图三　乌杨阙构件及阙址发掘区总平面图

现象表明，尽管现存的阙体已经垮塌倒仆，个别构件已经散失，但阙构件现存的位置应当基本保持了它们倒仆时的状况。因此，可基本将Q∶1~Q∶5、Q∶15、Q∶16这7件构件确定为左阙构件（图版八五，2；图版八六，1），Q∶6~Q∶12、Q∶17这8件构件确定为右阙构件（图版八六，2），Q∶6因出土位置位于左、右阙构件集中出土区域之间，无法判断其归属。

需要补充的是，在发掘区下游采集到子母联体主阙基1件（Q∶18），其形制、规格与出土的左阙阙基基本一致，我们认为其应是乌杨阙的右阙阙基。

除阙基外，其余阙构件皆有一些体裁不同、表现技法有别的雕刻。雕刻内容分仿木构建筑雕刻、生活画面、神灵异兽图案三类。仿木构建筑雕刻集中于楼部、顶盖，如"连檐瓦当""椽子""金瓜""枋头""枋柱"等构件，这类雕刻对无一幸存的汉代木构建筑的研究具有重要价值；生活画面有"习武图""送行图""狩猎图"等，生动地再现了当时的生活场景；长达两米多的青龙、白虎雕刻，造型生动，展现了汉代雕刻艺术神韵。雕刻技法采用线刻、减地平钑、减地浮雕、浮雕、透雕相结合。减地平钑手法主要用于枋子层的图案上，以突出主题纹样；枋子层的边饰采用线刻的云龙纹、水波纹；阙身的青龙、白虎图案运用减地浮雕来表现；透雕用在枋子层的角神上；铺首则采用浮雕的方法。以下按左阙、右阙分别进行介绍。

**1. 左阙构件**

共7件。

阙基　1件。Q∶16，子母联体阙基。形制规整，平面呈长方形，中部有大、小两个卯眼，底面制作粗糙，四个立面皆为平行錾痕。平面制作较为精细，卯眼周边可见大量的规整的三角形錾痕。宽2.6、高0.5、进深1.64米（图四；图版八七，1）。

主阙身　1件。Q∶3，侧角式阙身。平、立面均呈梯形，底、顶部均有阳榫，已残（图五；图版八七，2）。正面和背面均留有边框，左侧面饰成组的三角形錾痕，右侧面为减地浮雕的青龙画像，头部向上，嘴微张，头顶可见有龙角；颈、身细长，鳞片密布，四爪飞舞，尾部卷曲（图六；图版八八，1）。阙身下宽1.17、进深0.76米，上宽0.92、进深0.67、高2.92米，底部阳榫长0.41、宽0.31、残高0.24米。

下枋子层　1件。Q∶2，平面呈"井"字形，底面中央有一卯眼（图七；图版八八，2）。上下两面四个角均叠涩出枋头，共2层16个，上平，下为阶梯状（图版八九，1）；四隅各透雕裸体力士，头部多已残失，怒目圆睁、弓背、鼓腹、双脚蹲踞、双手向上托举（背立面左侧一只双手垂于股间）；正立面上额线刻云龙纹样，枋柱间正中央饰高浮雕兽头，双角、面部向下、圆鼻、嘴微张，两边各有人物2名，手持武器，似在搏击（图八；图版八九，2）；背立面中部为高浮雕图案，正中椭圆形，两侧为"L"形，因表面剥蚀无法确认内容，结合川渝地区汉代画像题材，为羊首或牛首的可能性较大，两侧皆为人物，皆面向中部，躬身执物（图九；图版八九，3）；右侧面由4位人物组成，左一人躬身，左二人跽坐，左三、四人似在交谈（图一〇；图版八九，4）；左侧面为素面。宽0.92、进深0.68、高0.46米。

上枋子层　1件。Q∶4，平面形状与下枋层相同，但无榫眼（图一一）。四隅透雕裸体力士；正立面枋柱间铺首已残失，两侧应为4位人物，左一人持弓，余三人无法辨识（图一二；图版九〇，1）；背立面枋柱间中央为一方形高浮雕图案，内容应为一名坐姿人物，双手相抱于胸前，两侧为减地平钑的4人图，皆手持武器（图一三；图版九〇，2）；正立面中部残损，其余两侧立面皆饰规律排列的菱形纹，但疏密程度不同（图一四、图一五；图版九〇，3、4）。宽0.91、进深0.66、高0.5米。

主阙顶　1件。Q∶5，重檐庑殿顶。阙顶有两层连檐瓦当，上层素面，下层瓦当雕

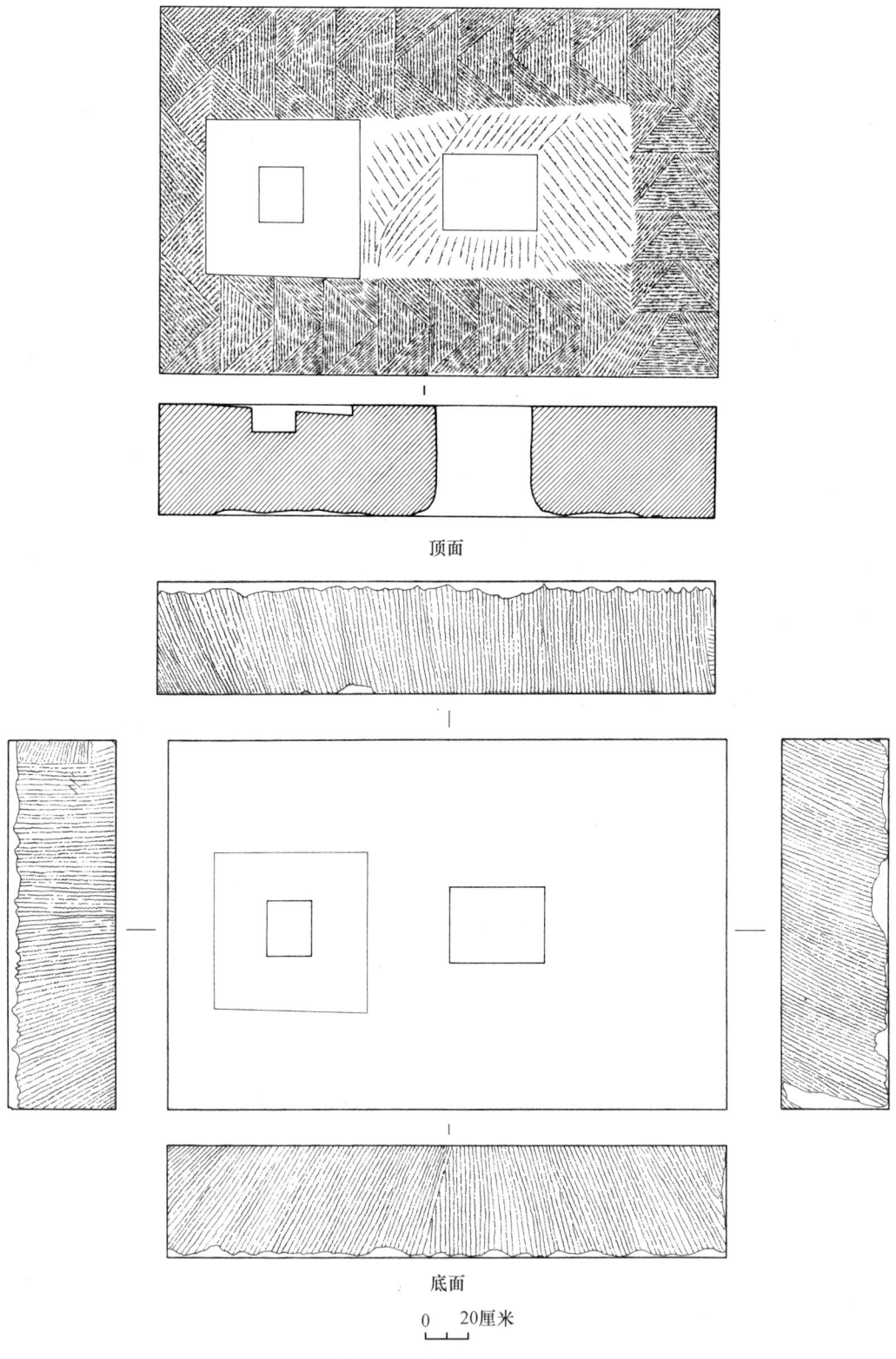

图四 左阙基（Q：16）

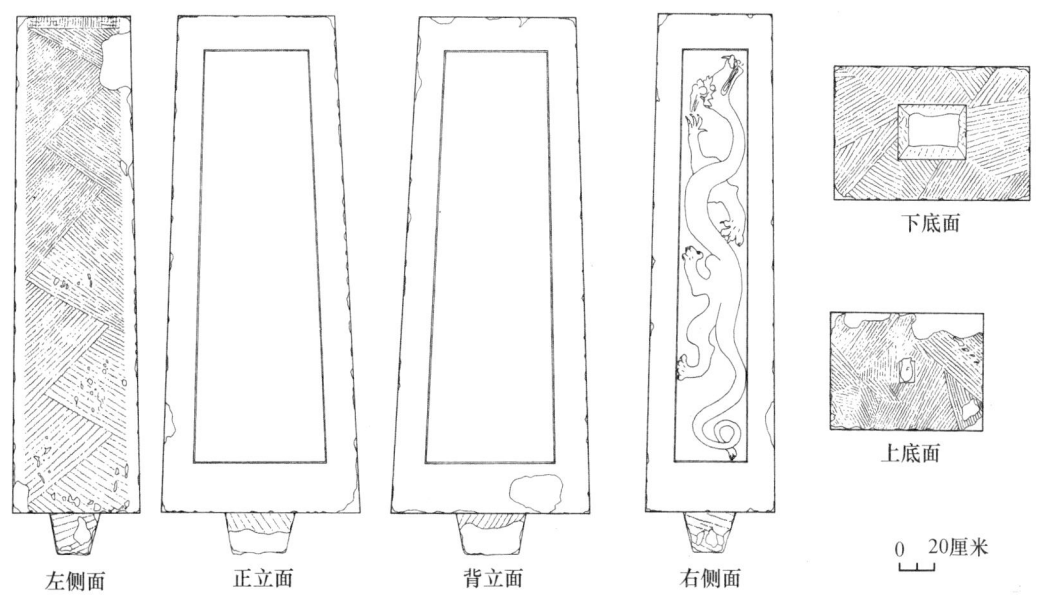

图五　左主阙身（Q∶3）

图六　左主阙身（Q∶3）右侧面画像拓片

饰四瓣花蕊纹；上部垂脊端头各饰1瓦当、下部垂脊端头各饰3个瓦当；正、背面檐下各出7条椽子，两侧面各出椽5条（含2对角檐）；角檐上雕饰1对缠蛇，蛇头含鼠，正面檐下左右各雕饰1金瓜。宽2.66、进深1.74、高0.66米（图一六；图版九一）。

子阙顶　1件。Q∶15，重檐庑殿顶（上部残缺）。阙顶雕饰两层连檐瓦当，檐下出椽。宽1.18、进深1.52、高0.44米（图一七；图版九二，1）。

子阙身　1件。Q∶1，侧角式阙身。顶、底面均有阳榫。除右侧面，其余三面均刻出边框。下宽0.72、进深0.66、残高1.23米（图一八）。

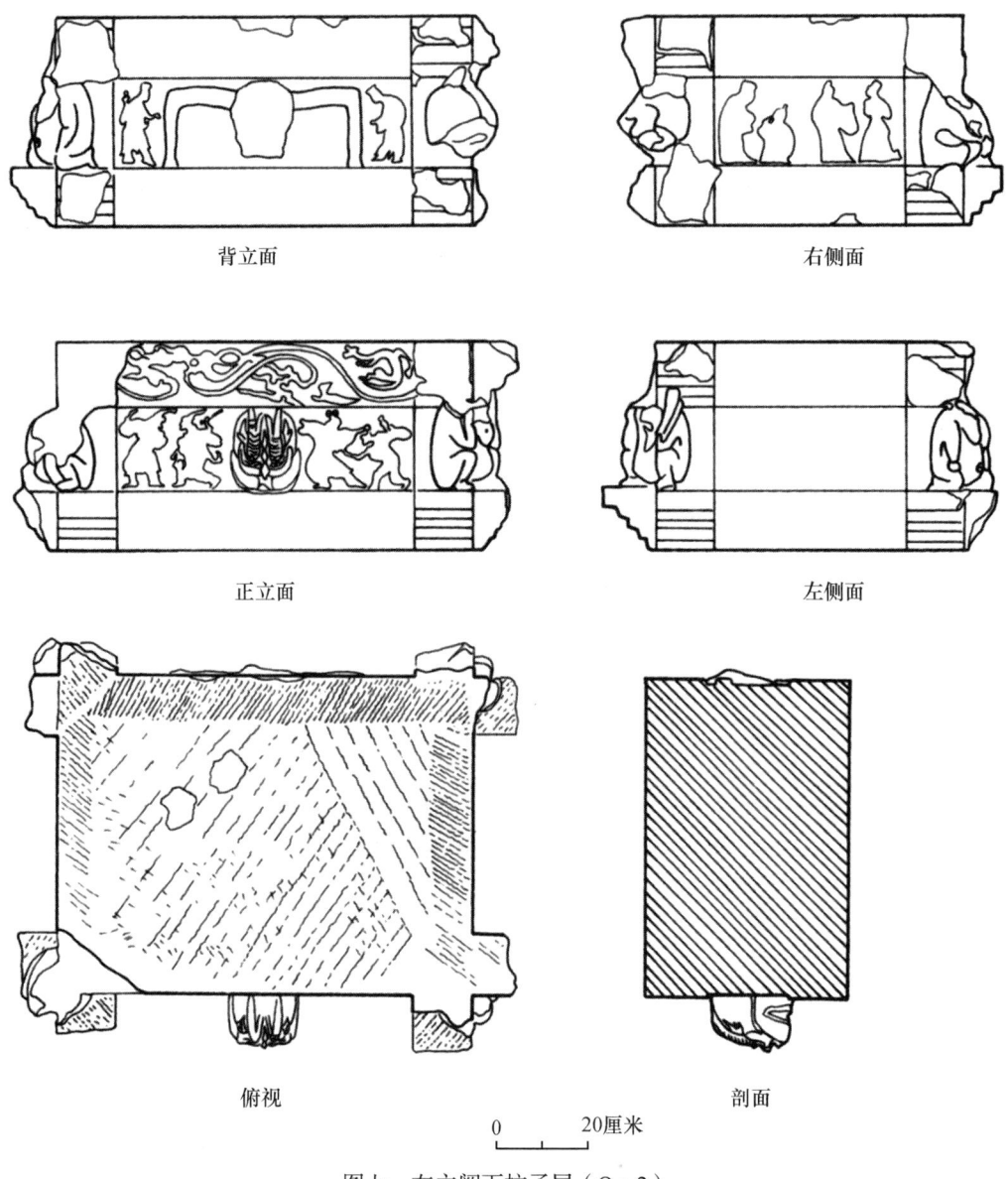

背立面　　右侧面

正立面　　左侧面

俯视　　剖面

0　　20厘米

图七　左主阙下枋子层（Q∶2）

## 2. 右阙构件

共8件。

与左阙呈对称布局，各构件的形制与左阙同位置者基本相同，仅在表面的装饰图案上有所区别。

阙基　1件。Q∶6，平面呈长方形，中部有一长方形卯眼。卯眼内的榫头残件，与其右主阙身上残留的榫头完全吻合。相比左阙的子母连体阙基，制作相对粗糙，表面

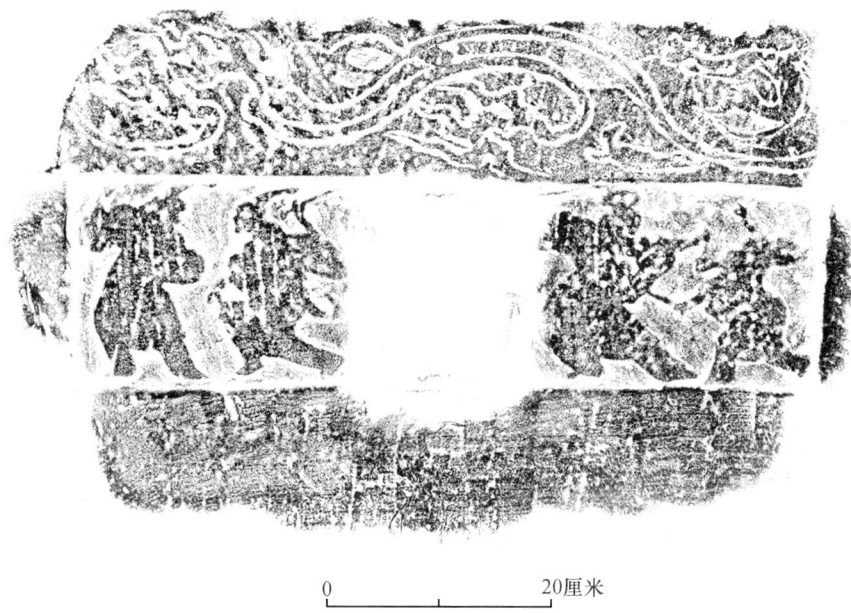

图八　左主阙下枋子层（Q∶2）正立面画像拓片

图九　左主阙下枋子层（Q∶2）背立面画像拓片

图一〇　左主阙下枋子层（Q∶2）右侧面画像拓片

錾痕混乱。宽2.6、进深1.64、高0.48米，榫眼长0.44、宽0.34、高0.48米（图一九；图版九二，2）。

主阙身　1件。Q∶7，侧角式阙身（图版九三）。底、顶部均可见有阳榫残迹。右侧面可见有细錾痕组成的三角形錾痕图案15组，其余三面均留出边框（图二〇）。背立面边框内为上、下两幅画像，上幅为凤鸟[①]站立在斗栱横梁之上，凤鸟面左、尖喙、头顶凤冠[②]、颈部弯曲、双翅张开、凤尾上翘，斗栱为一斗三升；下幅浮雕的铺首衔环，龙头、双角、双目圆睁、嘴衔圆环（图版九四，1）。左侧面减地浮雕出白虎画像，头部向上，嘴微张，双目圆睁，腹部微鼓，尾部细长，似在奔跑（图二一；图版九四，2）。下宽1.15、进深0.75米，上宽0.9、进深0.66米，高2.93米，底部阳榫长0.32、宽0.24、残高0.3米。

下枋子层　1件。Q∶11，平面呈"井"字形，上、下两面四个角均叠涩出枋头，

---

[①] 在《山海经》的记述中，相类似称谓有凤皇、鸾鸟、凤鸟等，似乎并无明显的区别。此外，忠县邓家沱阙中可见有"凤皇"的榜题。可参见，李锋：《重庆忠县邓家沱石阙的初步认识》，《文物》2007年第1期。

[②] 因画像风化剥蚀较为严重，不排除是蛇的可能。《山海经•海内西经》："开明西有凤皇、鸾鸟，皆戴蛇践蛇"，四川省长顺坡2号石棺前端所见的凤鸟形象与这一记载相符。可参见崔陈：《宜宾地区出土汉代画像石棺》，《考古与文物》1991年第1期。

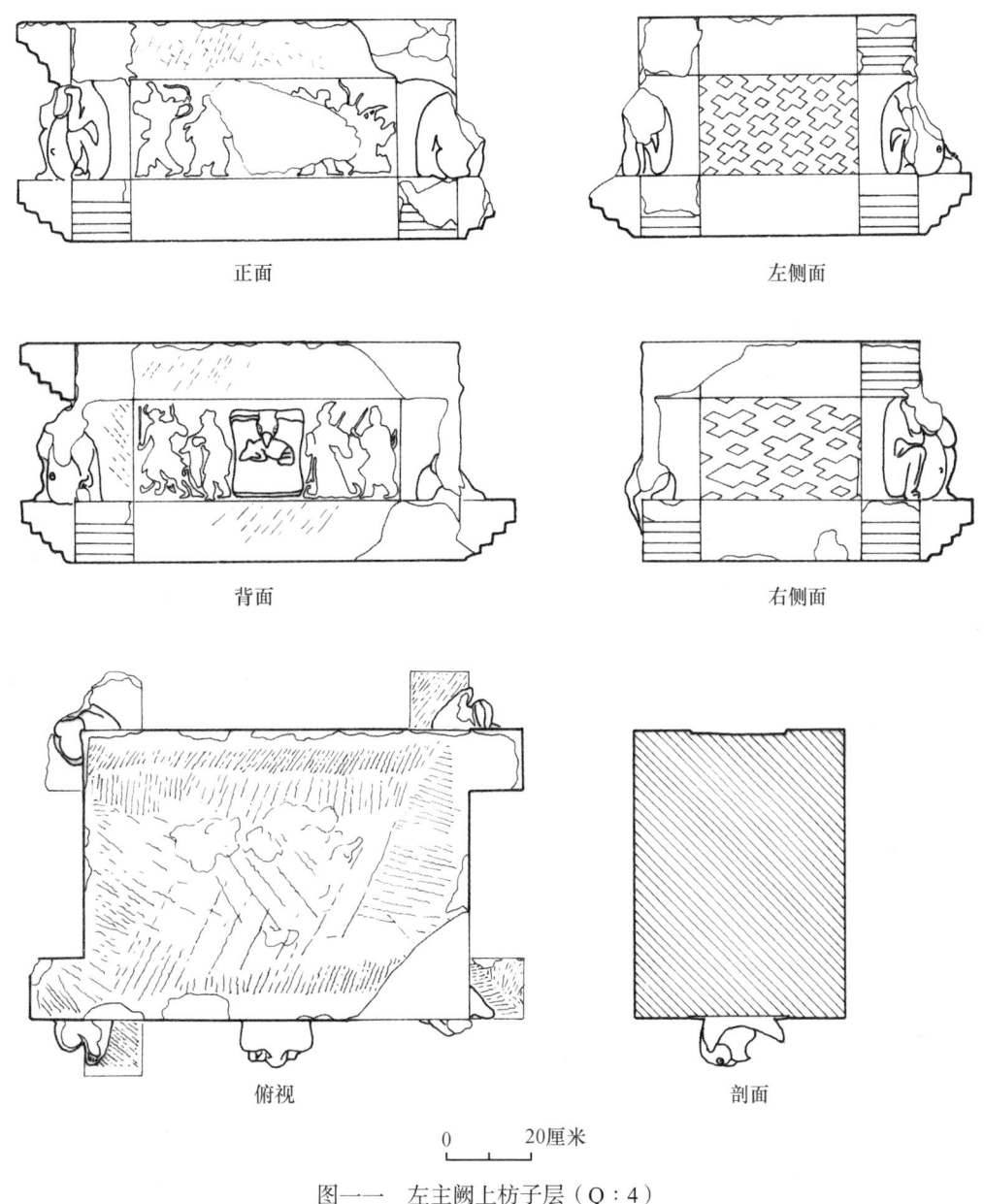

正面　　　　　　　　　　　　　　　　左侧面

背面　　　　　　　　　　　　　　　　右侧面

俯视　　　　　　　　　　　　　　　　剖面

图一一　左主阙上枋子层（Q∶4）

底面中部有卯眼（图二二）。四隅透雕裸体力士，头部均已残失，蹲踞，鼓腹，一手托举，一手抚肚。正面枋柱间中央饰高浮雕铺首（已残失），背立面画像皆已剥蚀，从痕迹来看，应为左、中、右各一位站立人物（图版九五，1）。两侧面皆未见画像（图版九五，2）。宽0.9、进深0.66、高0.42米。

扁石　1件。Q∶9，平面呈长方形（图二三；图版九五，3、4），正、背两立面饰菱形纹（图二四；图版九五，5），两侧面饰钱纹（图二五；图版九五，6）。宽0.9、

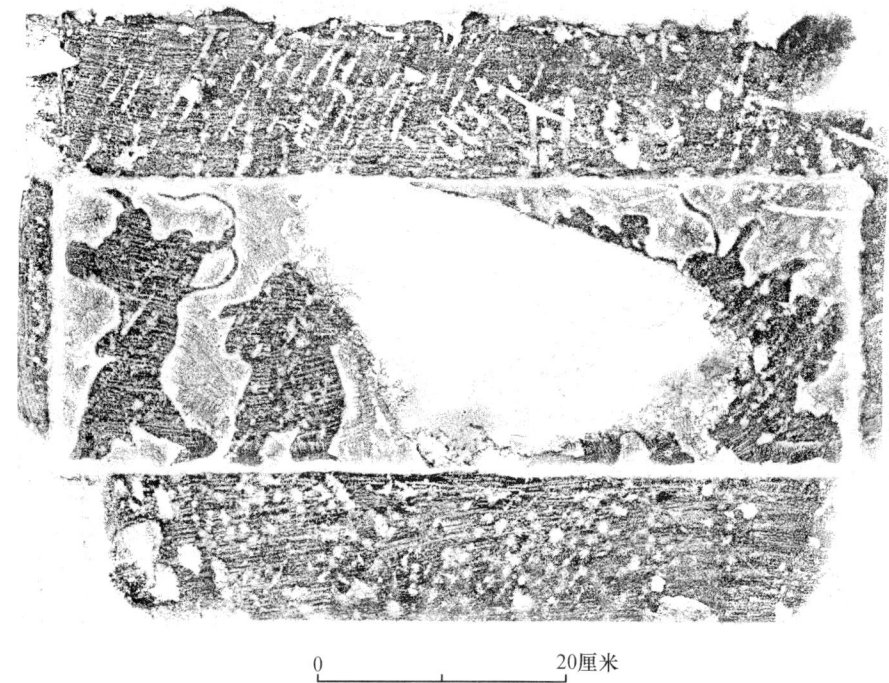

图一二　左主阙上枋子层（Q：4）正立面画像拓片

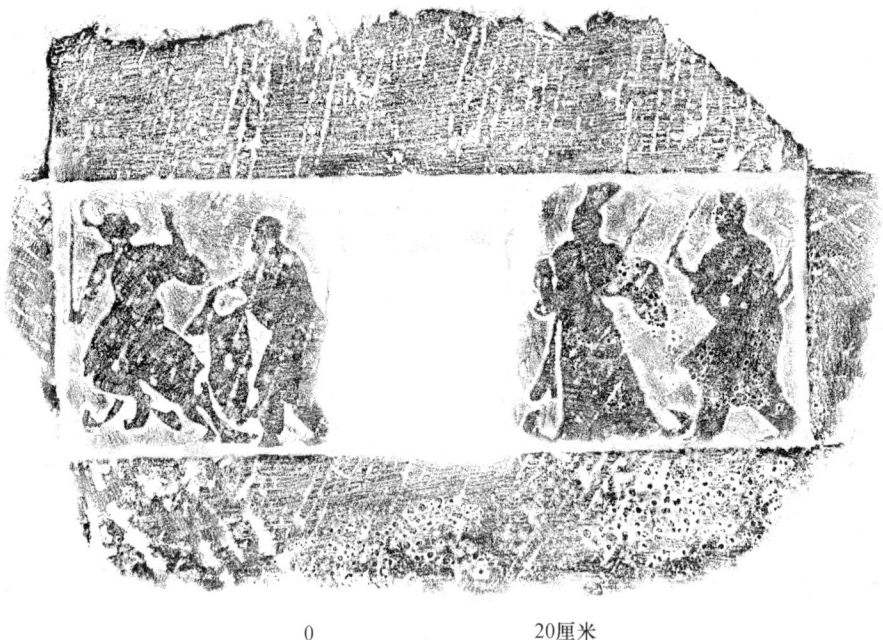

图一三　左主阙上枋子层（Q：4）背立面画像拓片

忠县花灯坟墓群乌杨阙发掘报告 ·199·

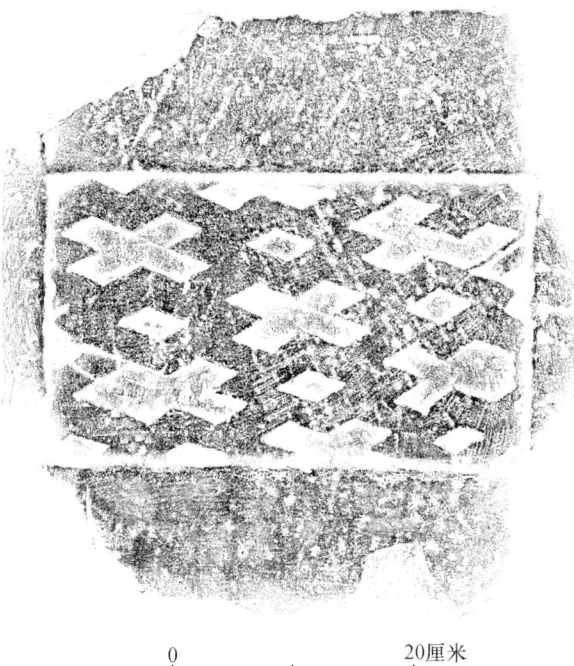

0　　　　20厘米

图一四　左主阙上枋子层（Q:4）右侧面画像拓片

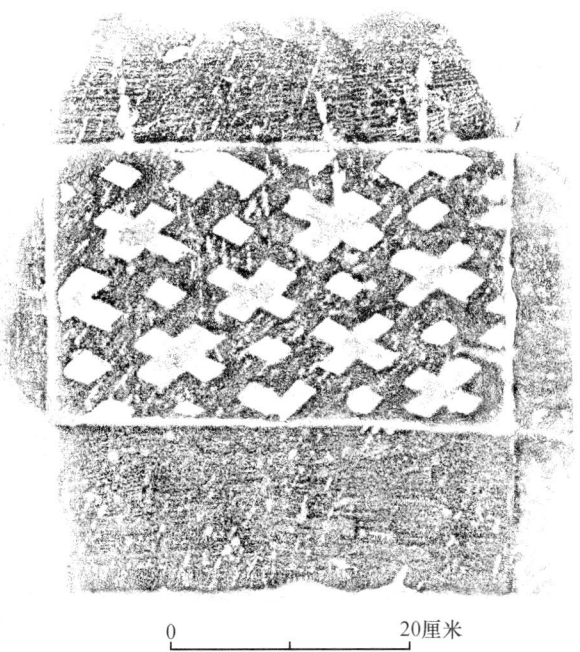

0　　　　20厘米

图一五　左主阙上枋子层（Q:4）左侧面画像拓片

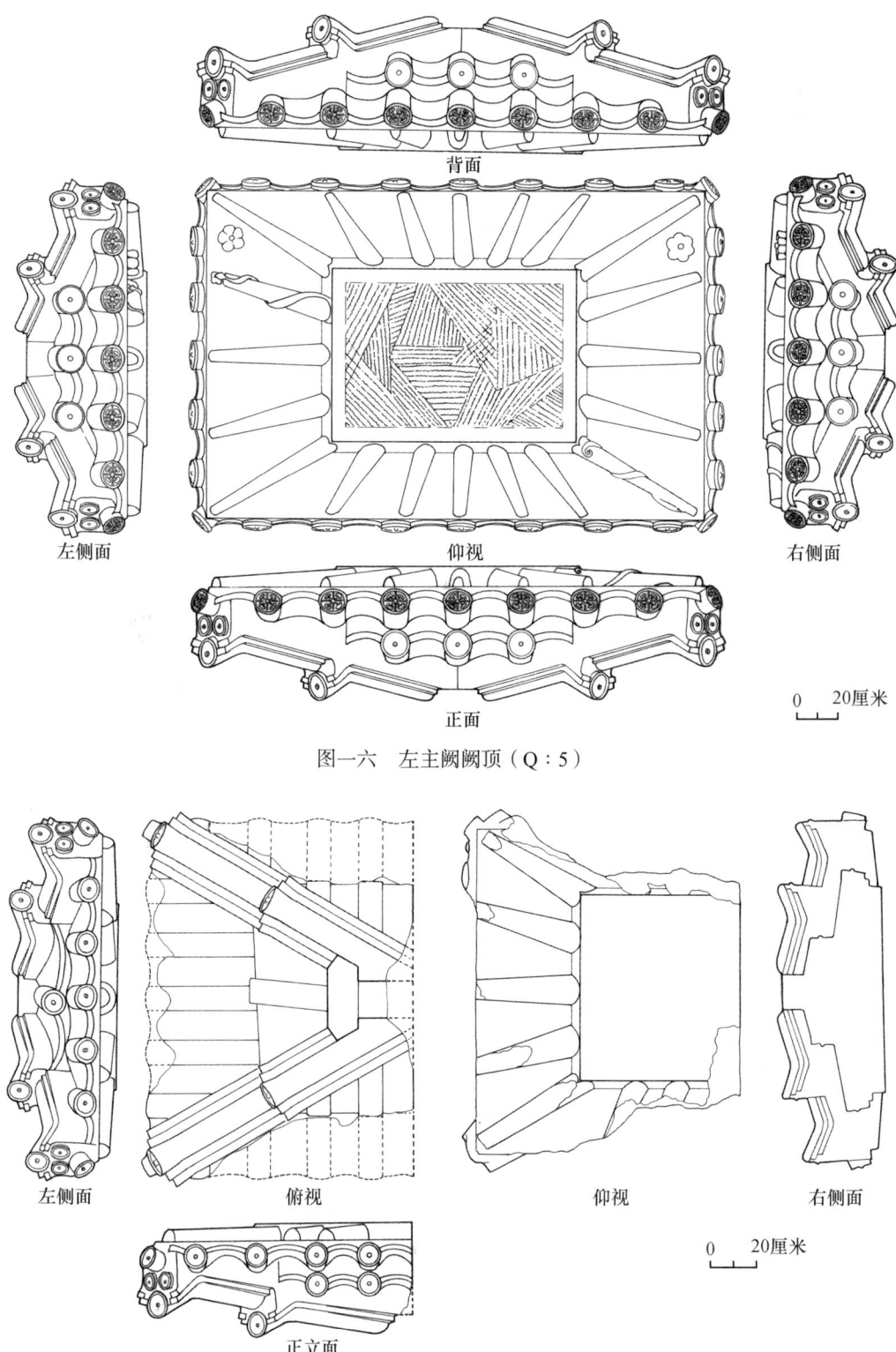

图一六　左主阙阙顶（Q∶5）

图一七　左子阙阙顶（Q∶15）

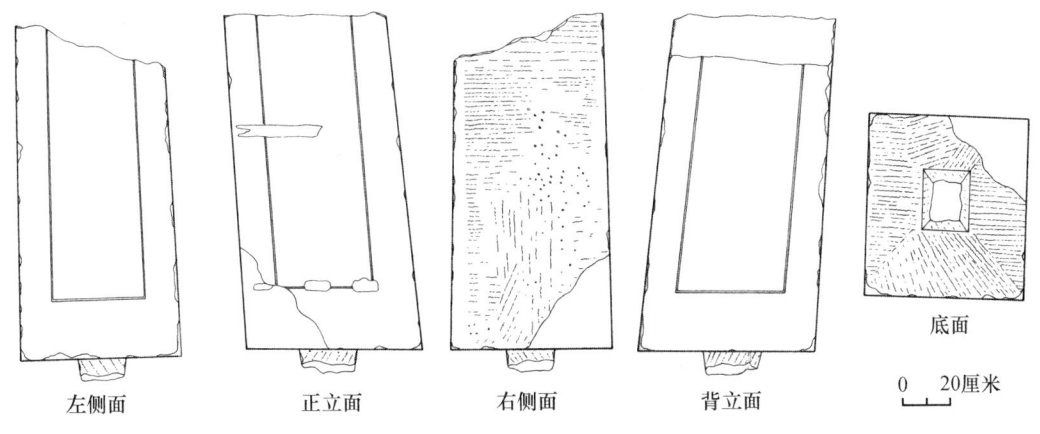

图一八　左子阙阙身（Q∶1）

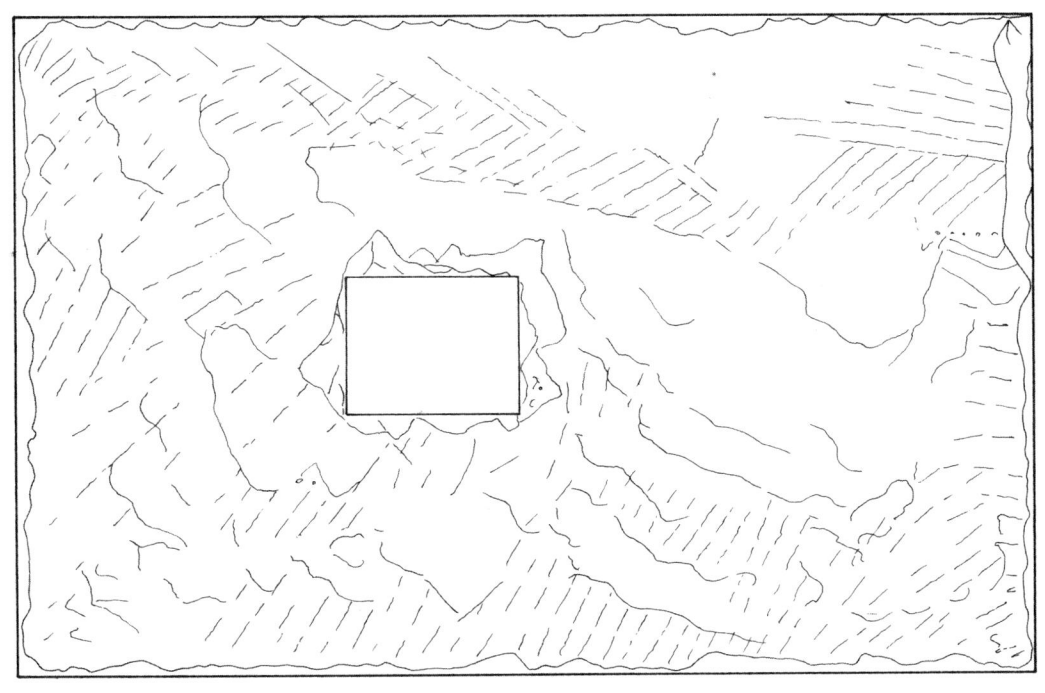

图一九　右阙阙基（Q∶6）

进深0.66、高0.2米。

上枋子层　1件。Q∶12，平面形状与下枋子层相同，但无卯眼（图二六；图版九六，1）。正立面正中为高浮雕兽头，双角、面部向下、圆鼻、嘴微张，两侧可见有站立人物、三足乌、九尾狐等画像（图二七；图版九六，2）；背立面为5为站立人物，左4人面右躬身、右1人面左（图二八；图版九六，3）。右侧面饰5位站立人物，

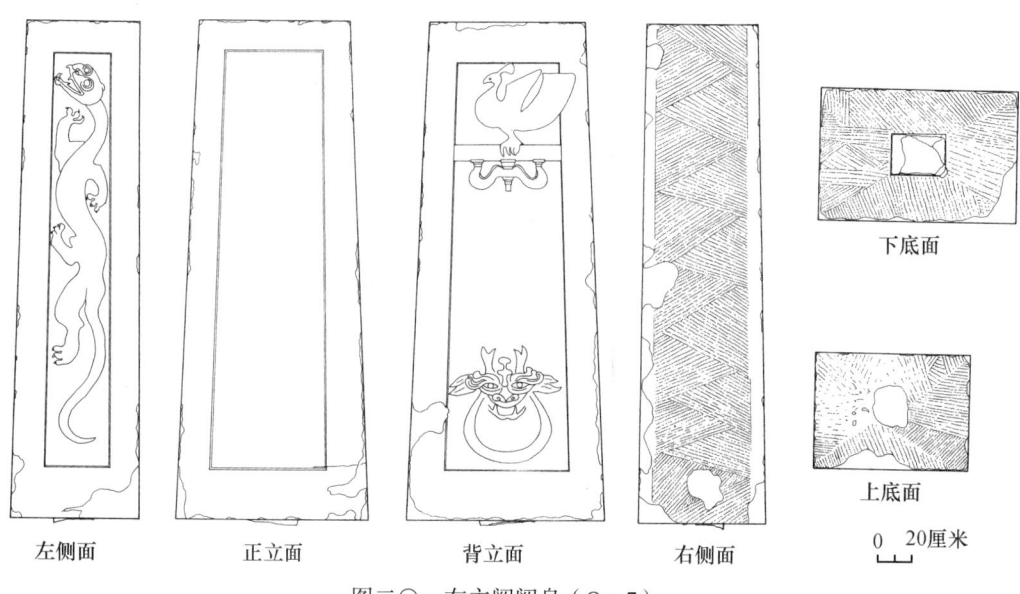

图二〇　右主阙阙身（Q∶7）

图二一　右主阙（Q∶7）左侧画像拓片

神态无法辨识（图二九；图版九六，4）。左侧面未见图案（图版九六，5）。宽0.89、进深0.66、高0.44米。

阙顶　1件。Q∶10，形制与左阙顶几乎完全一致。残宽2.2、进深1.4、高0.65米（图三〇；图版九七）。

脊饰　1件。Q∶17，残。平脊翘翼角，端头各饰4个瓦当，翘脊饰1个瓦当。残宽0.64、进深0.27、高0.42米（图三一）。

子阙身　1件。Q∶8，侧角式阙身。顶部、底面均有阳榫（图三二）。除左侧面，其余三面均刻出边框，背立面上部可见有凤鸟一只（图三四；图版九八，1）。下宽0.72、上宽0.65、进深0.66、高1.65米。

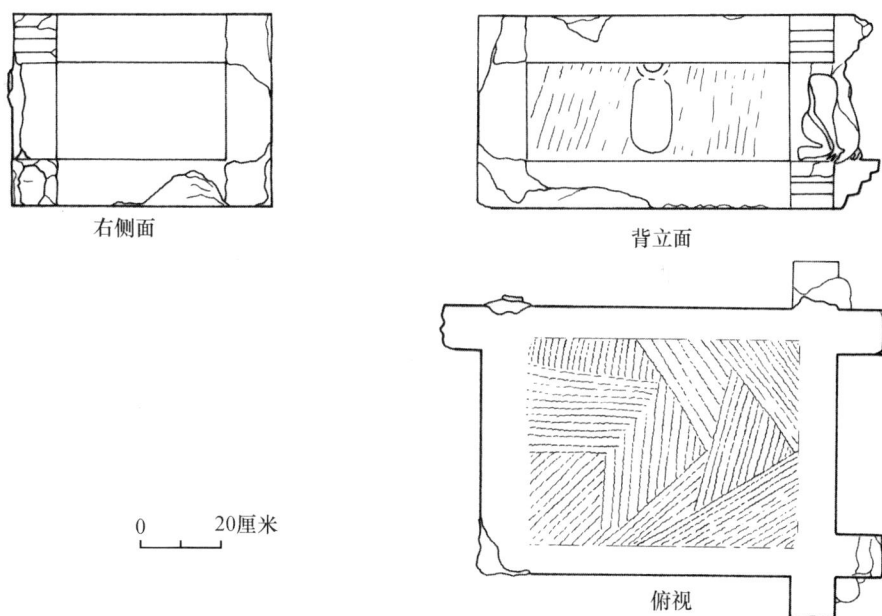

图二二　右主阙下枋子层（Q∶11）

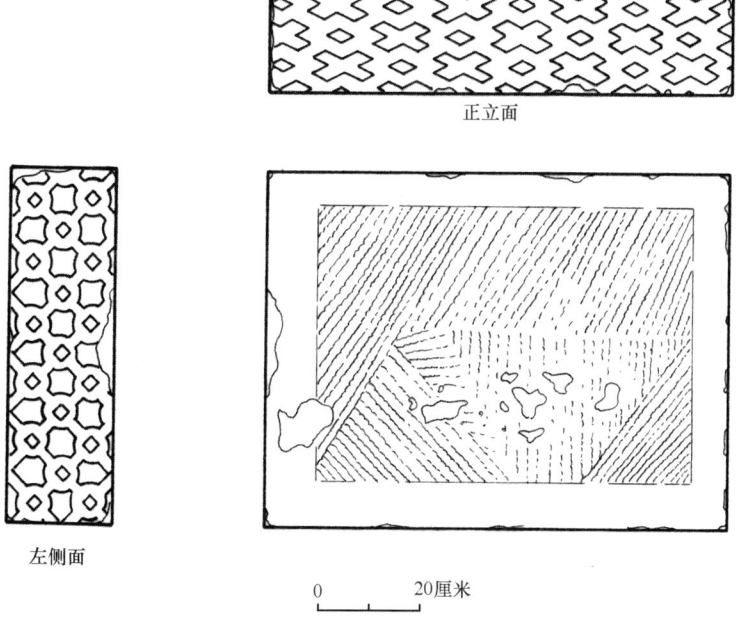

图二三　右主阙扁石层（Q∶9）

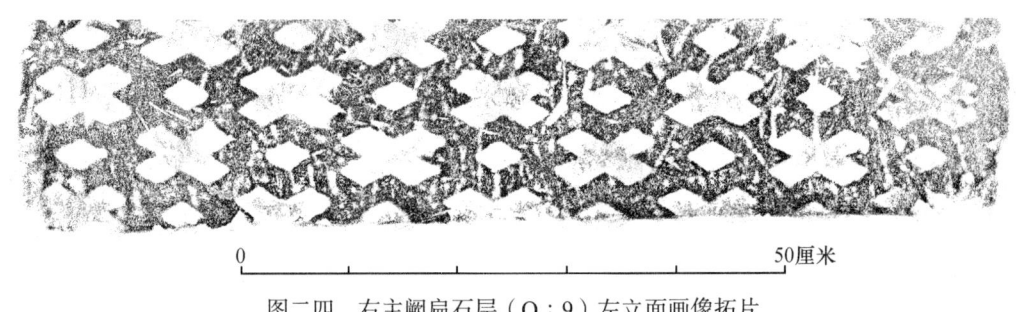

图二四 右主阙扁石层（Q：9）左立面画像拓片

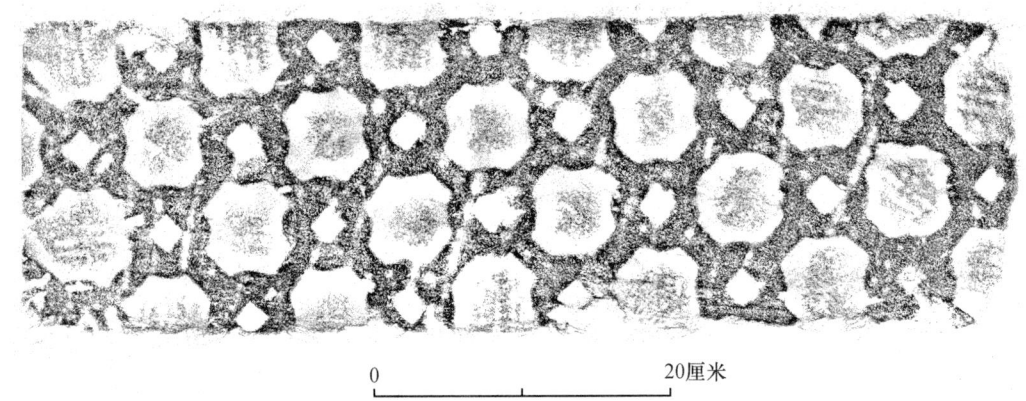

图二五 右主阙扁石层（Q：9）右侧面画像拓片

**3. 其他构件**

共1件。系在发掘区下游采集。

阙基 1件。Q：18，子母联体阙基、形制规整，平面呈长方形，中部有大、小两个卯眼，底面制作粗糙，四个立面皆为平行錾痕。平面制作较为精细，卯眼周边可见大量的规整的三角形錾痕。宽2.6、进深1.64、高0.5米，主阙榫眼长0.44、宽0.34、高0.48米（图三三；图版九八，2）。

# 三、乌杨阙的形制复原

## （一）乌杨阙的复原依据

关于乌杨阙的形制，首先要对乌杨阙有一个较为客观的复原。复原的依据主要有以下几点：

（1）乌杨阙是通过考古发掘手段清理出土的，阙构件出土时的分布情况为阙的复原提供了重要线索。乌杨阙的主体构件均在发掘区的东、西两个区域各自相对集中的

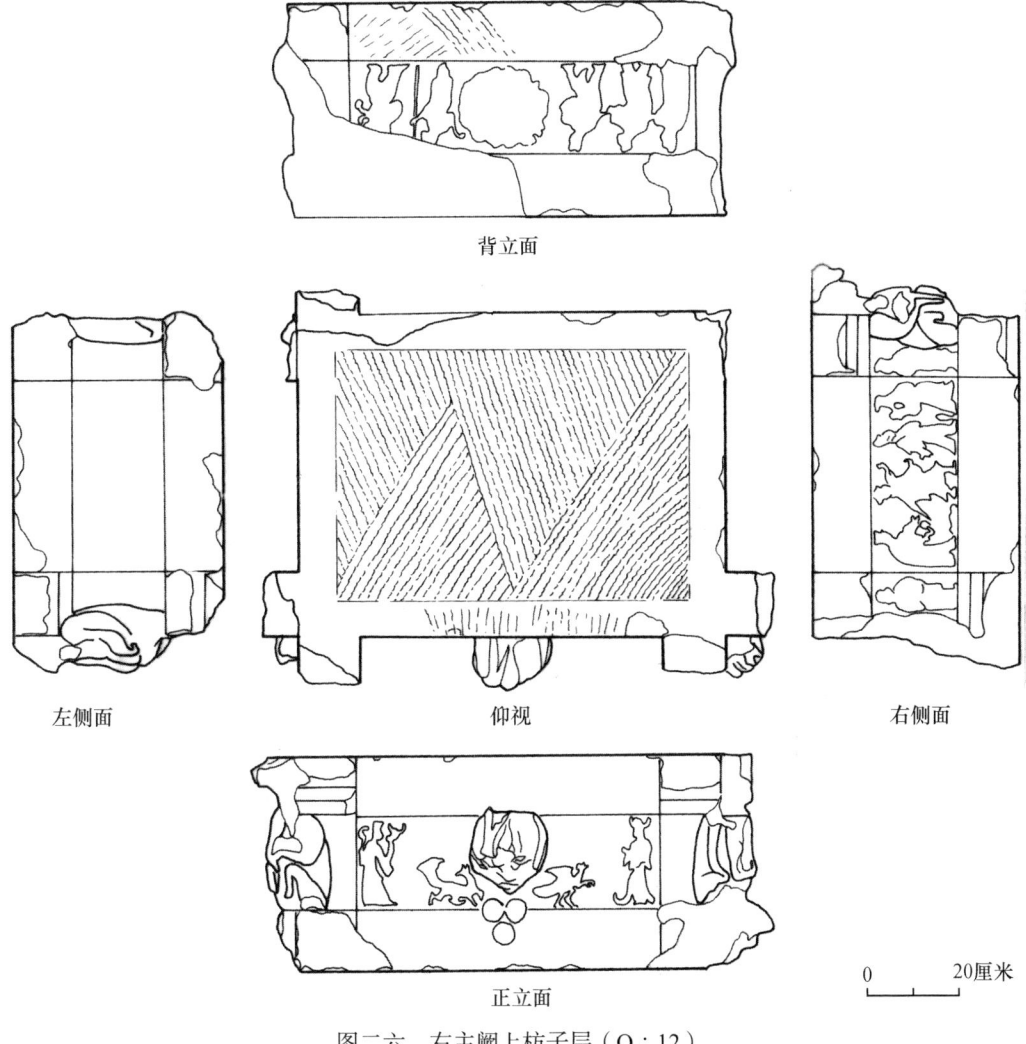

图二六 右主阙上枋子层（Q：12）

分布，每个片区未出现重复的阙构件，基本可以辨识左、右阙构件的归属。

（2）阙基、阙身和楼部的拼接较为容易。阙基为子母联体，阙基面有大小2个卯孔，分别与主阙身、子阙身底面的榫头拼对吻合；主阙的左阙身左侧面及右阙身的右侧面因安放有子阙，故无图案装饰，其左阙身右侧面、右阙身的左侧面分别雕饰青龙、白虎图案，符合"左青龙右白虎"的安置方位。主阙身上部残留的榫头正好与楼部下枋子层底面的卯孔吻合。

（3）阙楼部分有上下枋子层和扁石层，上下枋子层的区别在于后者底面有卯眼，前者的上底面正好与阙顶的底面吻合。两个枋子层中间就是扁石层位置。由于铺首位于枋子层正面，其前后方向容易辨识。扁石层没有明显的标识，使得构件的前后方向难以确定，不过，由于其前后雕刻完全相同，即使前后位置出现差错，对于阙体的复

图二七　右主阙上枋子层（Q∶12）正立面画像拓片

图二八　右主阙上枋子层（Q∶12）背立面画像拓片

原已无大碍。

（4）阙顶尽管屋盖前后形制、雕刻完全相同，但是檐枋一侧左右各雕饰一"金瓜"，根据忠县"无名阙"阙顶檐枋有"金瓜"装饰的一侧为背面，可确定乌杨阙阙顶前后的方向。

图二九　右主阙上枋子层（Q∶12）右侧面画像拓片

（5）从发掘出土构件的情况来看，子阙的结构较为简单，除与主阙连为一起的阙基外，只见有阙身和阙顶两类构件。通过观察，子阙阙身顶部可见有残存的榫头，而子阙阙顶底部并无与之相对应的卯眼。因此，目前所见的子阙阙顶并非直接搭建子阙阙身之上，二者之间应仍有构件相连接。其高度应不会超出主阙的下枋子层。

## （二）主阙的形制

经过复原后的乌杨阙左右两阙的形制基本相同，为表述方便，分主阙和子阙进行分别介绍。

由下至上分为阙座、阙身、阙楼、阙顶四大部分。

阙座　为子母联体阙座，平面呈长方形，中部有大、小两个卯眼，无图案装饰。

阙身　由整石雕琢而成，呈侧角式（平、立面均呈梯形）。下宽1.15～1.17、进深0.75～0.76米，上宽0.92、进深0.66～0.67米，高2.92～2.93米。

阙楼　由上下枋子层、扁石层组成。

下枋子层平面呈"井"字形，宽0.92、进深0.68、高0.46米。上下两面四个角均叠

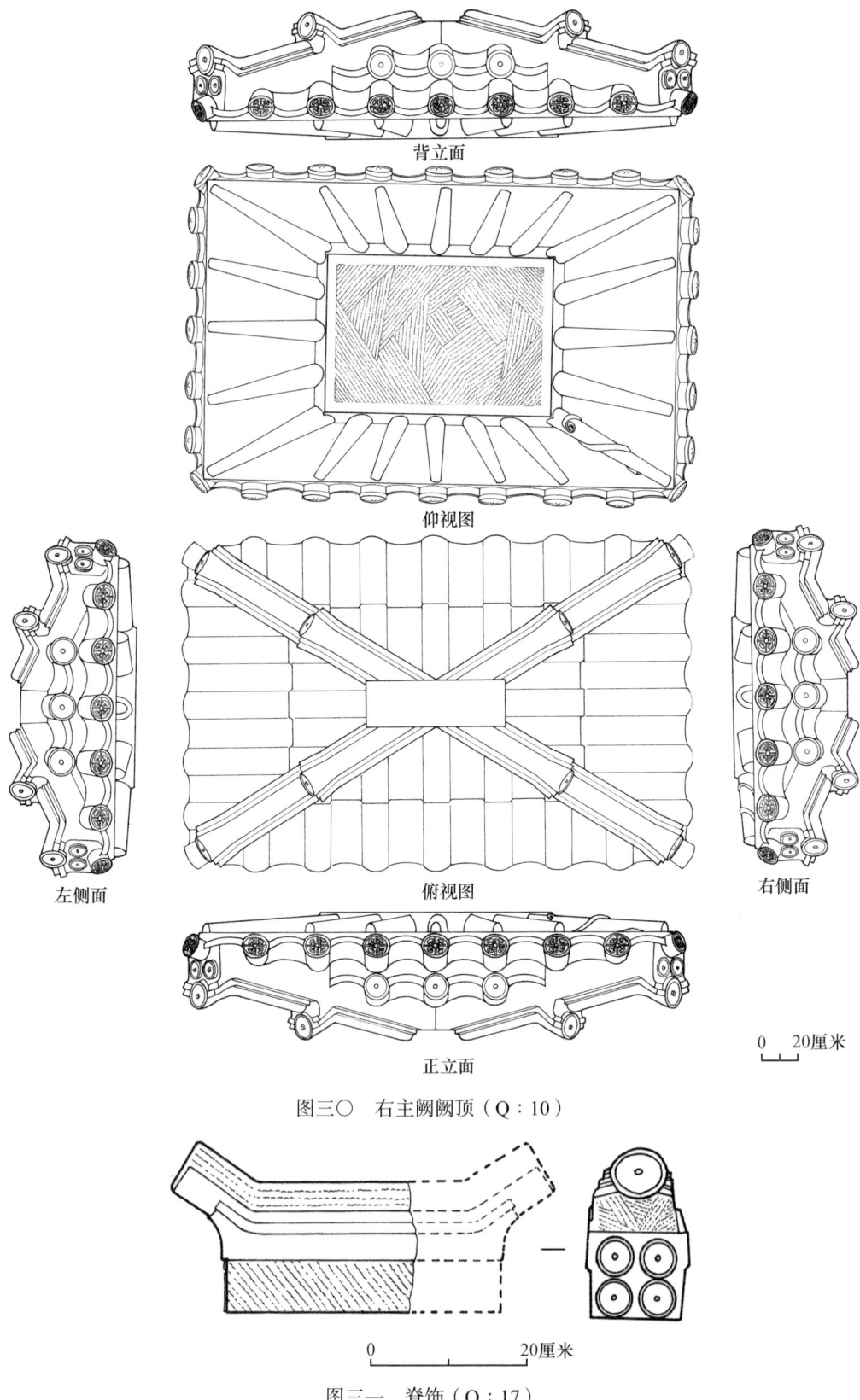

图三〇 右主阙阙顶（Q:10）

图三一 脊饰（Q:17）

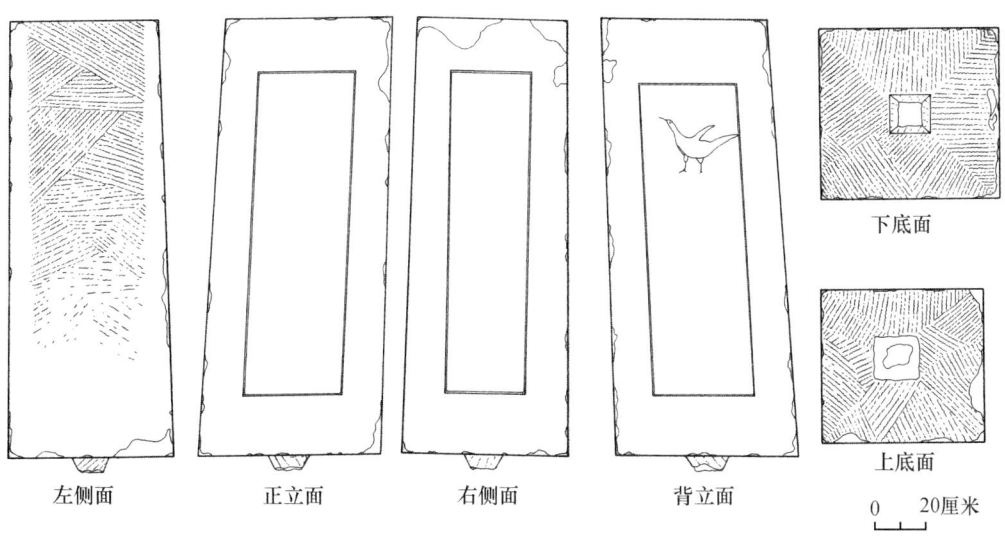

左侧面　　　正立面　　　右侧面　　　背立面
　　　　　　　　　　　　　　　　　　　下底面

　　　　　　　　　　　　　　　　　　　上底面

　　　　　　　　　　　　　　　　0　　20厘米

图三二　右子阙阙身（Q∶8）

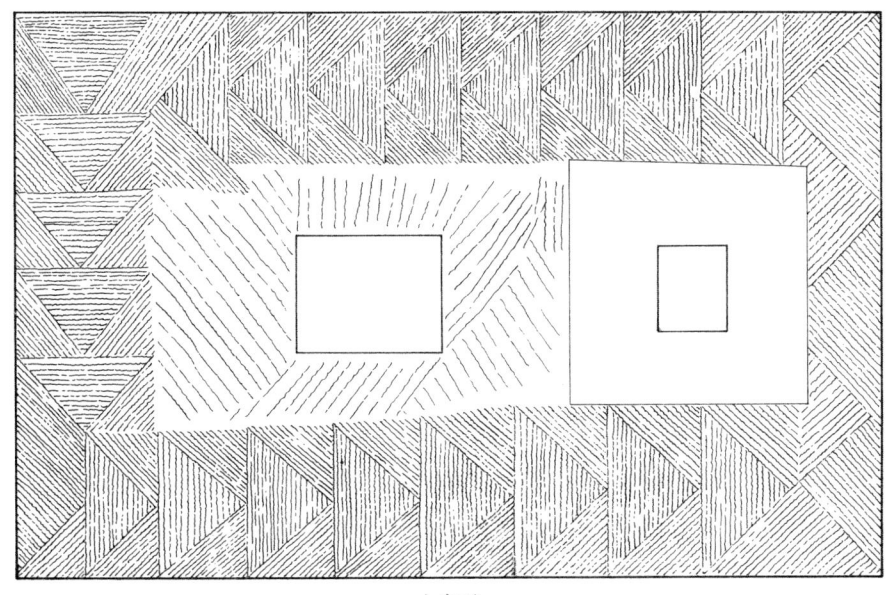

上底面

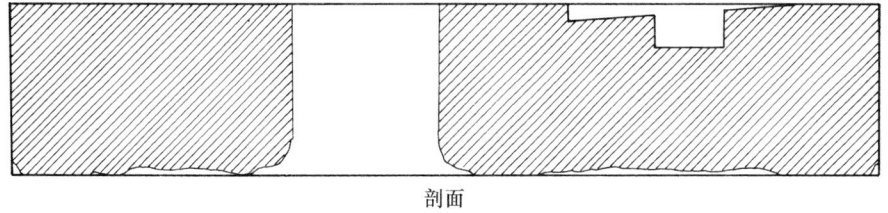

剖面

0　　20厘米

图三三　采集阙基（Q∶18）

图三四　右子阙（Q∶8）背立面画像拓片

涩出枋头，底面中央有一卯眼，四隅透雕裸体力士（角神）。

上枋子层平面形状与下枋层相同，但无榫眼，宽0.89～0.91、进深0.66、高0.44～0.5米。正面枋柱间雕饰一铺首，四隅透雕裸体力士。

扁石层平面呈长方形，宽0.9、进深0.66、高0.2米。正、背二面饰菱形纹，两侧面饰钱纹。

阙顶　重檐庑殿顶，由下檐、上檐和脊饰三层组成。宽2.66、进深1.74、高0.66米。下檐檐石上刻出椽子、连檐、瓦当和瓦垄，椽子位于下檐石层的下部，正、背面各刻平出7条，两侧面各出椽5条（含2对角檐），角檐上雕饰1对缠蛇，蛇头含鼠，正面檐下左右各雕饰1金瓜；瓦当雕饰四瓣花蕊纹；檐面垂脊端头各饰3个瓦当。上檐瓦当均为素面，其垂脊端头各饰1瓦当。脊饰为平脊翘翼角，端头各饰4个瓦当，翘脊饰1个瓦当。

（三）子阙的形制推断

因未发现其他构件，若仅从考古发掘的角度，子阙由阙座、阙身和阙顶三部分组成。前文也已提及，通过观察子阙阙身，基本可以确定子阙的阙身和阙顶之间仍有构件相连。因此，有必要对子阙的形制做以下几点推测：

（1）川渝地区保留较完整的双出阙有绵阳杨氏阙、芦山樊敏阙、雅安高颐阙[①]等，通过对比以上三阙主阙和子阙的结构，不难发现子阙虽然整体要小于主阙，但相较于主阙，子阙在结构与形制上与主阙是基本相同的，并不会有楼部等大型构件的缺失，而更像是主阙的"缩小版"。因此，我们推测乌杨阙的子阙仍有较大可能为上、下枋子层加中间扁石层的结构。

（2）从高度来看，绵阳杨氏阙、芦山樊敏阙、雅安高颐阙等，子阙阙顶的下沿与主阙阙身顶部基本处于一条直线，也就是说子阙阙顶基本处于主阙下层楼部的位置。这应当是川渝地区汉代双出阙的通行做法。乌杨阙的子阙若无楼部，则会显得与主阙高差过大，极不协调。

（3）通过观察右主阙阙身，其右立面由上到下可见有规整的三角形錾痕图案，这种图案是汉代石刻的做法中，主要位于汉代画像的余白区域，在一定程度上可以理解为素面。因此，这一图案所在区域非常有可能是为主阙与子阙相接相依而预留，进一步推测，这一图案的高度可能是子阙的通高。

（4）在芦山樊敏阙的子阙阙顶顶部存在有脊饰，宽度大约有主阙脊饰的一半。因此，也不能完全排除乌杨阙的子阙存在脊饰的可能。进一步观察出土的左阙阙顶（Q∶10），两条垂脊相接之处明显存在一个平台，很有可能是用于放置子阙脊饰这一构件的。

综合以上四点，我们推测乌杨阙子阙除了与主阙共用的阙基之外，由上到下应由阙顶、楼部、阙身组成。

阙顶　重檐庑殿顶，顶部有脊饰。阙顶雕饰两层连檐瓦当，檐下出橡。宽1.18、进深1.52、高0.44米。

楼部　由上、下枋子层和扁石层组成，下枋子层底部应有卯眼。形制与主阙楼部

---

① 重庆市文化局、重庆市博物馆：《四川汉代石阙》，文物出版社，1992年。

相近，但整体应偏小，在平面尺寸上与子阙阙身顶部相同，宽0.65、进深0.66米。总体高度应是主阙阙身减去子阙阙顶、子阙阙身，约0.84米。

阙身　顶面和底面均有阳榫。除内侧面，其余三面均刻出边框。下宽0.72、进深0.65～0.66、高1.65米。右阙身背面上部刻一朱雀。

### （四）乌杨阙的总体形制

根据发掘出土品的位置、分布，结合川渝地区汉阙形制，经过进一步的复原和推断，乌杨阙的形制为双出阙，除主阙、子阙共用的阙基外，由下到上分别为阙身、楼部（含枋子层、扁石层）、阙顶（含脊饰）三大部分组成。主阙通高5.4米，顶宽2.66、进深1.7米，阙基宽2.6、进深1.64米；子阙高不会超过3.4米（图三五、图三六）。

结合方位和发掘所见的阙基，乌杨阙大致坐南朝北面向长江，左、右两阙相距13米。

## 四、乌杨阙的年代

乌杨阙是通过发掘手段清理出土的，首先应该考虑依据地层关系推定其相对年代。然而，石阙受破坏较为严重，发掘时其构件散落于河漫滩上且被江水的淤泥覆盖，并且阙基址为基岩，其上叠压的是山体滑坡形成的次生堆积。在这种情况下，我们无法从地层关系来推定该阙的年代。同时，在阙身亦无铭文等可明确断代的依据，那么，乌杨阙的年代只能通过其他间接的方式来判断。

值得庆幸的是，通过考古发掘我们亦发现了该阙的阙基、神道等遗迹，以上遗迹将乌杨阙与枞树包墓地紧密地联系了起来。从考古清理的情况来看，乌杨阙的构件散落于枞树包墓地临江面的长江河滩地上，墓地的中心区—枞树包与阙体散落的中心区之间约120米坡地滑坡形成的凹槽，形成一条中轴线，阙址（石阙原来的位置）就在这条中轴线上。北端靠近断崖地势相对平缓开阔的地带，揭露出一段较平整基岩，在基岩面清理出两处与石阙有密切联系的遗迹：东、西两侧各有一个人工錾凿而成的长方形平台（平台中心距约13米），其大小与阙基规格基本相同。平台内岩面非常平整，清晰地保存着重物滑动时对岩面形成的擦痕。根据这一现象以及阙构件散落位置判断东、西两个平台应分别为右阙、左阙的基址。两阙址之间即见有长条形的神道遗迹，向东直指枞树包墓地。那么，从乌杨阙与枞树包墓地的位置关系来看，乌杨阙为墓阙应无太大问题。然而，仍需要明确的是，即乌杨阙到底是枞树包家族墓地之阙，还是墓地中某座墓葬之阙？对此，我们倾向于后者。目前在汉阙上有铭文者不在少数，较

忠县花灯坟墓群乌杨阙发掘报告 · 213 ·

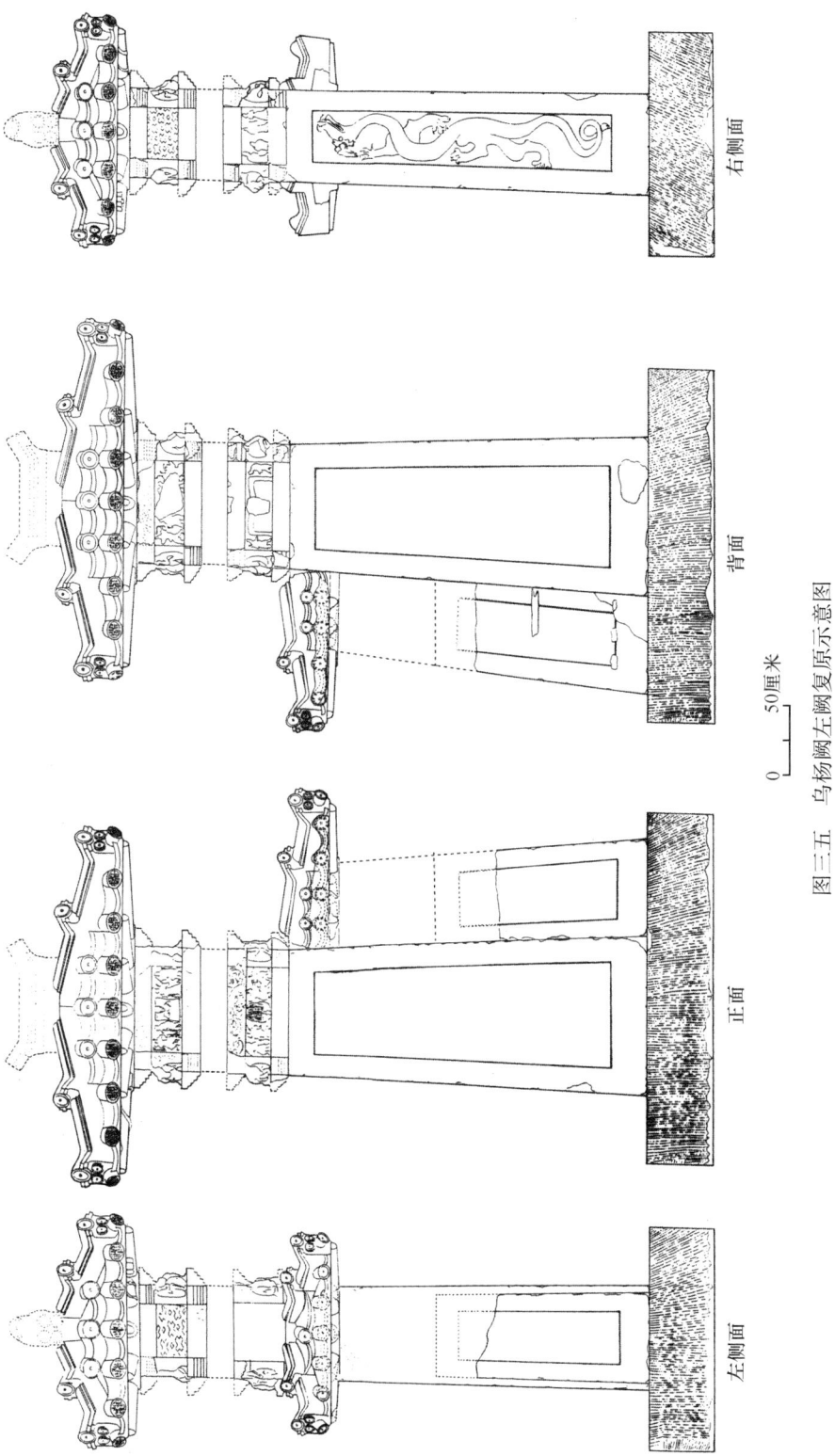

图三五 乌杨阙左阙复原示意图

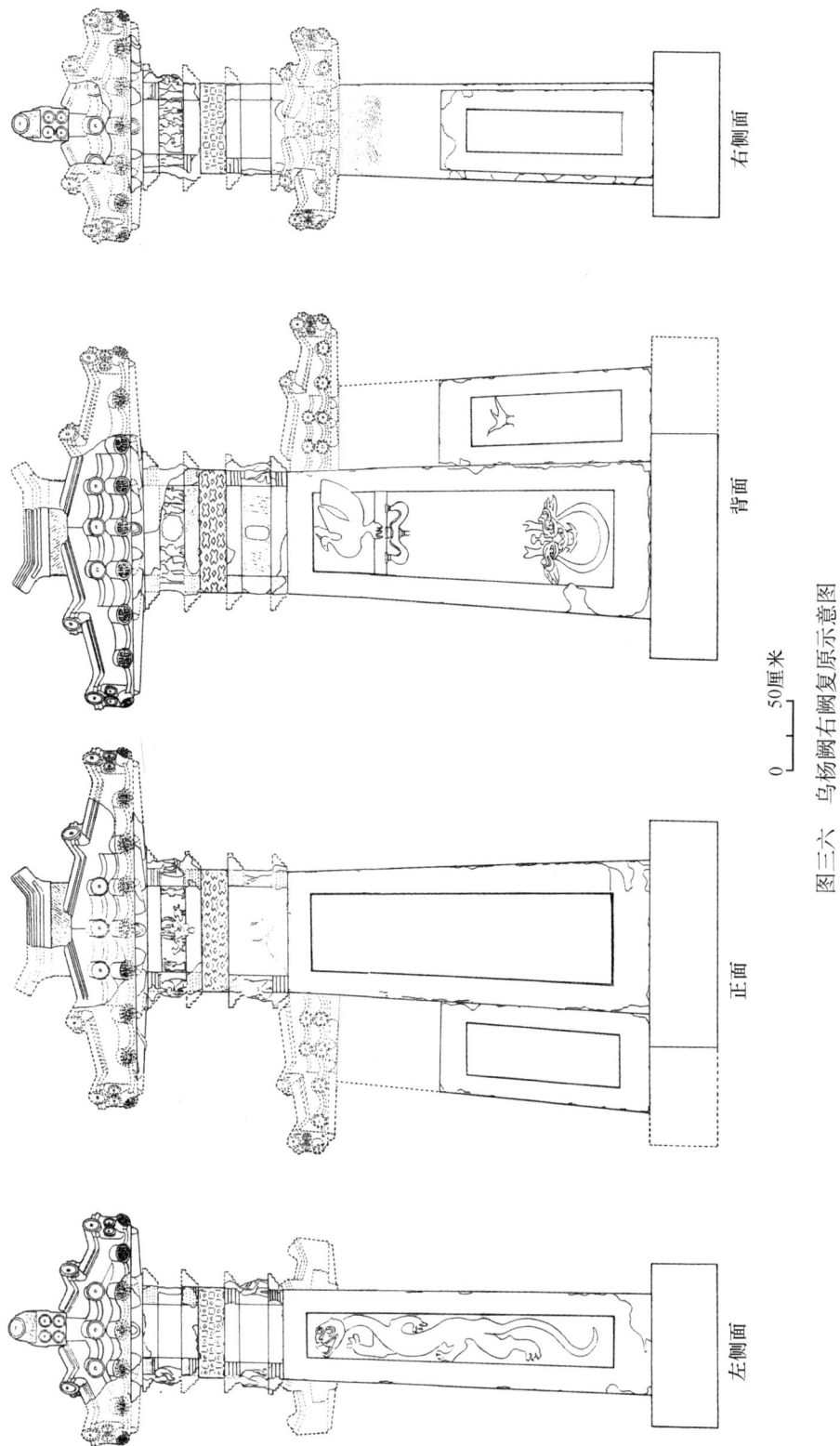

图三六 乌杨阙右阙复原示意图

完整者如高颐阙、冯焕阙、沈氏阙等，其上铭文分别为"汉故益州太守阴平都尉武阳令北府丞举孝廉高君字□□""故尚书侍郎河南京令豫州幽州刺史冯使君神道""汉新丰令交趾都尉沈府君神道、汉谒者北屯司马左都侯沈府君神道"，以上铭文至少可以告诉我们，墓阙应多为某一人所立。那么，这里认为乌杨阙为枞树包墓地的某座墓葬之阙应是合理的。

枞树包墓地包含墓葬30座①，在类别上包含土坑墓和石室墓两类，在时代上包含西汉至晋等多个时期。通过对整个墓地所有墓葬的观察，我们发现20号墓的一些特殊现象：首先，墓地虽包含墓葬数量众多，但只有20号墓存在封土堆，并且封土规模较大、分层夯筑明显；其次，该墓墓室做工极为考究，不仅所用条石皆经过精心打磨，且条石间砌筑严密，在发掘时墓室内几乎无淤土；最后，该墓的随葬品规格较高，如随葬的击鼓说书俑高达50厘米，这在整个三峡地区都是较为少见的。以上三点共同说明，20号墓在枞树包墓地里30座墓葬中的地位最为显赫。然而地位的显赫并不能完全说明乌杨阙就是该墓之阙。若从枞树包墓地的布局来看，该墓地很明显存在一条中轴线，中轴线的最南端为20号墓，最北端正是乌杨阙的阙基所在地。可见，乌杨阙与20号墓可以通过墓地中轴线紧密地联系到一起，而通过前面的论述，相信乌杨阙极有可能是20号墓之阙。

枞树包墓地的20号墓为"凸"字形券顶石室墓，从其形制来判断，其时代应属蜀汉时期。那么，乌杨阙的年代下限当在蜀汉时期。需要作为补充的是，在目前已经发现的汉阙中，较少有认为汉阙年代晚至蜀汉的推断。那么墓阙是否会延续至蜀汉时期呢？在四川省江安县曾出土画像石棺两具，棺身皆可见有双阙的画像，与石棺同出的尚有"太平百钱"4枚②。"太平百钱"应是由蜀汉政权所铸③，因此两具石棺的时代当属蜀汉时期。在四川境内的乐山、彭山地区的大型崖墓墓门及墓室内，发现有大量高浮雕的阙的形象④。这种以画像的形式所表现出来的阙，也应被认为是墓阙⑤。相应的，画像石棺表面的阙也应当是墓阙的另一种表现形式，从而也说明墓阙在蜀汉时期仍然存在。

这里再将乌杨阙的时代上限作以下说明：首先，乌杨阙与忠县境内的邓家沱阙、

---

① 李大地、邹后曦、曾艳：《重庆忠县乌杨阙的初步认识》，《四川文物》2012年第4期。
② 崔陈：《江安县黄龙乡魏晋石室墓》，《四川文物》1989年第1期。
③ 杨荣新：《"太平百钱"铸地及年代考》，《四川文物》1987年第1期。
④ 唐长寿：《乐山崖墓和彭山崖墓》，电子科技大学出版社，1994年。
⑤ 袁曙光、赵殿增：《四川门阙类画像砖研究》，《中国汉画学会第九届年会论文集》，中国社会出版社，2004年。

无铭阙、丁房阙左阙，有着共同的特征——楼部的双层枋子①。与其他汉阙相比，相同部位则为斗栱与枋的组合（图八）。对于这种现象，李锋先生认为前者应是后者的退化形式②，我们亦持相同观点。由此推断，忠县四阙在年代上均应晚于冯焕阙。其次，在乌杨阙与忠县境内的邓家沱阙、无铭阙、丁房阙左阙的比较中，我们发现乌杨阙去掉了下出檐及其下的楼部，子阙亦去掉楼部，显得更加合理简洁；主阙出檐外出更加明显，气势更为磅礴；阙身采用上窄下宽的梯形，阙基、身、枋子层结合部均采用榫卯结构，加强了构件之间的结合，整个结构更加稳定。通过以上比较，我们或可认为乌杨阙是忠县三阙的继承与发展，其年代也应稍晚。冯焕阙的阙主冯焕死于汉安帝建光元年（121年），邓家沱阙年代约为东汉中晚期③，严氏阙据孙华先生考证其为广汉属国都尉丁鲂所捐建④，那么其年代应在丁鲂去世（151年）之前。乌杨阙在时代上比忠县三阙晚，将其年代上限定为东汉末期应是合理的。

## 五、乌杨阙的阙主

乌杨阙虽经考古发掘出土，但是由于该阙被破坏较为严重，且并未找到明确的与之相关的文字资料，对乌杨阙的阙主的认识只能通过有限的信息来推断。对此，笔者以下探讨了与之相关的几个问题，以期对乌杨阙阙主的考证起到抛砖引玉的作用。

### （一）墓阙形制与阙主身份

墓阙源自于宫殿、城垣的门阙，而门阙则有等级上的差异，《公羊传·昭公二十五年》何休注："天子外阙两观，诸侯内阙一观"，可见早在春秋时期，等级制度就已经在阙的形制上有明确的体现。公元前221年，秦王嬴政统一中国，自诩其功绩超越三皇五帝，在陵寝制度上也大加创新，不但在陵园大门两侧置阙，而且其规格也升级成了三出阙⑤。汉承秦制，三出阙继续保留，在汉景帝阳陵发现的陵阙即为三出阙⑥。《汉书·霍光传》："太夫人显改光时所自造茔制而侈大之。起三出阙，筑神

---

① 邓家沱阙为一组双层枋，乌杨阙、无铭阙、丁房阙左阙则为上、下两组双层枋。
② 李锋：《重庆忠县邓家沱石阙的初步认识》，《文物》2007年第1期。
③ 孙华：《忠县邓家沱阙的几个问题》，《文物》2008年第4期。
④ 孙华：《忠县土主庙阙为严氏墓阙新论》，《长江文明》第1辑，重庆出版社，2008年。
⑤ 陕西省考古研究所、秦始皇兵马俑博物馆：《秦始皇陵园2000年度勘探简报》，《考古与文物》2002年第2期。
⑥ 陕西省考古研究所阳陵考古队：《汉景帝阳陵考古新发现》，《文博》1999年第6期。

道",时人评论曰:"霍氏必亡。夫奢则不逊,不逊必侮上,侮上者逆道也。"霍氏起三出阙被认为是一种僭越,可见三出阙应为皇帝所专用。至于二出阙及单出阙,学术界普遍认为,二出阙为二千石以上官员使用,单出阙则对应普通官员[①]。如果按照以上推测,乌杨阙的阙主身份应也属二千石以上的官员。

（二）阙主初步推断

前面已经论述过,阙,是身份、等级的象征,具有神圣感和威严感。那么,在蜀汉时期的忠县地区二千石以上的官员应以严颜最为著名。严颜为东汉后期益州牧刘璋的武将,或称巴郡太守严颜,《华阳国志》巴郡士女目录注:"壮烈将军严颜,临江县人,明宦祀乡贤。严颜先事刘璋,被张飞生获,义之,引为宾客,后被刘备封为壮烈将军。"忠县相传,乌杨是巴郡太守严颜故里,镇东将军溪,溪旁将军村,就是为了纪念严颜而命名。据宋人祝穆《方舆胜览》卷六一记载,"今临江县西南二十里有严太守祠,东坡严颜碑诗注云,在忠州",临江县即今忠县,其西南二十里就是今乌杨一带,可见至迟在北宋以前,乌阳镇一带就有严颜墓和祠堂存在。《蜀中名胜记》卷十九上川东道重庆府三忠州下记:"今临江县西南二十里有严太守碑及祠。……苏辙诗云:'古碑残缺不可读,远人爱惜未思磨。相传昔者严太守,刻石千岁字已讹。'"严颜墓碑到了宋代文字已经残缺不全,故苏辙才有这样的感叹。清《忠州直隶州志》录道光五年知州吴有篪《重修将军墓记》曰:"惟州南二十里将军溪有严将军墓在焉,溪以将军传。访诸父老,墓为前明尹刺史愉所修。今墓前石碣犹存,'汉严'二字可考。或者严氏之祖若父葬于此,未可知也;或将军之子若孙奉衣冠葬于此,亦未可知也。……乾隆时有盗入墓窃瓦爵二,甫出墓而目失明。里人奇之,相与禁樵采。以故冢荒而盗不敢入……"记中的"石碣"可能与石阙有关,"汉严"与严颜家族有联系,吴有篪这篇碑记证明至少从明代开始,就盛行严颜葬于乌杨将军溪旁的说法,还进一步推测了乌杨可能有严氏家族墓的存在。结合东汉以来重庆地区庄园经济发达、地方豪强势力控制一方的史实,我们或许可以推测,汉魏时期的乌杨为严颜家族控制,枞树包可能是严氏家族墓地,而乌杨阙也可能为太守严颜而建。

# 六、乌杨阙的建造与损毁

本次工作共发现3座阙基,从建造工艺、錾痕等观察,二者建造的年代不会相差太远。其中,Q:16与左阙构件散落在一起,因此其为左阙阙基应无太大问题。至于另外

---

① 杨宽:《中国古代陵寝制度史》,上海人民出版社,2008年,第136页。

两件阙基，单体阙基（Q:6）卯眼内的榫头残件，与其右主阙身上残留的榫头完全吻合，足以证明该阙基为右阙阙基；本次采集发现的子母连体阙基（Q:18）形制与左阙阙基（Q:16）基本一致，因此也应为右阙阙基。

至于为何出现两个右阙阙基，我们推测，单体阙基（Q:6）应是右阙的第一个阙基，在刚刚打制成形、细部尚未加工，甚至子阙卯眼还未做出的情况下，其上就已经至少竖立了右主阙的阙身。我们注意到，在本次发掘的阙址区，可见有明显的基岩断裂、下沉迹象，因地质的不稳定，很有可能在建设阶段就已出现了右阙的第一次垮塌。工匠或许认为原有的阙基（Q:6）无法承重，因而另行打制了新的阙基（Q:18），以满足第二次竖立右阙的需要。从出土位置来看，单体阙基（Q:6）位于左、右阙构件散落区之间，距其他构件有着较远的距离，更像是并未投入正式使用的废弃品。

若从乌杨阙画像布局的角度做总体观察，左主阙阙身的正立面，左子阙阙身正立面、左侧面，右主阙正立面、背立面，右子阙正立面、背立面、右侧面均未见画像，特别是其表面均经过了打磨而处理掉了錾痕，应是为继续制作画像做准备。因此，从画像的角度上讲，乌杨阙并未完工。此外，乌杨阙阙体构件较目前我国发现的其他汉阙风化小、图案清晰，似乎证明其暴露在外的时间相对较短，可能在竖立后不久就发生了倒塌而被掩埋。

综上所述，我们推测乌杨阙在建造与损毁过程为：

（1）开采石材为石料后，运输至阙址附近制作成构件的毛坯。

（2）将制作成形的各构件坯料在阙址上竖立、拼接，在竖立后不久，右阙发生了第一次倒塌，因而工匠制作了新的右阙基，重新竖立了右阙。

（3）左、右阙主体已经竖立完成后，开始进行细部修整和画像制作，在还未彻底装饰成形投入使用前，发生了第二次倒塌，因而只好废弃。

# 七、结　语

汉代石阙，盛行于东汉时期，是我国现存于地面上时代最早、保存最完整的古代建筑，全国幸存下来的仅三十余处。乌杨阙的发现，改写了我国汉阙的登记图录，丰富了汉阙材料。其形制独特、造型简洁明快，雕刻图案朴实大方，明显区别于目前已发现汉代诸阙，其建造年代大致在东汉末期至魏晋时期，延续了汉阙的使用历史，这对解决了汉阙的流变问题具有十分重要的意义。

在乌杨阙的整理过程中，我们发现其构件的图案装饰与目前发现的其他汉阙有很大的不同，具体体现在：阙身正面仅有剔地而成的边框，无雕刻图案或铭文，左阙背面为素面而右阙背面雕饰朱雀、如意斗栱和浮雕的铺首衔环；右下枋子层除正面枋柱间中央饰高浮雕铺首外，其余三面均无图案，左上枋子层左侧面无图案等。乌杨阙阙构件图案的不对称这一现象，违背了汉阙构件、图案讲求对称的原理，说明乌杨阙有可能是一件未加工完成的半成品。

最后需要指出的是，学术界关于乌杨阙一直有着较为热烈的讨论[①]。在我们之前发表的简报和论文中[②]，基于客观、真实地展现考古发现的角度，提出了子阙无楼部的观点。通过进一步的观察和与川渝地区汉阙的比较，我们修正了该观点，并在本文子阙的形制推测一节中进行了论述。

附记：本次发掘工作得到了当地政府及忠县文物管理所的大力支持，在此一并感谢。乌杨阙的简报曾在《重庆库区考古报告集·2002卷》（科学出版社，2010年，第1059~1077页）中刊布，因时间仓促，对资料的刊布亦相对简略。本报告重新核对了原始记录，进一步充实了拓片、照片等，在修正原有谬误的基础之上进一步提出了我们的新认识。

领　　队：邹后曦
发　　掘：李大地　张光敏　王海阔　龚玉龙　杨爱民
　　　　　罗建平　丁韦强　胡文中　曾先龙　周　忠
　　　　　陶　垒　曾　艳　王胜利　曾先兵
修　　复：张光敏　王海阔
绘　　图：曾先龙　丁韦强　杨爱民
摄　　影：丁韦强
整　　理：李大地　曾先龙　杨爱民
执　　笔：李大地　邹后曦　范　鹏

---

① 罗二虎：《重庆忠县汉代乌杨阙再研究》，《考古》2016年第8期。
② 重庆市文物考古研究所、忠县文物管理所：《忠县花灯坟墓群乌杨阙发掘简报》，《重庆库区考古报告集·2002卷》，科学出版社，2010年，第1059~1077页；李大地、邹后曦、曾艳：《重庆忠县乌杨阙的初步认识》，《四川文物》2012年第4期。

# 附录一
# 重庆璧山崖墓开凿技术与石棺建造工艺

武仙竹[1]　李大地[2]　范　鹏[2]

（1. 重庆师范大学　2. 重庆市文化遗产研究院）

汉代，是中国铁工具空前发展的一个阶段。该时期有了大型专业采石场，有大型地下洞室建筑工程，有规模性分布的崖墓及画像石棺等。据考古调查，在汉代专门生产建筑石材的大型采石场中，所使用工具一般为铁錾、铁凿等[①]。同时，铁楔、铁钩和大铁锤等也作为石作工具，在石料开采工作中常见[②]。汉代很多地下大型洞室工程建造中，也发现有仅依靠短钎和铁锤作为主要使用工具的[③]。可见，汉代人们在进行石质工程建造或石料开采时，所使用工具种类多样，初步总结约包括有铁錾、铁凿、短钎、铁楔、铁钩、铁锤等多种。那么，重庆璧山汉代崖墓是使用什么工具营造的呢？该区域崖墓开凿技术如何？画像石棺加工工艺怎样？为解释相关问题，我们对璧山崖墓进行了大量实地考察，对崖墓表面人工开凿痕迹、画像石棺表面加工工艺痕迹等，分别进行了详细观测。期望在实地调研与多学科综合研究的基础上，对璧山崖墓开凿技术、画像石棺制作工艺等相关问题取得科学阐释。

## 一、崖墓人工开凿技术与装饰工艺

崖墓俗指古代开凿于山崖上的墓葬，在中国主要存在于战国至六朝时期。重庆地区崖墓以分布数量较多、墓内图案雕琢精美、墓内保存有画像石棺而著名[④]。长期以

---

① 徐州博物馆：《江苏徐州市汉代采石遗址发掘简报》，《考古》2010年第11期。
② 耿建军：《徐州西汉楚王墓塞石的开凿与封填》，《考古》2013年第3期。
③ 杨志法、郭改梅、张路青：《仙居飞仙岩大型地下工程洞室群科学技术问题研究》，科学出版社，2012年，第143页。
④ 常任侠：《重庆附近之汉代三种墓葬》，《说文月刊》1941年第4期。

来，历史及考古学界十分关注重庆地区的崖墓及画像石棺，很多学者从政治经济、民族民俗、墓葬形制、出土器物、分期断代、装饰艺术、画像意义等多方面对其进行过讨论①。但是，由于以前的研究领域主要以人文学科为主，从自然科学技术对崖墓营造技术方面的研究很少。所以，迄今为止，仍有很多基础性的问题尚没有认识清楚。譬如：建造（开凿）崖墓是使用什么样的工具？崖墓开凿程序及工艺技术如何？石棺的制作技术及工艺流程如何，等等。2009~2010年，重庆市文化遗产研究院对璧山插旗山崖墓群进行了发掘清理②。发掘工作中，把崖墓建造技术、画像石棺制作工艺等也作一个重要研究内容。试图通过崖墓表面人工痕迹的观察和综合分析，来解析古代工匠建造崖墓时所使用的工具、工作程序、技术水平；从画像石棺表面人工痕迹的多方位观测与模拟实验等，来揭示出制作画像石棺的生产工具、工艺技术等。

### （一）崖墓自然环境与结构

重庆位于四川盆地东南缘，元古代晚期为稳定的浅海区域，该时期本地区中、西部沉积了广泛分布的海相红色砂岩层。三叠纪晚期时，区域内整体上升为巨厚的陆相沉积，后经白垩纪四川运动、第四纪喜马拉雅运动等，使该地区逐步形成东部高山大川、西部低山丘陵的复杂地貌。璧山汉代崖墓分布区位于重庆西部，该地区崖墓主要依托广泛分布的元古代红色砂岩开凿而成。红色砂岩具有易于开凿、色泽喜庆、材料结构稳定等特征，在我国四川、广东等地，有很多利用红砂岩建造依山大佛、开凿地下洞室、采石筑塔等大型石作建筑工程③。重庆璧山广泛分布的汉代崖墓，也是这种科学开发和利用红色砂岩自然资源的典型例证之一。

通过对璧山崖墓实地考查，我们发现该地区崖墓建造在地形选择上有两种形式：一种是利用凸起的小山崖，通过对崖壁修整，加工出一个便于人工操作的小平台（工作面），然后以小平台所面对的崖壁为墓室开凿区位，建造出单洞室崖墓（这类单洞室崖墓中也可以放置多具画像石棺）。该类崖墓的地形选择，与四川乐山崖墓④、浙江衢州地区崖墓⑤等基本相似。根据这类崖墓的共有特点，我们可以简称之为"崖壁崖墓"。另有一种崖墓，在地形选择和建造特点上具有璧山地方特色：该类崖墓是以

---

① 罗二虎：《四川崖墓的初步研究》，《考古学报》1988年第2期。
② 范鹏、邹后曦、李大地：《重庆市璧山县汉代石棺的发现与研究》，《四川文物》2012年第6期。
③ 蒋晓东、曹建劲：《广州红砂岩文物保护新方法》，《热带地理》2014年第1期。
④ 唐长寿：《乐山麻浩崖墓研究》，《四川文物》1987年第2期。
⑤ 柴福友、陈昌华：《浙江衢州地区红砂岩石室群成因探析》，《南方文物》2003年第1期。

低矮的红砂岩小丘为区位，先在岩丘前沿向下开凿出较深而长的墓道，通过把墓道、墓室地势降低，在"降基"后的基础上再开凿出大小合适的崖墓（图一）。这类崖墓大多位于民居周边房前屋后，具有交通便利、与民居位置相近、便于维护和祭拜等多种优点。根据这类崖墓的建造形式和地形特点，我们可以简称这一崖墓类型为"矮丘崖墓"。

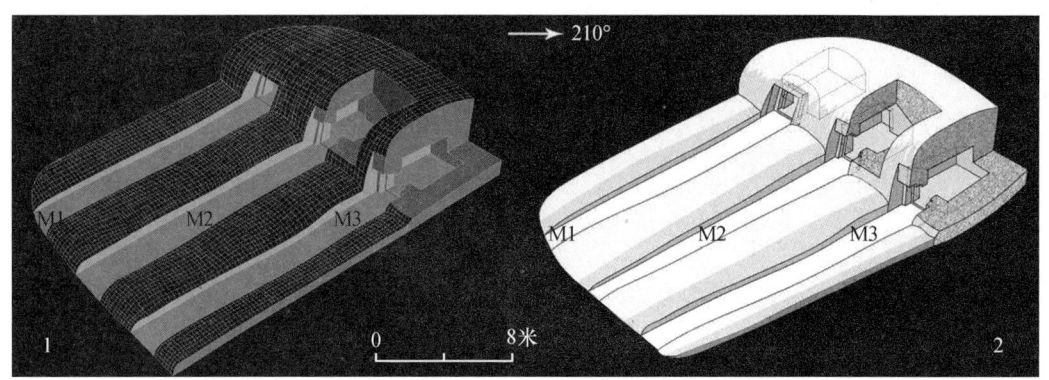

图一　棺山坡M1～M3数字模型分析图
1. 虚拟网状结构图　2. 虚拟实体模型图

璧山崖墓，无论是"崖壁崖墓"或"矮丘崖墓"，它们在结构特征上均是单墓道、单洞室。墓室内部壁面平整，室顶均为具有较好稳定及承力作用的卷棚式顶。根据崖墓数字模型对比分析，同一区位的崖墓建造形式往往一致。其中"矮丘崖墓"墓顶之上的岩层厚度往往较薄，墓室前端厚度一般1.6～1.7米，墓室后端的岩层厚度为2米左右（图一）。

## （二）墓室开凿工具及技术

插旗山M1坐西朝东，墓葬形制为前面有一段长约3.75米的墓道，后面是左右宽6.4、前后深7.25米的墓室。墓室最里面（靠西壁）有一具横向摆放的画像石棺，左边（紧贴南壁）有一具纵向摆放的画像石棺。墓室四壁陡直，卷棚式顶（顶部"正脊"为弧形）。墓室除了前壁开凿后无装饰性加工痕迹外，墓室顶部和其他三面墓壁，均加工有装饰性图案。大部分装饰性图案加工细致，覆盖于墓室内壁绝大部分面积之上，因此，墓室内可观察到的墓室开凿性痕迹（墓室开挖痕迹），只在很少的区域有所分布。

**1. 墓室开凿痕迹的定性**

墓室内部壁面保存有各种痕迹，如何判断哪些痕迹是墓室开凿痕迹呢？在对墓室内部进行详细观察后,我们根据两个原则来进行其性质判断。一是该类痕迹在墓室分布具有一定范围,不是零星的或偶然性出现;二是该类痕迹处于墓室痕迹的最底层,其表面覆盖有装饰性痕迹现象(该类痕迹被装饰性痕迹覆盖或打破)。根据这这两方面标准,我们发现,在墓室前壁(图二,1)、后壁下部、左壁底部等区域,这类墓室开凿性痕迹现象较为明显。

图二　墓室前壁开凿痕迹
1.墓室前壁开凿性痕整体观察　2.墓室前壁开凿性痕迹放大观察

### 2. 由墓室开凿痕迹分析墓室开凿工具

在确定哪些痕迹为墓室开凿痕迹后,我们对这类痕迹进行放大观察,发现其工具刃形应该是一种平口直刃铁凿。该石铁凿刃端应为扁棱型,刃宽11毫米。在石壁表面开凿痕保留较完整的部位,可以清晰地看到这种平口直刃刃具留在石壁上的嵌入面。如在墓室前壁(图二,2：I1~I5、I7~I10)、墓室后壁(图三),均可见到这种墓室营造过程中的开凿痕迹。根据开凿墓室时所使用刃具形态分析,我们确定该类崖墓是使用平口直刃铁凿开凿而成,而不是此前人们所想象的使用圆尖刃短钎或钢钎等工具开凿而成①。

根据墓壁上保留的石凿刃具痕迹,我们分析发现,工匠在对墓室开凿过程中,其工作方式是铁凿与墓壁(工作对象)保存有一定的倾斜度,而不是铁凿(工具)与墓壁呈垂直的直角进行凿制。其依据是壁面上所观察到的铁凿痕迹,均与墓壁保持有一定倾斜度。其痕迹特征都保存有长而明显的刃具面,而不是由刃尖对墓壁凿制中造成正向迸裂和破碎(图三,2)。此外,墓室开凿痕迹在空间分布上,大多数都比较均

---

① 〔德〕邓玉函、王徵著,雷钊译注：《奇器图说》,重庆出版社,2010年,第210、211页。

匀，痕迹之间的距离显示一定的规律性；各个痕迹的深浅差异也不大。这些特点显示，墓室开凿者的技术应较为熟练，其工作速率匀称。工匠在墓室开凿过程中，由于工作速度和力度控制比较好，开凿出的墓壁表面相对比较平整，没有显著的坑凹参差、石茬杂乱现象。在个别地方，可能因开凿的墓壁表面存在凸起、起伏状态，开凿者对它们进行了有意识的修整。这类墓穴开凿时的随机修整性痕迹，工作意识明显，分布数量很少，痕迹特征是铁凿工作面与墓壁表面保持有较大距离的平行面，痕迹较浅、平面距离（长度）较长（图二，2：I6）。墓室开凿营造过程中的修整性痕迹，是墓室开凿性痕迹的一部分。它们与墓室开凿完成后，进行内部装饰性加工时的痕迹有工序先后区别，其工作性质、工作目的也有所不同。

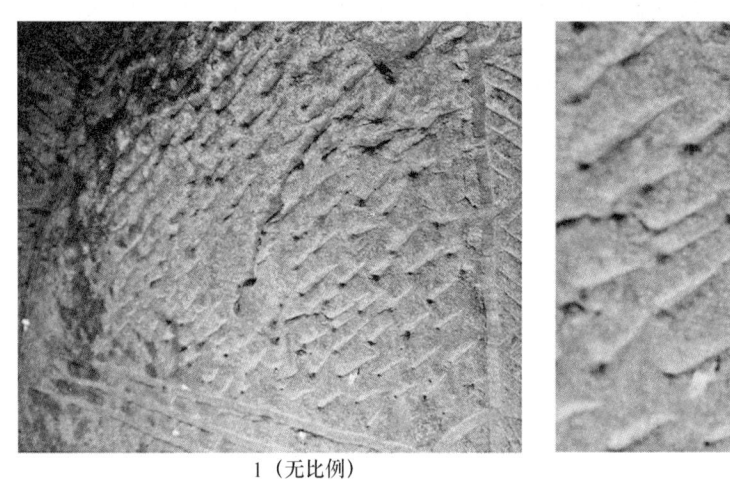

1（无比例） 2（—1cm）

图三 墓室开凿痕迹
1.墓室后壁开凿性痕迹整体观察 2.墓室后壁开凿性痕迹放大观察

## （三）墓室装饰性加工痕迹

墓室装饰性痕迹（图案），体现了分区、分层、分块的装饰规划思路。实施装饰的具体方法，是使用刃宽11毫米的平口直刃铁凿，凿制出各种线条进行组合完成。

### 1. 墓室顶部和左、右两壁装饰性痕迹的分区设计及工作步骤

通过对墓室装饰性痕迹整体观察、分析，我们发现墓室装饰痕迹分布的基本规律为：首先用铁凿（凿制痕迹）在墓室内进行分区、划块，然后在分割出的各个区、块里，再进行图案或线条的构图加工。

墓室分区划块的第一步，是先在墓室顶端（墓顶正中弧形脊部位），从墓室内（后壁方向）向墓室外（墓门方向）平行凿出7条"顶分线"（图四），把墓室内从顶

部划分为左、右两大块。然后再在其左、右壁面，用同样方法加工出3条平行的壁面分层线（图四）。在顶部和壁面，用纵贯墓室的纵线完成分区（左、右两区）和分层（左、右两壁分别进行装饰层次的划分）后，然后再在纵向的顶分线、分层线之间，分别凿出多组竖向（与顶分线、分层线垂直）的分块线（3条线为一组）（图四）。由横向顶分线、分层线，间隔竖向分块线，对墓室顶部和左、右两壁，划分为多个近似正方形的装饰块，完成对墓顶、左右两壁的分区、分块结构。墓室内竖向的分块线，是在纵向顶分线、分层线之后进行加工的。因为在分块线与顶分线、分层线衔接处，可以看到多个分块线打破顶分线或分层线的现象（图五）。

图四　墓室装饰性痕迹的分区（顶分线、分层线、分块线）

工匠完成对墓室左右两壁分区划块工作后，在各个装饰块里，使用石凿对其分别添加各种不同的装饰内容。这种先分块、然后再逐步对各个区块添加装饰内容的工作过程，我们可以通过区块里面的装饰性线条，打破其外围分层线、分块线的打破现象来进行确定。如我们以墓室左壁临近底部的一块装饰图案为例，从该块装饰图案上，即可看出有较多个块内装饰线、打破周围分层线或分块线的现象（图六）。

装饰块内的构图或线条加工，是分区分块后才进行的装饰性工作。那么装饰块内的装饰线条，是从哪些部位先开始入手呢？关于这一点，我们通过块内痕迹现象及其组合特征，认为一般是先从块内的外围（圈）加工，然后再逐步向内进行。这一规律现象的判断，是因为我们注意到，在装饰块外围区域的装饰线条，一般均排列较为整

图五　分块线打破顶分线、分层线
1.墓室左壁顶部：分块线打破顶分线　2.墓室右壁中部：分块线打破分层线

图六　墓壁分块装饰痕迹打破分层线和分块线现象
I1~I5.装饰块内装饰线打破分层线　I6~I11.装饰块内装饰线打破分块线

齐、显示出一定的规划性；而在装饰块中部（核心区），其装饰性线条都是处于外围线条控制区内，图案排列不够整齐，线条加工较为随意（图七）。装饰块中部的装饰性线条，反映出装饰块临近收工时，较为随意、潦草的工艺特征。

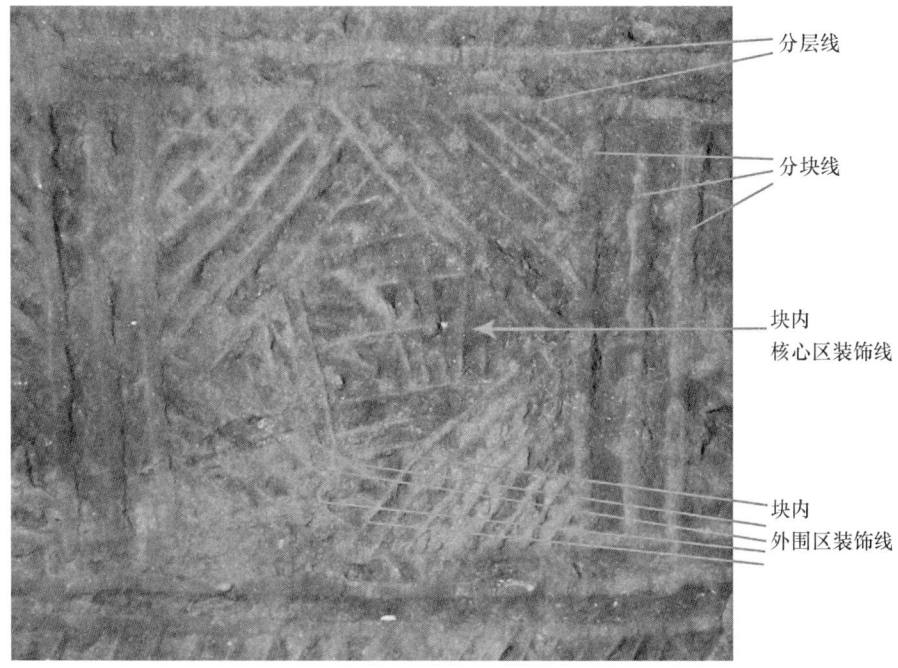

图七　墓壁装饰块内的痕迹组合现象

## 2. 墓室后壁装饰性痕迹的分区设计及工作步骤

墓室后壁装饰性痕迹，与墓顶、左右两壁的装饰性痕迹无直接痕打破关系。后壁可能是一个单独的装饰区域。后壁的装饰，也采取了分区进行的特征。

后壁装饰设计较为简单，所见装饰步骤，主要是先在后壁中下部凿制出1组衔接左、右两壁的"分层线"（也是由3条平行线组成）。该分层线把后壁划分为上、下两个区域。其中上部区域，范围较广，占据后壁的大部分面积。其装饰工作，主要是选择中间位置，凿制出一个近方形的主题纹饰。该主题纹饰呈方块型，其下部边沿借用分层线为边缘线。从主题纹饰下部借用分层线为边缘线的现象，可以判断后壁的装饰步骤为：先有分层线，后在分层线之上加工、完成主题纹饰。在主题纹饰完工后，其旁边（右边）又凿制有附加装饰图案（用线条凿制出一条鱼的图像）。

后壁分层线下部区域，表面没有进行特意的装饰性加工。壁面所见到的痕迹，主要是一些墓穴开凿过程中所遗留痕迹。

## 3. 墓室装饰性痕迹凿制特征

墓室内部的装饰性痕迹，目前所见均是使用平口直刃铁凿所进行加工。刃具痕迹特征和墓室开凿、营造性痕迹特征一致。显示墓室装饰性加工时所使用刃具，和墓室开凿时所使用刀具是同一类器具。装饰工作主要是由凿制线条组成,其中最长的装饰线,是位于墓室顶部的"顶分线"。从痕迹凿制方向上判断,顶分线是从后(墓室后壁顶端)向前(墓门方向)凿制加工的,其总长度与墓室长度一致,约为7.25米。顶分线形态较为平直,深度基本一致,中间没有明显的曲折。也没有发现单条痕迹在凿制途中停工,然后又重新接着原始工作面继续加工(凿制)的现象。通过对墓室所见装饰痕迹的观察,它们都体现出在下凿之后,一鼓作气、一次凿制完成的特点。

仔细观察每条装饰性凿痕表面,可以较清楚地看出铁凿在人工每一次锤击作用下,凿刃前进(凿进)的距离(尺度)。在与石凿工作方向(凿进方向)一致、逆光观察状态下,我们能够较清楚地观察到铁凿凿进痕迹特征(图八)。铁凿凿出的痕迹,其底部并不是平整、光滑的,因为铁凿每被锤击一下后,在间歇、停顿时,均会在痕迹表面留下一个近似陡茬的阶梯状小断面。

判断和确定铁凿在连续凿击过程中,每次锤击后的间歇、停顿现象,对我们观察和分析工作者(凿制工匠)凿击技术特征、动作速率、凿击力度大小等具有参考价值。譬如,我们在墓室顶分线中段,一左、一右分别各选择1条观察线(图八,左:I1;右:I2)。在I1、I2两条装饰线内,分别观测了11处间歇、停顿痕迹(图八,I1-P1~P11;I2-P1~P11*)。这11处间歇、停顿痕迹之间,包括有10段凿进距离(参见图八)。我们对这2条观测线、11处间歇停顿痕之间的间距(凿进距离)分别进行测

图八　墓室顶分线痕迹分布及凿制现象(从后向前摄)

----

\* P：暂停、间歇英文词pause的缩写。

量。结果表明,这2条观察线10段凿进距离的总长度非常接近(表一)。其中图五I1凿进距离总长度为110毫米,图五I2凿进距离总长度为113毫米。两段观测线10次凿进距离的总长度差距仅为3毫米。在I1观察线段范围内,每次凿进距离6~16毫米之间,并且表现出以11毫米距离为变幅核心的特征(以11毫米及其相近距离出现频率最多)。在I2线段观察范围内,每次凿进距离是以12毫米为变幅核心(与I1之间变幅差距非常微小)。这一统计结果,向我们提供的重要观测信息,是工匠在凿痕加工中所使用的力度,应该是较为均匀,凿制动作整体平稳。工作速率及凿痕力度,具有较为固定的技术模式特征。

**表一 痕迹间歇停顿位置测量表(毫米)***

| 观察单位 | | P1-P2 | P2-P3 | P3-P4 | P4-P5 | P5-P6 | P6-P7 | P7-P8 | P8-P9 | P9-P10 | P10-P11 |
|---|---|---|---|---|---|---|---|---|---|---|---|
| 图五 | I1 | 11 | 16 | 11 | 10 | 10 | 12 | 6 | 13 | 11 | 10 |
| | I2 | 12 | 16 | 11 | 16 | 10 | 12 | 12 | 9 | 9 | 6 |
| 图六 | I1 | 9 | 15 | 6 | 15 | 11 | 12 | 11 | 12 | 14 | 8 |

*I:"痕迹"英文单词imprint的缩写。P:"暂停、间歇"英文词pause的缩写。每2次暂停痕之间代表一次凿进距离(痕迹)。

反映工匠装饰性加工凿制技术稳定,工作进度和凿制速率较为固定的证据,还可以从墓壁其他装饰性痕迹上得到支持。譬如,我们在墓室左壁对其中一条分层线也进行了观察,该条分层线也可见多个清楚的暂停痕(图九,I1P1~P16)。在对其中10次凿进距离进行统计时,其距离总长度也是103毫米(参见表一)。这一统计结果,与图五中顶分线所观察结果相似(与图八I2一致,与I1差距很微弱)。

## 二、石棺制作工艺

东汉时期,我国用于石作生产的铁凿有多种型号,以刃形分有平口直刃和平口偏刃,以刃宽分有0.3、0.5、0.8、1.2、2厘米等多种[1]。除了铁凿之外,常用石作生产工具还有钢钎、铁楔(俗称石老鼠)、长柄小钩锄等[2]。可见,汉代时我国用于石作的工具类型很多,并且,不同地域的石作工具可能还存在有一定区域差别。那么,重庆璧山汉代画像石棺加工生产中,具体使用了那些类型的工具、使用了怎样的生产工艺

---

[1] 徐永斌:《汉代南阳冶铁工艺的发展与画像石的雕刻》,《南都学坛》(人文社会科学学报)2008年第6期。

[2] 柴福友、陈昌华:《浙江衢州地区红砂岩石室群成因探析》,《南方文物》2003年第1期。

图九 墓室左壁分层线间歇痕及凿进距离现象
（图右的标注为第1～16处间歇、停顿痕，包括15段凿进距离；箭头代表省略的标注数字）

呢？对此，我们从石棺表面遗存的加工、制作痕迹上，进行工具形制特征及生产工艺的相关分析。

### （一）画像石棺加工生产中所使用铁凿形制

凿有平口直刃和平口偏刃二种形制，不同型号之间还存在有刃宽尺寸的差异。重庆及长江三峡地区，新石器时代时所使用凿形工具，主要是平口直刃形式[1]。考古发掘中，所发现该地区先秦时期的铁凿，也主要为平口直刃[2]。但是，平口偏刃铁凿，文献记载在汉代也有出现[3]。因此，要正确判定画像石棺是使用何种铁凿加工生产的，我们还需要讨论不同铁凿刃形及相关生产痕迹的对应关系。

平口偏刃铁凿显著特征，是其刃部有平齐的刃缘，刃缘两面一个为偏锋面、一个为直锋面（图一〇，1），属于偏刃刃形工具。该类工具在使用过程中，操作者可以把直锋面紧密贴紧加工对象（直锋面便于贴紧、控制需要凿制的工作目标：如曲线、图

---

[1] 张弛、林春：《红花套遗址新石器时代的石制品研究》，《南方文物》2008年第3期。
[2] 湖南省文物考古研究所、长沙市博物馆等：《万州古坟包汉墓发掘简报》，《重庆库区考古报告集·2011卷》（中），科学出版社，2008年，第1188～1194页。
[3] 〔德〕邓玉函、王徵著，雷钊译注：《奇器图说》，重庆出版社，2010年，第210、211页。

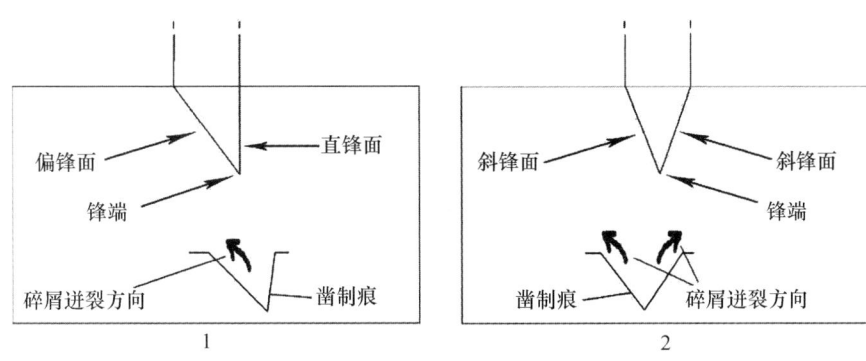

图一〇　铁凿刃形及凿痕特征示意图
1. 平口偏刃铁凿　2. 平口直刃铁凿

形轮廓的复杂图形等），有效控制刃缘前进方向，有利于操作者根据主观意愿对加工对象进行工艺塑造；而刃缘的偏锋面，则有利于把破碎、凿掉的碎屑，干净、迅速地从凿制工作区进行分离[1]。偏锋工具的这种特点，在我国新石器时代人类加工"锛"形工具时已有成功经验。我国新石器时代文化遗址中，已有较多偏锋石锛的加工、使用[2]。平口直刃铁凿，则属于直刃工具，该类工具在使用过程中，由于刃缘两个斜锋面受到均匀压力，并伴随有平衡的自磨损现象，这种刃形特点有利于刃缘顺利按照用力（打击力）方向快速前切（人为控制性稍差），同时还会造成刃缘出现自磨锐现象[3]。这一类工具在使用中，刃缘具备有较好的锐利功效，但加工生产中精细控制性与偏刃工具比相对较差。其加工出的碎屑，也分别是从刃缘的两个斜锋面进出（图一〇，2）。根据平口偏刃铁凿和平口直刃铁凿在生产使用中的不同特点，我们对画像石棺表面的加工痕迹进行分析，发现了这两种铁凿加工痕迹在画像石棺表面均有分布，并且它们在工作对象和分布区域上有一定规律。

**1. 平口偏刃铁凿加工对象及刃痕分布规律**

平口偏刃铁凿加工痕迹，主要分布在画像石主题图像纹饰生产方面（主题纹饰轮廓线、主题纹饰造型等），其加工对象应该是主要用于图像的主题纹饰加工。譬如，我们以棺山坡1号石棺后端图像为例，该处图像布局是以"立凤"为主题纹饰。"立凤"为减地阳刻，"立凤"图案轮廓线整齐、清晰，轮廓线横剖面具有壁面陡直、凿

---

[1] 张丽萍、陈明、顾立志：《刀具锋利性及其衡量指标初探》，《机械工程师》1997年第6期。

[2] Zhang Xiaoling, Shen Chen, Gao Xing, et al. Use-wear Evidence Confirms the Earliest Hafted Chipped-stone Adzes of Upper Palaeolithic in Northern China. *Chinese Science Bulletin*, 2010,55(3): 268-275.

[3] 黄建红：《刀片的锋利性、利磨性与自磨锐行为》，《金属热处理》2004年第8期。

制碎屑向铁凿外面（铁凿偏锋面）迸裂的特点（图一一，3、4）。这种凿痕特征，即是典型的平口偏刃铁凿加工痕迹特点。

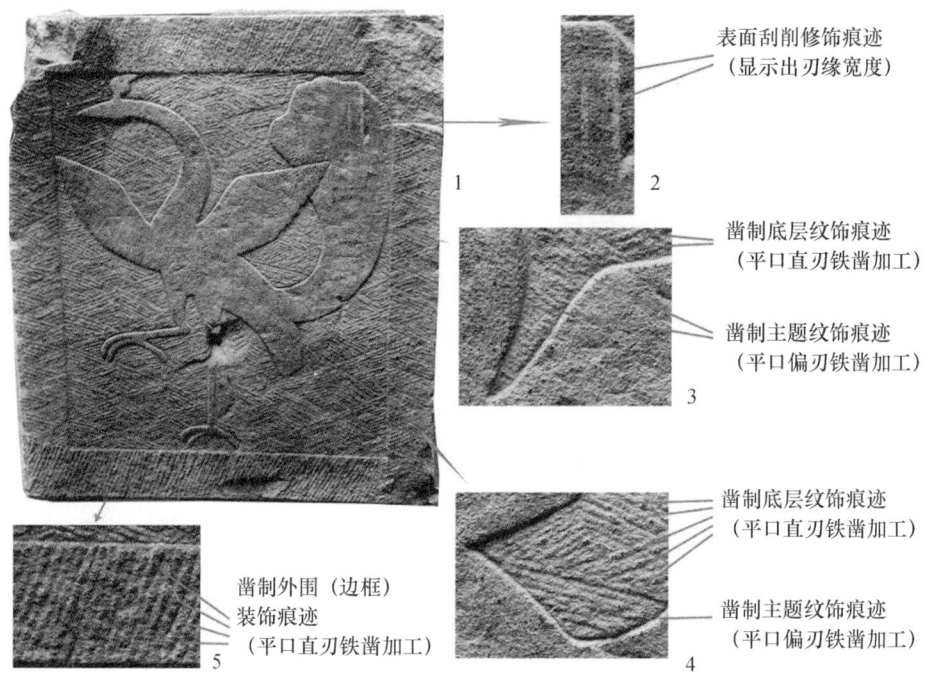

图一一　棺山坡1号棺后端图像分析

平口偏刃铁凿，凿制、加工主题纹饰的现象，也分别见于璧山其他汉代画像石棺上。譬如，我们对小河坝M2石棺挡板外表面图像花纹进行分析，发现该石棺挡板作为主题纹饰的"胜纹"（汉代流行的一种同心相连、对称连续、适合立体造型的纹饰图样，表达人们对婚姻恒久企盼和对生命的崇拜），其轮廓（痕迹剖面）边缘线深而清晰，痕迹表面平整，痕迹特征也为是使用平口偏刃铁凿凿制而成（图一二，1~3）。该胜纹的中心，是一个方孔（方形凹坑），我们选择胜纹中心的"方孔"使用PU树脂进行翻模（图一二，2），然后对翻制的痕迹模型进行显微观察分析，并使用三维扫描仪对其扫描后制作出数字模型。"方孔"痕迹数字模型在放大状态下，以及多角度、立体状态的观察分析中（图一二，3），均反映方孔四壁是使用平口偏刃铁凿一次性凿制完成的。这些凿痕边缘线平整，痕迹壁面呈现出一次强力压切下造成的直面，与铁凿偏锋面造成的那种破损性碎屑迸裂面有较大差别。

**2. 平口直刃铁凿加工对象及刃痕分布规律**

平口直刃铁凿的加工对象，主要是应用于画像石主题图像底纹、图像边框装饰性

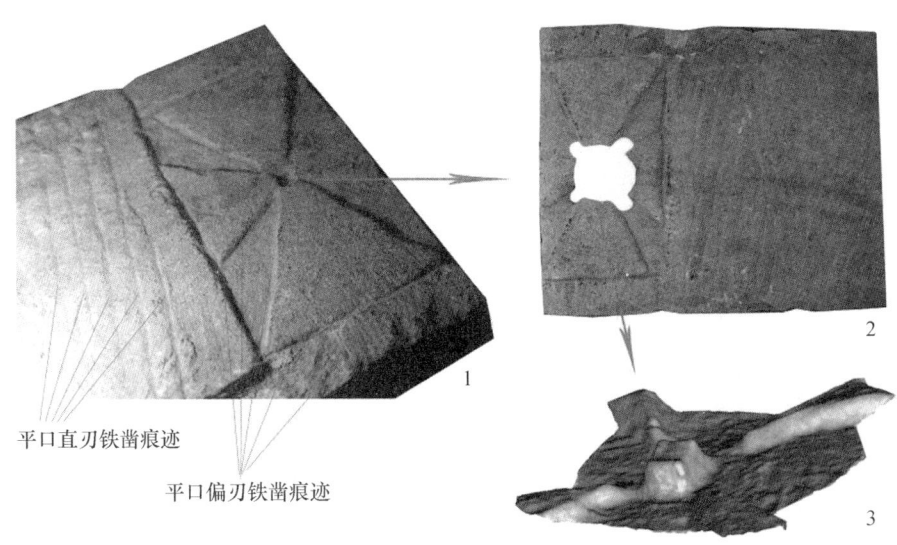

图一二　小河坝M2石棺挡板图像分析
1.石棺挡板外表面花纹图像　2.对主题纹饰（胜纹）核心部位进行无损翻模
3.对胜纹痕迹模型进行数字建模和立体多角度观测

纹饰等部位。该类铁凿痕迹边缘面（线痕两侧），均有较重的碎屑状破损，而且痕迹横断面比较浅、宽（图一一，3、4、5）。从痕迹边缘的破碎特征观察，该类痕迹在加工生产时所产生碎屑，应是沿着铁凿的2个斜锋面进出（图一〇，2）。棺山坡1号棺后端"立凤"图像的边框纹、铺地纹，以及小河坝M2画像石棺装饰性边框纹饰（铺地几何纹）等，均是平口直刃铁凿加工痕迹（图一二，1）。

**3. 画像石棺加工生产中所使用铁凿形制**

通过对璧山棺山坡1号、3号、小河坝1号石棺表面加工及制作工艺进行观测和分析，可以确认这些石棺在加工生产过程中，工作者分别使用了平口偏刃和平口直刃两种形制的铁凿。其中，平口偏刃铁凿主要使用于石棺表面主体图像的加工塑造，平口直刃铁凿则主要使用于石棺主题图像底纹加工和边框装饰性加工。

## （二）石棺表面刃痕特征所反映的铁凿刃宽

平口偏刃、平口直刃是指不同形制的铁凿，刃宽反映的是不同型号（大小）的铁凿。

### 1. 平口偏刃铁凿刃宽

平口偏刃铁凿用于石棺主题图像的加工，从图像加工痕迹的剖面（痕迹壁面）高度测量，该类铁凿刃宽应大于8毫米。由于保存的痕迹壁面，并不一定等同于铁凿刃宽（加工生产中铁凿刃部有可能未完全嵌入），所以仅从痕迹壁面上，还不能完全确定所使用铁凿刃宽。但非常有意义的是，我们在观测棺山坡1号棺后端"立凤"主题图像时，发现在该图像加工完成后，工作者还使用平口偏刃铁凿对石材表面进行了铲刮加工。这些铲刮加工行为，保留下了平口偏刃铁凿的完整刃宽迹象（图一一，1、2）。由这些痕迹我们可以确定，所使用平口偏刃铁凿实际刃宽为9毫米。

**2. 平口直刃铁凿刃宽**

平口直刃铁凿主要使用于画像石棺主题纹饰衬底（底纹）和边框修饰性纹饰加工，所留下的刃宽痕迹均不够完整。其主题纹饰的底纹痕迹，还较边框部位修饰性痕迹更浅（更为碎细）。从边框修饰性痕迹的印痕观测，该类铁凿刃宽大多在5～8毫米之间。但我们也可以观察出，这些痕迹的宽度并不完整，它们并不能真正反映铁凿刃部的实际宽度。为准确了解平口直刃铁凿实际刃宽，我们对石棺表面所有凿痕均进行仔细分析和观察，后来发现在一些石棺棺口内沿凸榫状结构表面，大多遗留有铁凿的完整凿痕。棺口凸榫的整体高度一般为18毫米，在靠近其口部边缘，大多可见到一条从一端向另一端平行凿制的修整痕迹。该修整痕迹刃痕特征清楚，铁凿在工作中给石材表面造成的破损痕比较明显，痕迹特征符合平口直刃铁凿加工生产特点。这些痕迹反映出的铁凿完整刃宽为11毫米。因此，我们可以确定，崖墓开凿和画像石棺加工生产中的平口直刃铁凿，应该是使用了同一种型号、刃宽均为11毫米的平口直刃铁凿。

**（三）画像石棺加工流程**

画像石棺、棺盖均采用整体石材凿制而成。石棺及棺盖加工过程中，分别经过了凿制成形、装饰加工等几个环节。

石棺和棺盖加工的第一步，是使用平口直刃铁凿对石材进行凿制成形。生产者在石棺、棺盖的成形设计上，非常重视二者合拢之后的密封性。石棺和棺盖的结合部，采用了榫口结构进行合拢（图一三，1、3）。在把棺盖覆盖于石棺之上后，石棺与棺盖结合部不会有可透光的空间（隙）。石棺、棺盖凸榫合拢结构，加强了棺与棺盖之间的牢固性，防止棺盖滑动，同时兼具良好密封性能。因此，石棺的密封性特征，是石棺加工制作的重要特征之一。

石棺、盖加工的第二步，是在它们的成形工序完成后，分别对其内、外表面进行了细致的装饰性加工。棺盖的内、外表面，基本布满了凿制的装饰性痕迹。有些棺盖外表面，也凿制有动物纹、花卉纹等主题图案。在主题图案之间，以条带状"留白"

的形式进行了装饰空间分区。棺身在装饰性加工时，也被经过了大量细致凿制加工。石棺外表面，一般均分布以主题构图为核心的装饰性纹饰。主题图像构图加工方法，是在石材表面以减地的方式，制造出主题图案的浅浮雕效果。"减地"区域范围内，也被以较浅的几何形排列线条，组合成主题纹饰的地纹。主题纹饰外围，被加工为整齐的边框形态（图一三，1、2）。边框的外表面并不是空白，而是凿制了排列整齐的斜线条，对其进行修饰性加工。石棺内壁（内部两侧面和两端面），从上到下凿制有垂直到底、排列整齐的修饰性线条（图一三，3），其加工痕迹均与平口直刃铁凿痕迹特征相符。石棺内部底面（内底），是石棺唯一未做修饰性加工的区域。其表面分布着无排列规律的原始凿制痕（图一三，4），这些凿制痕迹特征属于平口直刃铁凿类型，它们为分析石棺成形加工中所使用工具留下了证据。

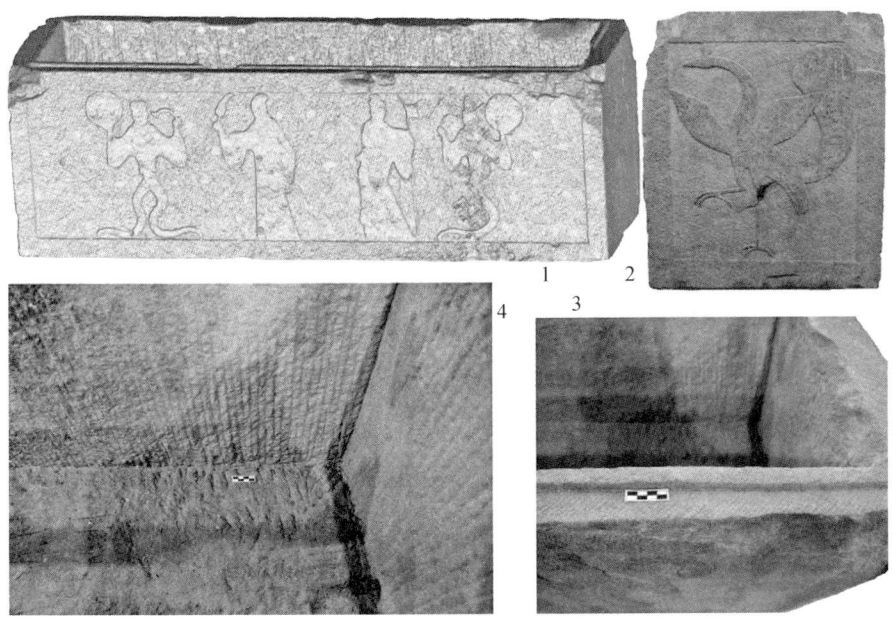

图一三　棺山坡M1石棺加工工艺分析
1. 石棺数字模型显示的口部榫口结构　2. 石棺端面的凿孔　3. 石棺内壁装饰性痕迹及底部加工性痕迹
4. 石棺口部的榫口结构

# 三、结　语

重庆璧山是我国汉代崖墓集中分布区之一，通过实地考察、显微观测分析、数字模型技术实验等多方面工作，我们对该地区崖墓类型、开凿技术、装饰工艺、画像石棺生产技术等多方面取得了很多新认识。包括首次确认崖墓和石棺建造中所使用刃具的形制、大小，以及崖墓装饰工序和画像石棺装饰工作中不同类型刃具的区别应用等。这些认识，对研究重庆地区东汉崖墓营造、探索我国崖墓分布规律及石作生产技术等有重要作用。

### 1. 崖墓类型

璧山地区除了有和我国其他地区相似的"崖壁崖墓"外，还有具地方特色的"矮丘崖墓"。后者是璧山地区古居民因地制宜、使用"降基"技术开凿出的一种特色鲜明的地方性崖墓类型。

### 2. 崖墓开凿技术

璧山崖墓建造者使用了一种刃宽11毫米的平口直刃铁凿，进行崖墓洞室的开掘。同时，建造者还使用这种铁凿，对墓室内部绝大部分面积进行了装饰性加工。装饰部位分为前、后壁面和左、右两大区块。左、右两大区的装饰工序是：先从墓顶用一组凿制出的纵贯线把墓室分成左、右两大区，在这两大区的面积内进行分层、分块规划。然后在规划出的各个装饰区块里，以铁凿凿制出线条，用线条组合出各种图案或几何形纹饰等进行装饰。前、后壁面的装饰加工，也是采用了分层、分块的装饰方法。通过使用微痕观测技术详细分析，我们发现墓室内铁凿凿制出的各种装饰性线条，反映出古代工匠凿制工作中速度匀称、力度稳定，具有技术熟练、工作模式较为固定等特征。

### 3. 画像石棺制作与装饰工艺

画像石棺的棺身、棺盖，均使用整体石材凿制成形。凿制成形工作中使用了刃宽11毫米的平口直刃铁凿，与崖墓开凿工作中所使用铁凿在形制、大小方面一致。棺身、棺盖的形制设计，使用了凸榫合拢技术，用于以增强棺身、棺盖的牢固性和密封性能。棺身、棺盖成形后，营造者还分别使用铁凿凿制出图案、线条等对其进行装饰加工。棺盖的装饰加工痕迹在棺盖内面、外面均有分布。棺身的装饰加工，除了内底为原始生产（凿制成形）痕迹外，棺身内壁、外表面等均经过了细致的装饰性工作。画像石棺的装饰加工使用了两种类型的铁凿，一种是刃宽11毫米的平口直刃铁凿，另一种是刃宽9毫米的平口偏刃铁凿。前者的使用对象比较宽泛，包括应用于主题图像底纹、棺身棺盖的边框线条等装饰性加工。而后者的使用对象则比较固定，主要是应用于画像石棺主题图像的雕刻加工。

# 附录二
# 璧山汉代画像石棺保护修复

王海阔　杨小刚　叶　琳
（重庆市文化遗产研究院）

璧山汉代画像石棺现存数量较多。在20世纪80年代中期的文物普查工作中，璧山县（今为璧山区）的丁家、定林、广普、云平、马坊等地就相继发现一批东汉时期的画像石棺。这些画像石棺题材包括伏羲女娲、车马进谒、宴客行乐、四神雀鱼、门阙建筑、人物杂技等，内容丰富精美。图案形成多以平面减地，浅浮雕的石刻技法为主，辅以阴线刻纹饰表现细部。这批汉代画像石棺的发现，在一定程度上反映了璧山地区汉代封建庄园经济的发展情况；同时也为研究该地区汉代墓葬形制、丧葬制度与社会文化，探索巴文化在汉代的流变传承提供了珍贵的实物资料。

璧山出土汉代画像石棺，因自然及人为因素影响，均受到不同程度的损害，保存现状较差。为了更好地保护这批珍贵石质文物，受重庆市璧山区文物管理所委托，重庆文化遗产保护中心对文物现状进行了探查，并与西安文物保护修复中心合作，在遵循我国现行的文物修复"保持原貌，修旧如旧"原则的同时，结合国际文物保护修复工作"文物修复是在尊重文物原貌的基础上，既考虑文物的审美性又兼顾其历史性，运用文物材料提供的信息，利用现代技术及材料对文物进行修复，使其潜在的信息能得到充分展现，还能安全长久地保存下去，为将来留下文化遗产"新理念，共同制定了璧山汉代画像石棺的科学保护修复技术方案。针对石棺破损和石质风化状况，计划对现存的出土汉代画像石棺分期进行保护修复，首期保护修复编号为2、3号两具石棺。

## 一、画像石棺保护修复材料

保护修复所采用的材料是文物修复质量的关键，此项工作是化学保护与物理修复结合进行。

璧山汉代画像石棺属可移动石质文物中的一种。其材质系砂岩，质地较疏松。根据石棺的石质及保存现状，我们本着文物科学保护修复原则，选用目前具有世界先进技术水平的德国雷马仕公司生产的硅酸乙酯类系列新型材料Remmers300e、RemmersSNL和"芬考"修复砂浆作为画像石棺保护修复材料。这些材料作用于石质文物的防风化（加固）、憎水封护（防水）处理及残缺破损修复，具有渗透力强、透气性好、仿真性和技术操作方便等优点，并有着良好的兼容效果，符合石质文物保护修复的特性。另外，针对石棺残块厚重和强度要求高的特点，解决修复残断的连接，选用黏合性能优良的E-44（6101）型环氧树脂、低分子650-聚酰胺树脂（固化剂、增韧剂）双组分黏合剂，以确保画像石棺修复的牢固。

## 二、画像石棺保护技术措施

画像石棺具体保护技术措施，主要在于对其进行化学保护处理，这是科学保护石质文物的重要环节。通过对文物石材进行系列化学保护处理，使其保持相对稳定的状态，才有利于汉代画像石棺更好地长久保存。化学保护处理技术过程如下：

**1. 石棺清洗处理**

清洗前，先用竹木工具将附着在石棺内外、棺盖残块表面存积的泥垢剔除，将灰尘清扫干净。再施毛刷（毛质较软）用水清洗至净。风干或自然晾干。

**2. 石棺脱盐处理**

将无色纸巾用去离子水浸泡后，形成纸浆湿膜，把纸浆均匀地敷糊至石棺内外表体（纸浆厚度约1厘米），将其整体覆盖，致使石材表面富积的可溶盐等有害物质，随着纸浆水分的蒸发析除。

**3. 石棺脱水处理**

脱水处理对石棺表面有进一步清洁的作用，能够清除其表面的非溶性物质。同时让石材内部存积的水分子，伴随脱水剂挥发而尽快排除，使石质表面稳定。脱水化学试剂采用无水乙醇、丙酮。操作采用喷雾器以雾化喷淋方式进行。

**4. 石棺防风化处理**

防风化处理即对石材进行加固。采用型号为Remmers300e的硅酸乙酯防护剂，分别对石棺表体进行喷淋、涂刷，使其渗透至石材内部，替代由于风化而损失的天然胶结质，起到补充胶结质、增加整体强度和提高抗风化能力的作用。

**5. 石棺防水处理**

防水处理，即憎水封护。这是在石棺完成修复之后，实施保护处理的最后一道工序。尤其砂岩石质结构疏松易吸潮吸水，必须进行憎水封护处理。采用德国雷马仕Remmers公司生产的SNL有机硅憎水剂，操作方法与石棺脱水处理相同。待自然晾干。

# 三、画像石棺修复技术措施

璧山汉代画像石棺棺体普遍保存较好，仅部分口沿存在少量不规则残缺，而棺盖却多数残断破损严重。棺盖残块厚重，给修复技术操作造成诸多困难，石棺修复的大量工作主要集中在这个方面。

我们采用国际现代文物修复理念，遵循"对文物修复的最少干预、可逆性及可识别性"等原则，结合我国传统文物修复原则，制定了具体的保护工作实施方案。针对文物个体较大且沉重的特点，考虑陈列展览的需要，决定对两具石棺分别采取不同的复原技术措施，以解决陈列形式多样化及搬运、安装方面存在的困难，并使完成修复后的石棺，从复原效果和形式上都得到不同的体现，以分别反映文物出土原貌及复原状态。这两种不同的复原方法，既体现了科学修复原则，又能丰富陈列形式。

## （一）2号石棺修复技术措施

2号石棺基本信息及保存现状：

时代：东汉晚期　保护级别：2级　出土时间：1987年　石质：砂岩

尺寸：棺长215、宽62、高65厘米；棺盖宽65、中心厚26厘米

棺体由水泥底座支撑，其口沿局部残缺，曾用水泥补缺修复。表体局部存在自然酸腐蚀形成的白色钙化物，并残留少量拓片墨迹，棺体底部外缘出现风化剥离现象（图一）。棺盖内长215、内宽62厘米，断裂成大小不等9块（图二）。

图一　2号棺原状

采用我国传统文物修复原则，对文物本体进行整体加固、修复，以恢复文物的原貌。具体措施如下：

### 1. 棺盖残块拼对

以木板制作的工作台面为基准，先将较大残块用手动葫芦起吊至工作台，棺盖盖面向下，在其底部垫木方进行调整平行固定。再把较小残块逐一搬上工作台，采取边拼边垫的方法，按顺序进行拼对。同时，根据技术操作程序要求，拼对之前，先将部分较小残块分别钻孔，将胶液铸入孔内、在断面涂胶后植入钢筋粘接，使之形成较大残块再进行拼对，待拼对完成后垫木方将棺盖整体固定。

图二　2号棺盖修复前

### 2. 棺盖开槽植筋

棺盖残块厚度大且沉重。从力学角度考虑，残块之间的连接内应力强度要求较高。我们在设计修复工艺时，决定采用切割钻孔开槽植筋的技术方法。根据棺盖的体积、重量及受力强度要求，植入钢筋选择直径为20毫米的螺纹钢。按棺盖断痕的分布和断裂部位的长短，确定画线开槽植筋的位置及长度。由于棺盖厚度不一，钻孔开槽深度，则根据棺盖开槽部位的具体厚度而定。棺盖中部厚度26厘米，钻孔开槽深度10～12厘米，约在断面厚度二分之一的位置，这应该是符合强度要求的最佳部位。为了充分保证棺盖整体强度，棺盖断面连接需要分别在10个断裂部位进行钻孔开槽植筋。开槽长度最长50、最短28厘米，植入钢筋长度较开槽长度短1～2厘米。操作程序是，先用电动切割机沿画线开槽的宽度（约3厘米）平行切割，并要求切割达到一定深度（切割刀具受限），以此确定开槽范围。再用冲击电钻（钻头直径20毫米）进行排列打孔、铣槽，直至开槽深度、宽度达到要求为止。开槽完成后，把调配的环氧树脂黏合剂倒入，同时将备好相应长度的钢筋放置槽内，使其包埋钢筋填充石槽。黏合剂填充石槽预留1～2厘米高的余量，以便修复砂浆进行表面填补修复。另外，用经丙酮稀释的环氧黏合剂（流动性较好），将棺盖所有裂隙逐一实施渗透填充，使残块断面之间形成全面粘接，至此完成棺盖开槽植筋。

### 3. 棺盖、棺体修复补缺

棺盖残块通过上述工序修复，已经形成整体。补缺主要针对断面连接部位的表体，因石材缺失而产生的缝隙进行。棺体残缺多在石棺口沿榫卯棱线部位。根据石棺修复技术操作程序，棺盖、棺体修复补缺一并实施。补缺材料采用德国雷马仕公司生产的修复砂浆。具体方法是：用去离子水与修复砂浆混合，充分搅拌调匀（其干湿程度以操作方便为宜），将经调匀的砂浆，用修复工具进行填缝补缺修复。为满足复原效果需要，待砂浆尚未干透之前，再用木制工具进行刮抹，并参照原石刻纹样模仿刻划出石纹及画像图案。

### 4. 石棺上色做旧

文物修复上色做旧，在我国传统修复中一直被沿用，并且是一道颇为讲究的修复工序。其主要目的是为了展现文物的完美性，让人们观赏时产生视觉美感。笔者从事文物修复工作近三十年，对传统修复文物的上色做旧，从实践中也在不断更新认识。窃以为文物修复上色做旧，则应根据所涉及文物的不同类别，及其用途等具体情况，采取得当的技术方法做出相应处理。近年来，国内业界对此持有一种新观点，亦将其视为原则。即文物修复补缺和做旧的部位，应当与原件清晰可辩，既具有可识别性，还得有协调性，最终表现效果是"远观一致，近看有别"。这些新的观念较传统修复所要求的"以假乱真"，从认识上不失为一种进步和发展。对石棺修复上色做旧，理应严格遵循这一原则实施。具体方法是：在调和补缺的修复砂浆时，根据石材砂岩所属色系，采用相应的矿物颜料，适量添加在修复砂浆里面，使补缺修复材料的颜色与石材本色相近；另外，在补缺修复后，对有些表面色质差异较大的部位，利用修复中遗下的砂岩石粉，与雷马氏Remmers防水剂调和形成色浆，用毛刷实施补色处理，以取得满意的修复效果（图三）。

图三 2号棺盖修复后

### 5. 棺盖吊运安装

棺盖复原后整体重达千斤，仅靠人力搬运不仅困难，而且存在安全隐患。为此，我们针

图四 2号石棺复原后

对棺盖的体积和承重要求，自行设计钢制吊装设备"龙门吊"，由社会加工制作。最后，利用它将视如"庞然大物"的棺盖，轻松吊起平移合盖至石棺上，可谓"盖棺定论"圆满完成2号石棺修复（图四）。

## （二）3号石棺修复技术措施

3号石棺基本信息及保存现状：

时代：东汉中晚期　保护级别：2级

出土时间：1987年　石质：砂岩

尺寸：棺长205、宽62、高65厘米；盖长208、宽67、厚10厘米

棺体坐落水泥台面之上，棺体及画像图案保存较完整，表体局部存在自然酸腐蚀形成的白色钙化痕迹，棺体底部外缘有风化剥离现象（图五）。棺盖残存大小不等3块，其盖后部右下端缺失一块，长约84、宽约41厘米（图六）。

图五　3号棺原状

图六　3号棺盖复原前

为进一步体现文物修复新理念，3号石棺修复遵循国际现代文物修复原则，即"对文物修复的最少干预、可逆性及可识别性"。同时兼顾陈列考虑，以保持文物原状为优先，最大限度减少对文物本体的干预。首先，棺盖残块采用组合拼接方式复原，其本体不涉及任何修复加工手段和引入其他物质。棺盖残块在拼对复原形成整体之后，可根据需要分块拆卸搬动，符合当今文物修复的最少干预和可逆性原则。具体措施如下：

### 1. 棺盖残块拼对

将棺盖残块按顺序放置木制工作台，棺盖表面向上。棺盖前端残块经平行调整后，防止其移位，用铁钉将周边固定形成基准。再将其余残块采取拼垫结合的方法，逐一完成拼对。

### 2. 棺盖、棺体补缺修复

棺盖残块拼对成整体后，缺失部位采用泥胎成型的方法复原。具体措施，在棺盖残缺部位的底部，用熟泥塑造胎模，并将残缺部位周边，按棺盖边缘厚度塑泥围挡形成腔体。再用聚乙烯薄膜将型腔整体覆盖压实，与泥胎形成隔离。然后，把经调和的雷马氏Remmers修复砂浆倒入型腔，同时将方格钢丝网铺放至砂浆中，以起到增加强度的作用。待其硬化之后，便成为棺盖残块整体组合中的一部分。棺体补缺修复方法与2号石棺相同，此处从略。

### 3. 石棺上色做旧

具体措施如前2号石棺上色做旧中所述。

### 4. 制作棺盖托架

按棺盖复原技术要求，棺盖残块不作固定连接。棺盖托架在石棺修复完成之后，放置石棺内起支撑棺盖的作用（图七），并使棺盖与棺体不封盖严实。这样，不仅体现了科学修复文物的理念，也是保持文物原状的一种陈列形式，并且方便了文物的移动和搬运。针对棺盖的体积和重量，我们制作了棺盖托架，材料选择直径为20毫米圆钢，按棺盖内部的形状（弧形）设计制作。

### 5. 棺盖残块复原拼装

为避免钢制托架伤及石棺，我们用两根木方（3厘米×3厘米）置放在棺底，再将托架搁放其上。另外，在托架上方与棺盖内表面接触

图七　3号棺盖托架

的部位，采用胶管对托架顶部的弧形圆钢进行包裹处理。最后，将托架放入石棺，把棺盖残块在托架上逐一进行拼装复原（图八）。

## 四、结　　语

重庆璧山汉代画像石棺保护修复，是我们对石质文物进行科学保护修复的探索。开展这项工作，我们遵循传统文物修复原则，并结合现代文物保护修复理念，采用目前世界先进石质文物修复材料及相关技术，对两具画像石棺进行了复原。在修复过程中，分别实施不同的技术方法作了大胆尝试。

图八　3号棺复原后

此次石质文物保护修复在取得满意效果的同时，令我们拓宽了文物保护类别，并从该项技术中获得了许多宝贵经验，这对提高我们的文物保护修复技术水平和促进事业发展，都将起到积极作用。在此，感谢西安文物保护修复中心和重庆市璧山区文物管理所对我们工作的全力支持。

# 后　　记

　　重庆境内的汉代画像资料内容丰富、类型多样，是认识这一时期文化面貌的重要实物资料。重庆文博考古学界向来对汉代画像的研究十分重视，特别是20世纪80年代末的第二次全国文物普查工作，充实了一大批以璧山汉代画像石棺为代表的汉代画像资料，结合四川境内的相关发现，先后问世了《四川汉代石阙》（文物出版社，1992年）和《巴蜀汉代画像集》（文物出版社，1998年）两部图集，将重庆的汉代画像研究推向了新的高度。进入21世纪，因缺少持续性的考古发现，在这一领域的研究又变得相对沉寂起来。

　　2007年，璧山县文物管理所（现为璧山区文物管理所）在丁家镇的一座崖墓中偶然发现了一具画像石棺，引起了市、区两级文物部门的重视。因抢救文物的需要，2009～2010年，重庆市文物考古所（现为重庆市文化遗产研究院，下同）对璧山境内的丁家、广普两镇做了系统调查，先后清理了棺山坡、罗家坡、小河坝等墓群，出土画像石棺6具，科学获取了一批宝贵的汉代画像考古资料。以这次工作为基础，重庆市文物考古所组建了汉代画像的研究团队，进一步明确了汉代画像考古与研究的科研方向。所幸的是，随着我市考古工作的不断开展，在这一方面的资料得了逐渐充实，我们将这些资料汇集成一体刊发出来，即方便专家学者们的进一步研究，也算是我们在重庆汉代画像领域研究的一个阶段性总结。需要说明的是，为确保科学性和严谨性，本书仅收录了经正式考古发掘的遗存资料。

　　本书是集体智慧的结晶。诸位考古同仁克服了野外期间的种种困难，在完成发掘工作后，又主动利用业余时间开展资料整理，有效确保了本书的按计划完成。各项目的工作人员名单已附在各篇报告之后，在此不再一一列出，在此再次对你们致以崇高的敬意，没有你们的默默付出，本书只可能永远停留在计划中。此外，各项目在发掘过程中，得到了属地文物管理机构的积极配合和高效协作，有效确保了考古工作的顺利实施。

　　因本书收录内容的时间跨度较大，对于20世纪80年代的工作，刘豫川、林必忠、张光敏、蓝开衡等诸位先生为我们提供了宝贵的资料，特别是蓝开衡先生无私分享了他参与黄殿桥墓群的发掘手记，为我们完成该项目发掘报告起到了至关重要的作用。曾先龙先生长期参与三峡考古工作，在2001年乌杨阙发掘、包装、运输及后期修复与整理工作中发挥了主力作用，2009年荣退后又积极支援我们，全程参与了璧山汉代画像石棺的调查、发掘及整理。张光敏、王海阔、叶琳、林必诚组成文物修复团队，承担起了对出土画像石棺的包装、搬运及修复的重任。时任考古队队长的白九江先生全程组织、领导了本书涉及的2008年及以后的全部考古工作，对本书的编写也倾注了大量精力。李大地、范鹏对全书进行了修改、校对，邹后曦对全书进行了统稿和审定。

在本书的中期论证会上，得到了宁夏回族自治区文物考古研究所所长罗丰先生、重庆中国三峡博物馆刘豫川先生的鼓励和指导，重庆市文化遗产研究院学术委员会委员袁东山、方刚、林必忠、刘继东、杨小刚等对本书提出了宝贵的修改意见，本书在完稿前，我们也曾多次请教四川大学历史与文化学院的罗二虎教授。在此对以上专家、领导致以诚挚的谢意！

最后还要特别感谢科学出版社的王光明先生，正是他的专业精神和辛勤劳动，确保了本书的顺利出版。

受限于视野、能力和水平，本书中仍有较多的疏漏、不足甚至错误，敬请专家、学者批评指正。

编　者<br>2018年11月

# 图 版

图版一

1. 蛮洞坡崖墓群远景

2. M1墓门

璧山区蛮洞坡崖墓群

图版二

1. M1石棺棺身

2. M1石棺棺盖

璧山区蛮洞坡崖墓群M1石棺

图版三

1. M1石棺棺身前端

2. M1石棺棺身左侧面

璧山区蛮洞坡崖墓群M1石棺

# 图版四

1. M1石棺棺身后端

2. M1石棺棺身右侧面

璧山区蛮洞坡崖墓群M1石棺

图版五

1. 侍俑（M1∶23）

2. 舞俑（M1∶16）

3. 舞俑（M1∶2）

4. 吹箫俑（M1∶25）

5. 猪（M1∶28）

6. 执扇提袋俑（M1∶24）

璧山区蛮洞坡崖墓群M1随葬陶器

图版六

1. 仓（M2∶15）  2. 炊器（M2∶18）
3. 鸡（M2∶3）  4. 鸡（M2∶9）
5. 鸡（M2∶1）  6. 提罐俑（M2∶2）

璧山区黄殿桥墓群随葬陶器

图版七

1. 抱物俑（M2∶13）

2. 舞俑（M2∶27）

3. 侍俑（M2∶25）

4. 侍俑（M2∶19）

5. 侍俑（M2∶23）

6. 侍俑（M2∶21）

璧山区黄殿桥墓群随葬陶俑

**图版八**

1. 陶侍俑（M2∶26）

2. 陶侍俑（M2∶20）

3. 陶侍俑（M2∶24）

4. 陶侍俑（M2∶22）

5. 瓷六系罐（M2∶31）

6. 瓷四系罐（M2∶32）

璧山区黄殿桥墓群随葬品

图版九

1. 棺山坡崖墓群远景（东→西）

2. 棺山坡崖墓群环境（东北→西南）

璧山区棺山坡崖墓群远景及环境

图版一〇

1. 棺山坡崖墓群局部（从左至右排列M1~M3，东南→西北）

2. 棺山坡崖墓群发掘现场

璧山区棺山坡崖墓群局部及工作现场

图版一一

1. M1原貌

2. M1封门

3. M1墓门及石棺

璧山区棺山坡崖墓群M1原貌及墓门

图版一二

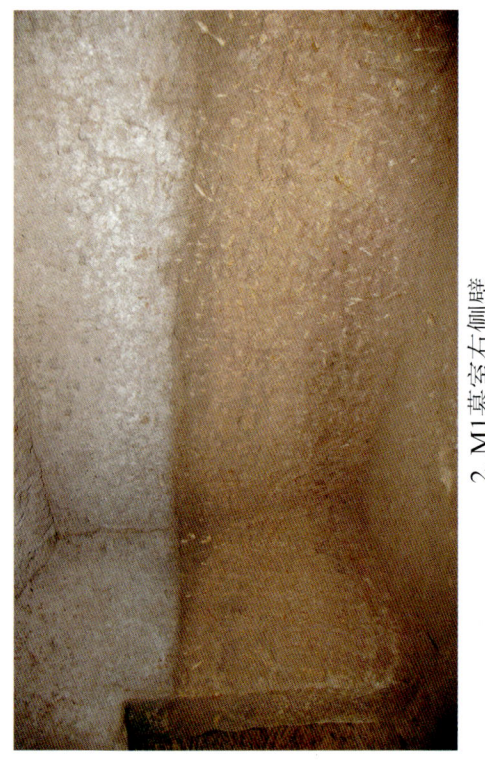

1. M1墓室前壁及墓门

2. M1墓室右侧壁

3. M1墓室后壁

4. M1顶部凿痕

璧山区棺山坡墓群M1墓室结构

图版一三

1. M1出土画像石棺

2. M1石棺前端画像

3. M1石棺后端画像

璧山区棺山坡崖墓群M1出土石棺及画像

**图版一四**

1. M1石棺左侧画像

2. M1石棺右侧画像

璧山区棺山坡崖墓群M1出土石棺画像

图版一五

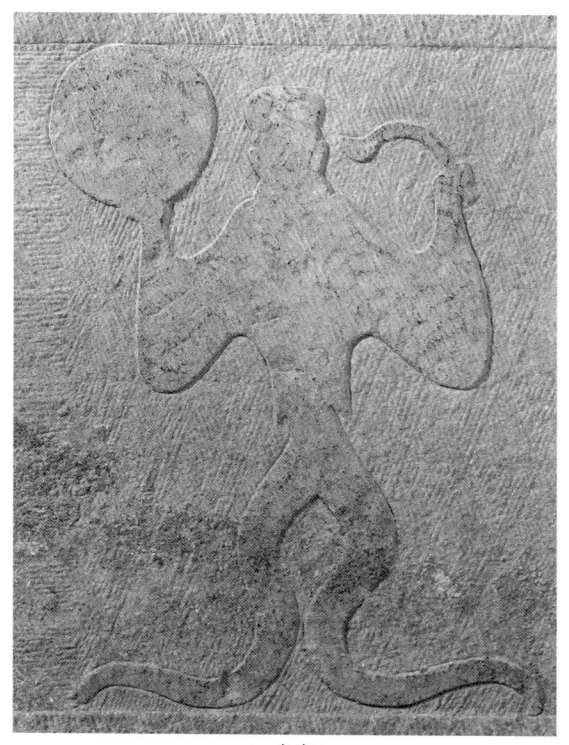

1. 女娲

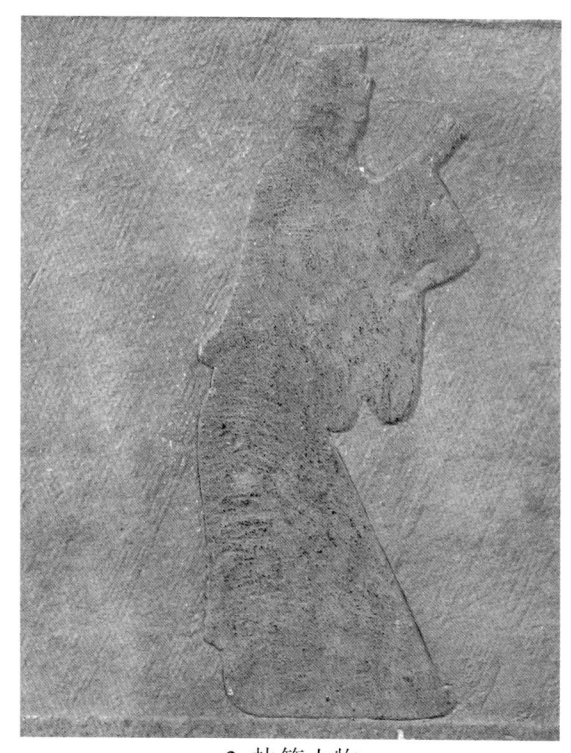

2. 执笏人物

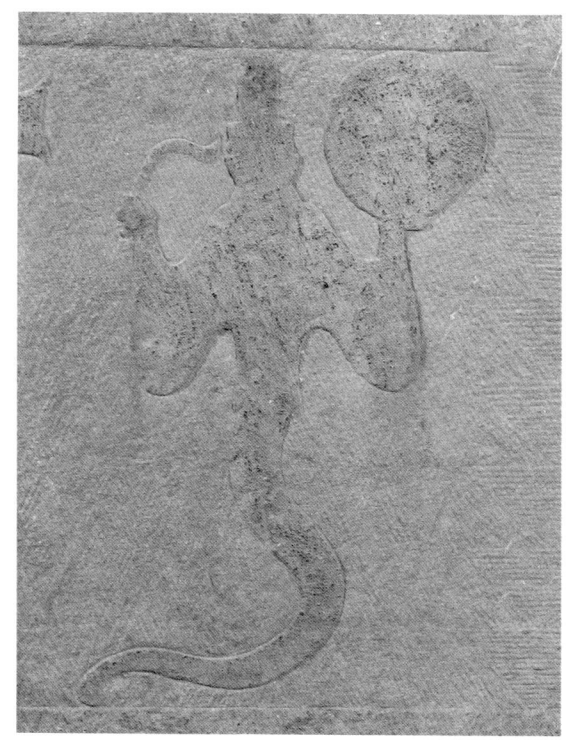

3. 伏羲

4. 执戟人物

璧山区棺山坡崖墓群M1出土石棺画像局部

图版一六

1. 抚琴俑（M1∶4）

2. 吹箫俑（M1∶3）

3. 鸡（M1∶5）

4. 执扇执袋俑（M1∶5）

5. 舞俑（M1∶2）

璧山区棺山坡崖墓群M1出土陶器

图版一七

1. M3墓门

2. M3墓门前沟槽

3. M3墓室前壁及墓门

璧山区棺山坡崖墓群M3墓门及墓室结构

图版一八

1. M3墓室后壁及右侧壁

2. M3墓室内凿痕

璧山区棺山坡崖墓群M3墓室结构

图版一九

2. 鸟啄鱼、蟾蜍、蛇、鸟、玄武

4. 鸟啄鱼

1. 西王母、半开门

3. 车马出行

璧山区棺山坡崖墓群M3出土石棺画像局部

图版二〇

1. M5墓道

2. M5封门

3. M5墓门

璧山区棺山坡崖墓群M5墓道及墓门

1. M5墓门及錾痕

2. M5墓道錾痕

3. M5墓门錾痕

4. M5墓门及錾痕

璧山区棺山坡崖墓群M5

图版二二

1. M5 墓室前壁

2. M5 墓室前壁画像

璧山区棺山坡崖墓群 M5 墓室前壁及画像

图版二三

1. M5墓室右侧壁（局部）

2. M5墓室左侧壁（接片）

璧山区棺山坡崖墓群M5墓室侧壁

图版二四

1. M5墓室后壁

2. M5墓室顶壁（局部）

璧山区棺山坡崖墓群M5后壁及顶部

图版二五

1. 抚琴俑（M5∶1）

2. 舞俑（M5∶7）

3. 抱袋俑（M5∶4）

4. 侍俑（M5∶6）

璧山区棺山坡崖墓群M5出土陶俑

图版二六

1. 吹箫俑（M5∶3）

2. 镇墓俑（M5∶2）

3. 鸡（M5∶9）

4. 博山炉盖（M5∶10）

5. 钵（M5∶5）

6. 案（M5∶11）

璧山区棺山坡崖墓群M5出土陶器

图版二七

1. 罗家坡墓群远景

2. 发掘前调查工作

璧山区罗家坡墓群

图版二八

1. 石棺棺身

2. 石棺棺盖

3. 石棺前端画像

4. 石棺后端画像

璧山区罗家坡墓群M1石棺

图版二九

1. 石棺左侧画像

2. 石棺右侧画像

璧山区罗家坡墓群M1石棺

图版三〇

1. 小河坝墓群远景及周边环境

2. M1墓室结构

璧山区小河坝墓群

图版三一

1. M1墓室及石棺

2. M1石棺棺身

3. M1石棺棺盖

璧山区小河坝墓群M1

图版三二

1. M1石棺前端画像

2. M1石棺左侧画像

璧山区小河坝墓群M1石棺

图版三三

1. M1石棺后端画像

2. M1石棺右侧画像

璧山区小河坝墓群M1石棺

图版三四

1. 石灶（M1∶1）

2. 陶灯（M1∶3）

3. 陶站立俑（M1∶4）

4. 陶站立俑（M1∶5）

璧山区小河坝墓群M1随葬器物

璧山区小河坝墓群M2墓室及石棺

1. M2墓室后壁

2. M2墓室后壁第1、2层画像石

璧山区小河坝墓群M2墓室后壁

图版三七

1. M2墓室后壁第2、3层画像石

2. M2墓室后壁第4、5层画像石（局部）

璧山区小河坝墓群M2墓室后壁画像石

1. M2墓室后壁第3、4、5层画像石（局部）

2. M2墓室后壁第4、5层画像石（局部）

璧山区小河坝墓群M2墓室后壁画像石

图版三九

1. M2墓室后壁第5、6层画像石（局部）

2. M2墓室后壁第5、6层画像石（局部）

璧山区小河坝墓群M2墓室后壁画像石

图版四〇

1. 串钱纹、胜纹（画像石1-1）

2. 胜纹（画像石2-2）

3. 胜纹（画像石2-1）

4. 人物（画像石3-1）

5. 人物（画像石3-2）

6. 人物（画像石4-1）

7. 人物（画像石4-2）

8. 人物（画像石4-3）

璧山区小河坝墓群M2墓室画像石

图版四一

1. 青龙（画像石5-1）

2. 朱雀、白虎（画像石5-2）

3. 羊头（画像石5-3）

4. 蹲踞人物（画像石6-1）

5. 玄武、蹲踞人物（画像石6-2）

6. 牛头人身人物（画像石6-3）

璧山区小河坝墓群M2墓室画像石

**图版四二**

1. M2石棺

2. M2石棺棺身

3. M2石棺棺盖

璧山区小河坝墓群M2石棺

1. M2石棺前端画像

2. M2石棺左侧画像

璧山区小河坝墓群M2石棺

图版四四

1. M2石棺后端画像

2. M2石棺右侧画像

璧山区小河坝墓群M2石棺

图版四五

1. 侍俑（M2∶3）

2. 侍俑（M2∶2）

3. 侍俑（M2∶4）

4. 侍俑（M2∶22）

璧山区小河坝墓群M2随葬陶俑

图版四六

1. 侍俑（M2∶8）

2. 侍俑（M2∶10）

3. 抱袋俑（M2∶14）

4. 击鼓俑（M2∶12）

璧山区小河坝墓群M2随葬陶俑

图版四七

1. 庖厨俑（M2：13）

2. 抚耳俑（M2：17）

3. 抚琴俑（M2：9）

4. 出恭俑（M2：11）

璧山区小河坝墓群M2随葬陶俑

图版四八

1. 侍俑（M2∶23）

2. 提袋俑（M2∶6）

3. 武士俑（M2∶24）

4. 武士俑（M2∶25）

璧山区小河坝墓群M2随葬陶俑

1. M3墓室及石棺

2. M3出土陶盆（M3∶1）

璧山区小河坝墓群M3

# 图版五〇

1. 盆（M3∶1）

2. A型罐（M3∶3）

3. A型罐（M3∶2）

4. B型罐（M3∶4）

璧山区小河坝墓群M3随葬陶器

江津区烟墩岗砖室墓M1全景

图版五二

江津区烟墩岗砖室墓M1墓门及墓室

1. M1甬道券顶

2. M1墓室券顶

江津区烟墩岗砖室墓M1券顶

1. M1石棺在墓葬中的位置

2. M1石棺

江津区烟墩岗砖室墓M1石棺

图版五五

1. M1石棺棺身

2. M1石棺棺盖及画像

江津区烟墩岗砖室墓M1石棺

图版五六

1. M1石棺棺身前端画像

2. M1石棺棺身后端画像

江津区烟墩岗砖室墓M1石棺

图版五七

1. M1石棺棺身左侧画像

2. M1石棺棺身右侧画像

江津区烟墩岗砖室墓M1石棺

图版五八

1. 罐（M1∶9）

2. 钵（M1∶5）

3. 农夫俑（M1∶19）

4. 侍俑（M1∶17）

5. 侍俑（M1∶18）

6. 侍俑（M1∶1）

江津区烟墩岗砖室墓M1随葬陶器

图版五九

1. 俑头（M1∶3）

2. 俑头（M1∶6）

3. 鸭（M1∶7）

4. 鸭（M1∶8）

江津区烟墩岗砖室墓M1随葬陶器

图版六〇

器座（M1∶2）

江津区烟墩岗砖室墓M1随葬石器座

图版六一

1. 缸（M1∶34）

3. 钵（M1∶37）

4. 钵（M1∶38）

2. 缸（M1∶35）

5. 瓮（M1∶36）

江津区烟墩岗砖室墓M1扰土出土陶器

**图版六二**

1. 塘（M1:24）

2. 灯（M1:33）

3. 侍俑（M1:77）

4. 侍俑（M1:31）

5. 侍俑（M1:32）

江津区烟墩岗砖室墓M1扰土出土陶器

图版六三

1. 俑头（M1∶22）

2. 俑头（M1∶23）

3. 鸡（M1∶27）

4. 鸡（M1∶26）

5. 鸭（M1∶25）

江津区烟墩岗砖室墓M1扰土出土陶器

图版六四

1. 石坝屋基墓群M2

2. 石坝屋基墓群M3石灶

永川区石坝屋基墓群

图版六五

1. 石坝屋基M4棺盖

2. 石坝屋基墓群采：1石棺右侧画像

3. 石坝屋基墓群采：1石棺前端画像

永川区石坝屋基墓群石棺

图版六六

1. M5瓷碗、铁鐎斗出土状况

2. 瓷碗（M5：1）

3. 铁鐎斗（M5：2）

永川区石坝屋基墓群M5出土器物

图版六七

1. 伏岩寺墓群远景

2. M6崖棺左侧画像

永川区伏岩寺墓群

图版六八

1. 墓室

2. 后壁画像

永川区伏岩寺墓群M3

图版六九

1. M1墓门

2. M1墓室后壁

璧山区插旗山崖墓群M1墓门及墓室后壁

图版七〇

1. M1墓室左侧壁

2. M1墓室顶部（局部）

3. M1墓室图案

4. M1墓室图案

璧山区插旗山崖墓群M1墓室

图版七一

1. M1墓室右侧崖棺

2. M1墓室后侧崖棺

璧山区插旗山崖墓群M1墓室右侧及后侧崖棺

图版七二

1. M1

2. M1墓壁画像石

渝北区窑子坪墓地M1

1. 鱼画像石

2. 蛇画像石

渝北区窑子坪墓地M1画像石

图版七四

1. M2开口(西北—东南)

2. M2完工(西北—东南)

涪陵区古坟堡墓地M2开口及完工

图版七五

1. M2右室西壁（东北—西南）

2. M2左室券顶（西南—东北）

涪陵区古坟堡墓地M2墓葬结构

图版七六

1. M2左室甬道

2. M2左室后壁

涪陵区古坟堡墓地M2左室内部

图版七七

1. M2右室墓门雕刻

2. M2通道（西南—东北）

涪陵区古坟堡墓地M2右室雕刻及通道

**图版七八**

1. 陶钵（M2-1∶03）

2. 陶釜（M2-1∶01）

3. 铜印章（M2-1∶02）

4. 铜印章（M2-1∶02）

涪陵区古坟堡墓地M2出土器物

图版七九

1. 乌杨阙构件散落区地貌

2. 乌杨阙构件暴露情况（发掘前）

忠县花灯坟墓群乌杨阙

1. 乌杨阙构件暴露情况（发掘前）

2. 乌杨阙构件散落区发掘场景

忠县花灯坟墓群乌杨阙

1. 乌杨阙构件散落区构件包装

2. 乌杨阙阙址区发掘前地貌

忠县花灯坟墓群乌杨阙

图版八二

1. 乌杨阙阙址发掘区（局部）

2. 乌杨阙阙址区地层堆积

忠县花灯坟墓群乌杨阙

图版八三

1. 乌杨阙阙址区地层堆积

2. 乌杨阙阙址区

忠县花灯坟墓群乌杨阙

1. 乌杨阙右阙址

2. 乌杨阙左阙址

忠县花灯坟墓群乌杨阙

1. 乌杨阙左阙址表面擦痕

2. 左阙构件散落情况（局部）

忠县花灯坟墓群乌杨阙

图版八六

1. 左阙构件散落情况（局部）

2. 右阙构件散落情况

忠县花灯坟墓群乌杨阙

1. 左阙基（Q:16）出土情况

2. 左主阙身（Q:3）出土情况

忠县花灯坟墓群乌杨阙

图版八八

1. 左主阙身（Q∶3）右侧面画像

2. 左主阙下枋子层（Q∶2）出土情况

忠县花灯坟墓群乌杨阙

图版八九

1. 左主阙下枋子层（Q:2）形制

2. 左主阙下枋子层（Q:2）正立面画像

3. 左主阙下枋子层（Q:2）背立面画像

4. 左主阙下枋子层（Q:2）右侧面画像

忠县花灯坟墓群乌杨阙左主阙下枋子层

# 图版九〇

1. 左主阙上枋子层（Q:4）正立面画像

2. 左主阙上枋子层（Q:4）背立面画像

3. 左主阙上枋子层（Q:4）右侧面画像

4. 左主阙上枋子层（Q:4）左侧面画像

忠县花灯坟墓群乌杨阙左主阙上枋子层

图版九一

1. 左主阙阙顶（Q:5）出土情况

2. 左主阙阙顶（Q:5）顶部

3. 左主阙阙顶（Q:5）顶部

4. 左主阙阙顶（Q:5）顶部

忠县花灯坟墓群乌杨阙左主阙阙顶

1. 左子阙阙顶（Q∶15）

2. 右阙基（Q∶6）散落情况

忠县花灯坟墓群乌杨阙

图版九三

1. 右阙主阙身（Q∶7）出露情况（发掘前）

2. 右阙主阙身（Q∶7）出土情况

忠县花灯坟墓群乌杨阙右阙主阙身

**图版九四**

1. 右阙主阙身（Q∶7）背立面画像

2. 右阙主阙身（Q∶7）左侧面画像

忠县花灯坟墓群乌杨阙右阙主阙身

图版九五

1. 右阙下枋子层（Q：11）背立面画像

2. 右阙下枋子层（Q：11）右侧面

3. 右阙扁石（Q：9）出土情况

4. 右阙扁石（Q：9）形制

5. 右阙扁石（Q：9）正立面画像

6. 右阙扁石（Q：9）左侧面画像

忠县花灯坟墓群乌杨阙出土构件

图版九六

1. 右阙上枋子层（Q∶12）形制

2. 右阙上枋子层（Q∶12）正立面画像

3. 右阙上枋子层（Q∶12）背立面画像

4. 右阙上枋子层（Q∶12）右侧面画像

5. 右阙上枋子层（Q∶12）左侧面

忠县花灯坟墓群乌杨阙右阙上枋子层

图版九七

1. 右主阙阙顶（Q：10）出土情况

2. 右主阙阙顶（Q：10）顶部

忠县花灯坟墓群乌杨阙右主阙阙顶

图版九八

1. 右子阙阙身（Q∶8）背立面画像

2. 采集阙基（Q∶18）出露情况

忠县花灯坟墓群乌杨阙构件

图版九九

1. 乌杨阙发掘工作队

2. 乌杨阙构件包装

忠县花灯坟墓群乌杨阙发掘工作照

图版一〇〇

1. 乌杨阙构件吊装

2. 乌杨阙构件拓片

忠县花灯坟墓群乌杨阙发掘工作照

图版 一

1. 璧山画像石棺调查

2. 璧山画像石棺发掘工作队

璧山画像石棺调查发掘工作照

图版一〇二

1. 领导指导发掘工作

2. 画像石棺人力搬运

璧山画像石棺发掘工作照